你一定爱读的
极简美国史

[美] 房龙◎著　辛怡◎译

中国商业出版社

图书在版编目（CIP）数据

你一定爱读的极简美国史/（美）房龙著；辛怡译.—北京：中国商业出版社，2019.3
ISBN 978-7-5208-0678-7

Ⅰ.①你… Ⅱ.①房…②辛… Ⅲ.①美国－历史 Ⅳ.① K712.0

中国版本图书馆 CIP 数据核字 (2019) 第 028502 号

责任编辑：武维胜

中国商业出版社出版发行
010-63180647　www.c-cbook.com
(100053　北京广安门内报国寺 1 号)
新华书店经销
天津中印联印务有限公司印刷
*
710 毫米 ×1000 毫米　16 开　20 印张　302 千字
2019 年 5 月第 1 版　2019 年 5 月第 1 次印刷
定价：49.80 元
* * * *
（如有印装质量问题可更换）

目录 Contents

001	第一章	便宜的香料很是稀缺
008	第二章	哥伦布发现新大陆
018	第三章	信仰、黄金和印第安人
023	第四章	毫无意义的土地
027	第五章	尚普兰依靠独木舟开辟新航线
031	第六章	加尔文博士对现今和未来的世界进行研究
034	第七章	异教徒变成黑盗
040	第八章	"神草"在印第安
048	第九章	新天国温度很低
054	第十章	成立一个崭新的英格兰
058	第十一章	遭遇滑铁卢的荷兰西印度公司
066	第十二章	瑞典人200年前就到过美洲
070	第十三章	这块殖民地归全世界所有
078	第十四章	要依靠运气开拓殖民地
080	第十五章	一个被国王控制的国家
087	第十六章	希望遍地的地方
090	第十七章	国王们开始抢占土地
096	第十八章	1769年1月5日,历史上的新篇章
098	第十九章	乔治·格伦维尔是"效率专家"

103	第二十章　法国糖浆和荷兰茶叶
109	第二十一章　从边境上来的纯朴智慧
113	第二十二章　亚当斯和其堂兄萨姆有所动作
117	第二十三章　殖民军司令的坏消息瞒不住国王陛下了
122	第二十四章　披上了旧军装的乔治·华盛顿将军
126	第二十五章　古典教育的优势得到了托马斯·杰斐逊的验证
133	第二十六章　国王乔治三世就像一个英雄一样
137	第二十七章　不得不清醒的诺思爵士
140	第二十八章　印刷工富兰克林和圣路易的后代会晤
148	第二十九章　卢梭有一本书出版，拉斐德到了北美荒原
154	第三十章　边境上的人与宗主国的较量
158	第三十一章　折中方案使一个国家得以建立
164	第三十二章　华盛顿退出历史舞台，汉密尔顿坚持发展商业
174	第三十三章　亚当斯总统发现革命之间的不同
180	第三十四章　杰斐逊和拿破仑有过一次地产交易
188	第三十五章　宗主国最后的访问
196	第三十六章　门罗总统向神圣同盟致意，玻利瓦尔打造新世界
203	第三十七章　新信仰
207	第三十八章　专制的人

214	第三十九章	轻佻的杂耍演员和一无是处的吹笛人
220	第四十章	墨西哥总统明白了一条准则：真空地带是虚无的
226	第四十一章	汤姆叔叔与冒烟的比利
237	第四十二章	招人讨厌的契约
243	第四十三章	名不见经传的伊利诺斯乡村律师要把这个案子接下来
247	第四十四章	陪审团对这个案件进行审理
253	第四十五章	案件宣判
267	第四十六章	最后一位征服者死后回家了
272	第四十七章	犹他州攻下了一枚金道钉
278	第四十八章	第三次美洲文明的没落
282	第四十九章	普利矛斯礁石和埃利斯岛
288	第五十章	万物都有一定的定律
300	第五十一章	便宜的原材料还需要很多
305	第五十二章	一个不可知的世界
308	第五十三章	美国的新独立宣言

第一章
便宜的香料很是稀缺

突然有一天,欧洲的杂货供应商们发现,人们喜欢的香料已经供应不上了,人们都高高兴兴地来买香料,可都是悻悻然离去。而商人们却只能眼睁睁地看着如此好的赚钱商机溜走了,于是就衍生出了一个和香料有关的故事。

举例来说,一个时常去高档的里茨饭店消费的人,对于杰克·穆拉利这种普通的饭店是不屑一顾的,虽然这家店的一些食物非常有名,像豆子、咸肉、洋葱和鲜鱼大杂烩。很多名声斐然的经济学教授和严肃的法官都深知这个道理。这些一向都过着奢靡生活的人除非饿到了极点,要不然是不会选择吃大杂烩的。人的本性就是这样,只有到了实在撑不下去时,才会放弃一直苦苦维持的尊贵生活。

欧洲人在从公元1世纪开始的长达十个世纪的时间里,都过着极其粗犷的生活,根本谈不上什么品位。当时人的生活状态可以用原始来形容,他们看重的是物质的数量,而不是质量。从冰河世纪以来,欧洲大陆就一直是这样,等待着人们把它的价值挖掘出来。从这片土地上,人们想要得到丰厚的物质实在是太容易了,像木凳、

文兰(北美的森林地区,是莱弗·埃克里松在1000年左右发现的)

大块动物的肉和源源不断的水都是唾手可得的。

人们在那样的环境下其实要做很多事，可是因为当时人力资源太过于匮乏，这些人又要忙着一些生活中的小事，所以无暇顾及这些。经历了上千年的时间积淀以后，人们才做出了改变，过上了稳定和富足的生活。这下，他们终于过上了宁静的日子。可是对于前辈们所创造的安宁生活，他们的后代并不知足，他们有着自己的抱负，他们想要开阔自己的眼界。

十个世纪的宁静期过后，忽然爆发了一次移民热潮，一场骚乱一触即发，可是这时一位颇有能力的新主人出现了。这位统帅并没有想让整个世界都臣服在自己脚下，可是瑞士雇佣军却会在他的精神力量面前无处遁形。他发出的令箭足以从最坚实的城堡墙壁穿过。但凡他有一丁点不高兴，其气势就比任何一位君主或国王出征的气势还要强。

历史上赫赫有名的十字军东征就是他在欧洲最具有才华和最有经验的政治家与外交家的辅佐下，将那份骚动的力量转变成了一场侵略战争，移民向东扩张的热潮因此兴起。在史诗形式文体的渲染下，这段历史拥有了浪漫主义色彩，导致人们把这场战争的真实面目都忘得一干二净，事实上它只是一场血腥的屠杀而已。

事实上，欧洲的历史就等同于地中海的历史，因为这片水域掌握在谁的手里，谁就是整个欧洲的主人。这项恢宏的事业远不是那些强盗混混之辈可以与之匹敌的。后者只能对西班牙、希腊、意大利半岛的深海湾和摩洛哥、的黎波里、埃及的前海湾进行侵犯，偶尔也可以成为某些地方的主人，可是他们并不会取得什么成绩。

只有通过族群联合，才能让自己的力量有所提升，而所谓的族群就是指在过去悠久的岁月里，在社会、经济、宗教的作用下，一些人被聚集到一处形成民族，而族群就是这些民族的总称。不管是侵略者，还是遭受侵略的人，都深知战争是一场灾难，所以那些想要统领世界的族群也深知自己要遇到的挑战。

在欧洲大规模战乱发生以前，爆发过两次小范围的冲突。第一次冲突爆发的时间是公元前5世纪，当时波斯人侵略希腊，遭到了后者的顽强抵抗，后者还把前者赶到了印度河畔，而西方霸主的位置也被希腊占据了。第二次冲突是在两个世纪以后爆发的，当时的罗马人为了保护自己的家园，不让自己的国家遭受战乱，差不多动用了整个国家的力量，把迦太基人的城堡都摧毁了，当然，他们自己也付出了惨重的代价。

接下来的八个世纪，欧洲的形势一直都很稳定。公元622年，一位号召力十足的预言家在亚洲出现。在他的领导下，他所在的国家整装以待，两个大陆之间由此产生了大的罅隙。穆斯林大军的右翼从叙利亚和亚细亚穿过，把君士坦丁堡据为己有；左翼则把西班牙据为己有。直到这时，基督教的首领才按捺不住，准备发动一场圣战。

从军事的角度来看，这场战争无疑是失败的，可是其产生的社会影响力却是不容小觑的。罗马帝国走向没落以后，强大的东方文明首次进入欧洲大陆的视野。他们也想沾沾光，于是他们来到东方，用屠刀杀死了异教徒，还把他们的财产全部抢走了。

当他们凯旋以后，对于生活，他们也有了新的见解，这些圣斗士们开始意识到自己过去的生活有多么愚蠢，那种贫瘠和乏味的生活，他们再也不想过了，于是开始走向奢靡。

西方人在生活的很多方面都深受东方文明的影响，从建筑到服饰，再到一言一行，再到日常生活以及休闲活动，由此也可以看出他们的思想发生了变化。

上一辈的欧洲人依然沿袭着过去的生活方式，依然对艰苦奋斗的品质津津乐道，而年轻人却只是耸耸肩膀，根本不以为然。

他们到东方的大城市去过，日子过得很惬意。他们在等，等着上一辈的人归于尘土，他们就会对自己的家园进行重新建设，然后送孩子去学习，长大以后变成银行家或制造者，可以迅速累积财富，而他们的祖先即便在土地上劳作一千多年，也累积不了这么多。

这时，教会的脸色不好看了，他们完全没有想到会出现这样的结果。

神啊，这些凯旋的人们对上帝已经没有那么热情、忠诚了，跟他们的祖先远不能比了！朋友之间如果太过于了解就会鄙视对方，而过于了解敌人的话则会

第一个白人来到美洲

对其表示尊重。这样一来，教堂越发荒芜，而华丽的住宅和政府大楼不断涌现。

与此同时，地中海对岸的人们也没有像之前那么痴迷于宗教了。那些异教徒为了表示对真主的忠诚，曾经发动了大规模屠杀，可是如今为了财富，他们却和那些基督徒们相处甚好，这样就弥补了那些曾经是战火纷飞的道路，训练有素的骆驼再次满载货物来往于喀什加和大马士革之间。在亚历山大和法马古塔之间，热那亚的大帆船和威尼斯的小帆船也像以前一样来往不断。

一切又恢复到稳定的局面。自从这场东方贸易开始以后，其创造了比过去多三倍的利润。之后发生了一些虽然无足轻重，却改变了今后历史的小事。

13世纪中期，一场战争爆发了，发起人就是那让人毛骨悚然的鞑靼人。这些矮个子黄种人出现在住在阿穆尔河到维斯图拉河的居民眼里以后，把后者吓得魂飞魄散，于是后者决定搬到其他地方去住。在这些逃难的民众中，包含一个两三百户的小部落，他们早先一直在亚洲过着宁静的生活。他们不断走向西边，不久就到了地中海附近。可是这时他们听说自己的家乡已经没有危险了，于是他们准备动身返回。在回程的途中，在经过幼发拉底河时，他们的首领不慎摔下马淹死了。

那些还没开始过河的人都被这件意外之事吓坏了，在他们看来，这件事情就是神在告诉他们，就是因为他们没有留下来，所以他们的首领才会受到神的处罚而死去。于是，他们决定去请求波斯国王让他们留下来，波斯国王也同意了。

接下来大家都知道发生什么事情了，在短短几十年的时间里，这些原本靠放牧生活的牧民就占领了这里，掌控了这个曾经救过他们的国家。30年以后，他们统治了整个穆斯林世界，而且还时常侵略其他国家。最后，他们还把自己的马尾战旗插到了维也纳的城门上，还让"土耳其人"也开始变得粗鲁。

假如这场穆斯林教徒的忽然兴起只是政治上的运动，其实也没有那么恐怖。可是这场政治运动并不是昙花一现，而是让整个西亚都深受影响。

原本信徒们觉得祖先们的信仰非常重要，同时也觉得通过贸易所得到的利润同样非常重要，于是不再那么痴迷于宗教，在这样的大环境下，那些虔诚的穆斯林教徒和地中海彼岸的异教徒握手言和。商人就是这样，他们只看重利润，要想赚钱，界限就不能太过于清晰。可是这种观点对于那些在偏僻地区居住的人并不适用，他们对自己的信仰百分百忠诚，非常严肃。因此，这些人想在土耳其首领的指挥下，把那些一意孤行的穆林斯同胞们拉回来。

这些忠诚而质朴的教徒们开始频繁活动，整个伊斯兰世界都留下了他们的踪影。他们不是大声疾呼，就是不停地忙碌，不是做祷告，就是跳舞。不管他们做出什么样的努力，目的都只有一个，那就是帮助其他人把自己原始的教义和信仰找回来，而且严格遵守。

一开始，那些来自于巴格达和马士革的商人还对此不屑一顾，甚至极尽嘲讽，可是不久以后，那些教徒们的癫狂程度就让他们目瞪口呆，商人们身边的人也开始时常遭到暗杀，他们已经不敢和那些信仰不一样的人交易了。

如此一来，当这些亚洲产品正一步步渗透到欧洲人的生活中时，却突然不再出现在欧洲市场上。这些事情并不是短期内就能出现的，在之前两个世纪的时间里，欧洲市场上不断涌入亚洲产品，而今却在慢慢消失。商人们趁机开始大量囤积货物，使得价格噌噌上涨。信贷被撤销以后，黄金开始作为交易方式。这样的现象在过去从来没有出现过，中世纪时期的欧洲贸易中，对一定要使用货币形式进行付款也没有做出硬性要求。当时人们都住得很近，相互之间很熟悉，完全可以用自己家里的猪肉去交换别人家的鸡蛋，修道院之间也时常交换蜂蜜和醋。

有一点是可以肯定的，那就是外贸一定和金币、银币有关。这时一桶盐或者几片牛肉已经无法满足卡利卡特的香料商人了。吉大和亚丁的代理人在发货前,商人们会要求买货的人先给付所有账款。可是,那时的欧洲市场都是钱货两清,这样一来,问题就出现了,因为欧洲必须从国外才能进口那些神秘的、闪耀的、可以控制教会和国王等所有事物的黄金。整个欧洲只有一些银矿和位于奥地利、萨克林与西班牙山脉的一点金矿,根本满足不了那些投机商和香料商们在交易过程中所需要的数目。于是就出现了这样一个恶性循环:人们对商品提出了更高的要求——货物供应量下降——货物价格暴增——黄金的需求量增加——金子不足——异教徒慢慢掌控西亚和北非的国家——之前的贸易链条慢慢被斩断——才发展起来的、欲望十足的欧洲资本主义体系为了生存,正在寻找出路。

公元 14 世纪,这场危机爆发了,看上去会将整个西方世界的贸易都毁于一旦。在很多人眼里,资本主义的制度都是有罪的,可是在这个紧要关头,即便是与资本主义制度不共戴天的仇人也必须肯定它所产生的神奇力量。

在前面的论述中,我提到了商人所遇到的难题,他们痛哭、他们反抗,这时的欧洲经济(包括社会、科学、宗教和艺术)体系随时都有可能崩溃。叙利亚和埃及(自古以来,很多重要的从商之路都必须经过这两个国家)直到哥伦布去世很多年以后,才沦为土耳其的殖民地,可是那些精明的商人不会等着商机降临到自己头上,而是率先行动起来。

我们时常会在生活中听到那些和商业大鳄有关的故事,而且我们还有个非常浅显的观点,觉得那种卓越的人只有在我们这个时代才会出现。我们时常在头脑中自作聪明地勾勒着中世纪的商人们经商的场景,觉得他们只是在封闭的小房子里面称钱币,为了把一封信的副本留下来,必须有两名书记员一起对信件内容进行记录,之后要经过漫长的等待,才能收到来自于维堡或诺夫哥罗德代理商的回信。可是,这就如同鸭子喜欢在水里游泳一样,都只是我们的想象,根本不是事实。

事实上,公元 1927 年也好,公元 1427 年也好,公元 427 年也好,这个世界的组成人员基本上都占据着相同的比例,其中有聪明人,有普通人,也有傻瓜。其中傻瓜占的比重最大,不管什么他们都兴致索然;处于中间位置的人有时会产生一些比较好的想法,只是担心自己无法取得成功,一遇到难题就退缩了,最后一事无成；而具有强大行动力的聪明人很少，他们做事不会犹豫不决，一有想法就赶紧付诸行动，会快速解决问题。这类人觉得，可以给自己带来丰厚利润的东方贸易之路尽管被斩断了，可是还不算太坏，世界末日不是还没到吗？他们决定不再把目光局限于此，而是转向南面和西面，准备开发新的贸易之路。要知道，处于当时那样的环境下，想要在一望无际的海面上找到一条新的道路是多么艰难，就如同我们想要坐飞船到月球上旅行一样。

正是因为面临着如此巨大的艰险，那些怀揣梦想的人才能坚定地去解决困难。世界上也有很多学识卓然的天文学家，他们的时间就来源于观察星空，就如同我们看时间表一样；世界上很多有着多年航海经验的航海家，对于暴风雨会不会到来，他们只需要观察自己的风湿病有没有发作就可以判断出来；世界上同样有很多贪心不足的冒险家，这些人为了追求刺激和财富，甘愿把自己的性命都搭上。

只是把这个问题解决了的人，是另一种人——从《以斯拉书》中，他可以获得启迪，他声称一定要签署契约，以确保自己可以成为所发现贵金属的十分之一的拥有者，这一点没得商量。而且当人们叫他"海边上将"时，有点爱慕虚荣的他也很高兴，同时，他也是一个身穿破破烂烂在方济各会修道院离世的怪人，可是他去世的时候很穷，几乎什么都没有。

第二章
哥伦布发现新大陆

在热那亚的同乡们看来,这个叫克里斯的男孩有点傻。在给他回报时,那些因为他的发现才发家致富的西班牙人可谓是使尽了手段,他们用克里斯托尔·科隆称呼他,在他发现委内瑞拉北面的金矿以后,那些西班牙人给了他这么一个徒有其名的委拉瓜公爵的称号。后来人们基本上都用克里斯托弗·哥伦布称呼他,我在这本书里使用的也是这个名字,而且我们故事的主人公也是他。

哥伦布出生于哪一年呢?有人说是1446年,有人说是1447年,有人说是1448年,有人说是1449年,还有人说是1450年,究竟是哪一年呢?这一点已经无据可考。可是这一点并不是最关键的,也不会产生多大的影响。我们也不知道他究竟是热那亚人,还是科戈莱托人,这一点也不重要,我们没必要弄清楚这个。我们需要关注的是,当他逝世以后,在短短400年的时间里,尸骨先后7次被挖出来,又被掩埋。可以这么说,这个一直忐忑的灵魂最后只得到了一副手铐和6块木板制成的棺材。

哥伦布的父亲是一位经商的人,从事

白人在新世界的首个冬天

的是羊毛生意，他自产自销，生意做得不错，赚的钱也不少，积攒了很多财富，他的儿子完全可以凭借这些钱去上一所好学校。如果一切顺利的话，哥伦布将来会继承父亲的事业，过上安稳舒适的生活，然后再组建自己的小家庭，让这份财富代代传承，看上去，一切似乎都顺理成章。

可是哥伦布的想法并不是这样的，他觉得自己和这个世界是融为一体的，可是又不是完全相融的。他想在大量财富的支撑下，去完成自己的梦想，对自己想要钻研的东西进行钻研，把自己喜欢的书都买过来，他还想告诉所有人，尽管我是一个羊毛商的儿子，可是我也是有勇气、有魅力、有能力的人，我可以凭借自己的力量站在那些有权有名的大人物身边。此外，我们真的看不出来他还想从中获得什么。

事实上，哥伦布在生活中是一个有点愚钝、非常腼腆的人，可是在一艘破船和自制的简易导航工具的帮助下，他却从汪洋大海穿过，要知道海洋可是茫茫无际的，是找不到任何记号的。在他卓越的领导下，原本是盗贼和海盗的水手们被训练得有模有样，而且可以在航行中精准地找到方向。在忍受饥饿和口渴方面，他说第二，就没人敢称第一，即便得了败血症，他也坚持奋斗在一线。相比平常人，他睡觉的时间很短，可是却一直保持着旺盛的精力。对于一个有着远大抱负的人来说，这些品质足可以让他光宗耀祖了。

写作这件事是哥伦布永远不会去做的事情。看起来很可惜，可是我反倒觉得这是一件好事。你也许会认为写几篇《我是怎么成为冒险家的》专访稿件，再把签名要过来，就非常美妙了！或者写一篇《我是如何发现新大陆》的文章，再把几张瓜纳阿尼酋长妻子和孩子的独家照片附上去，就非常令人震惊了！噢，也许这还不是最好的。

尽管我们想更了解他，可是我们的确不太了解他，这反倒可以防止那些微小之处隐藏他事业中的光辉——他一直都非常笃定，只要向西航行，就一定可以到达中国，然后再从印度回到欧洲大陆。当时在大部分欧洲人眼里，假如像他那样航行，不是被太阳烤煳，就是跌下地平面的边缘。

最后事实告诉我们，哥伦布想得还是太简单了，欧洲和亚洲的广阔海洋被一片宽广的陆地分成两个部分。当时很多人都想不到这一点。可是这并不会对这位饱受煎熬的热那亚人的荣誉造成影响。因为提出"只要一直向西航行就可以抵达东方"的想法,并落实到行动中的人,他是第一个。

对于中世纪的人来说,对一个人的品行进行衡量的最重要的标准就是看他是否竭尽全力做好了自己分内的事情,而中世纪的人普遍具有这一突出的好品质。而我们这代人是不具备这种品质的。希腊人很早以前就说过,众神会奖赏那些真诚劳动的人。如果你在15世纪依然视宙斯为行会守护神,那么你就会对"勤劳才会走向富裕"的准则奉若神明。所以,年轻的哥伦布在打定主意要做一名水手以后,就找了一份在船上打杂的工作开始干。

在这之后的4年,他就随着船到处漂泊,去过地中海东岸的很多地方,去过葡萄牙和英格兰,还去过当时才发现不久的几内亚。

到几内亚去过之后没过多久,他就组建了自己的小家庭,伴侣也是一位对航行特别感兴趣的人。这充分表现出他对自己的事业有多么热忱了,他妻子的家境一般,可是她的父亲是葡萄牙王子手下的一位船长,巴托洛梅乌·佩雷斯特雷略——圣港岛(马德拉群岛其中的一个小岛)的首位总督,而且他还有自己的航海日记和心得笔记。

可以这么说,对于当代探险来说,这位前辈称得上是始祖级别的人物,哥伦布也才能因此对已经过世30年先辈们的伟大事业有所了解。尽管他自己无缘亲自看到人类让海洋臣服在自己脚下,可是他却为后人做出了自己的贡献。

大家都亲切地称呼一位葡萄牙的亨利王子为"航海家亨利",他的父母亲分别是葡萄牙人和英格兰人。他是一名非常虔诚的清教徒,严于律己,很有自己的主张,曾经做过战士。当从直布罗陀海峡穿过的异教徒不再进攻葡萄牙以后,亨利就走了出来,在自己家乡萨格雷斯城海边的一座荒岛上,建了一座修道院风格的城堡。之后历史上第一座航海学校就位于这里,而且中世纪时期至关重要的天文观测站也位于此。

很多经验丰富的皇家地理学家、数学家、地图绘制专家和天文学家,都在这个荒郊野外的地方,整理并归类了不计其数的资料和数据。这里有一直延续到

"航海家亨利"的家

迦太基的汉诺时代的航海前辈们留下来的航海知识。那些迦太基人所讲的故事里有那些被叫作"大猩猩"的猿猴,它们看上去像人,和人类一样,也可以直立行走,当这个故事传播到西方以后,人们都目瞪口呆。

这位王子是约翰·贡特的孙子,也是圣骑士团的领袖,因此,对于这么一位地位尊贵的王子来说,金钱肯定不是他追逐的目标,钱对于他来说也根本不是问题。此外,他还是一个忠诚的教徒,这样他就不会被世事所影响。即便让博哈多尔角南面的那些原始人成为教会的一员,即便以基督教作为自己信仰的商人和经纪人们去倒卖黑人,他都不在乎。为了在探险中找到普雷斯特·约翰[1]的一些足迹,他甘愿把自己的所有积蓄都花掉。

萨格雷斯研究所的研究都是不考虑成本的,最后很多研究成果都取得了丰硕的成果,航海科学也因此有了坚定的基础。可是中世纪时期的科学研究条件极其简陋,尽管萨格雷斯研究成果喜人,可是研究进程却非常缓慢。如今我们只需要几天时间就可以抵达当时船队要耗时几年才能到达的地方。只要顺利从一个海

---

[1] 普雷斯特·约翰,这是传说中的一位人物,据说生活于12世纪,之后有人证实他就是头发卷曲的阿比西尼亚国王。——编者注

峡经过，他们就会高兴得手舞足蹈，也会做祷告唱赞美诗，以此来感谢上帝对他们的同情。当时一位葡萄牙船长如果能多测绘出几百海里海岸线，那么其所受到的待遇要远远超出一位从北极回来的探险家的待遇。

相比那些真正伟大的人，那些只能勉强称得上伟大的人会急功近利、自命不凡。"航海家亨利"镇定地进行着海图绘制的工程，丝毫不慌乱。他一点都不着急，当然，他也不会在自己想做的事情上犯拖延症，他心里装着全世界，时间也很充分。

亚速尔群岛曾经被人发现过，可是之后就没有人发现了，后来它再次被亨利王子发现了。在英国浪漫的小说中，马德拉群岛曾经以世外桃源的形象多次出现，只是发现的人却很少，所以这个群岛已经在人们的记忆里消失了一个世纪了，而亨利王子却对它的存在进行了证实。此外，他还发现了位于博哈多尔角南面的布兰科角，这样看来，航行并不是到博哈多尔角就到了终点了。

公元1445年，佛得角被发现。亨利手下的一位船长还在世时，又航行到了塞拉利昂角。之后迪亚斯发现好望角，达·伽马[1]并由此航行到印度。

亨利王子不仅在这些方面做出了杰出的贡献，而且在其他方面（不是直接的，是间接的方式），在人类文明进步方面也功劳不小。科学的春风只要轻轻一吹，就可以把深刻影响人们的无知给吹得无影无踪，这都要归功于人们的学习，只有学习，才会对其中的真理有所顿悟。

爱尔兰传教士为了巴结那些教徒，声称萨格雷斯研究院经过研究，人们不再固执于过去对航海的看法，意识到所谓的恶魔根本就是子虚乌有的，海上有岛屿可供漂流，有陆地可供浮沉。航海家们通过指南针和六分仪来辨别方向，而不是再以"上帝指引"和"自己琢磨"为依靠。一些偏离航线的水手们回来以后，把自己的经历讲给人们听，人们也不再一味地认为这些都是在上帝的指引下了，之后自己再对水手们所说的话进行一番思考，只要是和现实相吻合的都会被重新作为研究课题，而和现实不符的都会被丢掉。

在这些和航海有关的奇奇怪怪的故事中，哥伦布和他的那些航行伙伴都意

---

[1] 达·伽马，葡萄牙航海家，开拓了从欧洲经过好望角到印度的航海路线。——编者注

识到：一定有一个新大陆存在于北极圈再朝北的位置。哥伦布曾经隐晦地对自己的朋友们说过，他曾经到世界的尽头去过，那么他所指的这个"世界的尽头"究竟在哪儿，我们没办法说清楚，因为他究竟航行了多远，我们也不知道。哥伦布可能到冰岛或者法罗埃群岛去过。可是我们要知道，哥伦布所生活的那个时代有格陵兰大主教，欧洲和这个岛也就中断了几十年的联系而已。当时的冰岛人正在对自己祖先的故事进行搜集整理，其中就有冰岛祖先的光辉事迹，里面还对西方的一些事情进行了详细描述。

　　历史学家们在查找史料时，对于洋流或信风这样的小细节，他们通常是忽略不计的。假如我们现在把一张大西洋的海图展开，就不会发出类似这样的疑问："挪威人到美洲海岸去过吗？"而是会问："欧洲人怎么用了那么久才到那里？"

　　假如一艘船在航行过程中，没有在既定的航线上行驶，那么这艘船的结局只有两种，要么被大海所吞噬，要么回到出发的地方。这都是因为墨西哥洋流的阻碍。如果海盗们驾着船从挪威出发，到北极圈去，他们就要对格陵兰洋流非常当心了。假如幸运之神没有庇护他们，在拉布拉多洋流的作用下，他们就会被带到北美大陆的西海岸上。

　　格陵兰和挪威在长达400多年的时间里（公元983—1410年），一直都有密切的交往，这是众所周知的。那些勇敢的先驱者们就凭借着一腔孤勇，前赴后继地赶往西方的岛屿。我们现代人（甚至连墨西哥暖流都不在乎）根本无法理解他们当时遇到了什么样的艰难险阻。此外，他们还凭借着自己丰富的想象力和卓越的文采，如实记录了自己的航海经历。

发现

我们之所以在这里提到这些，是为了避免人们无谓的争执——究竟是谁率先发现了新大陆，是热那亚纺织工多梅尼科的儿子哥伦布，还是豪卡达卢尔农民埃里克的儿子莱夫？这只是想对一个事实进行证实：在哥伦布时代生活的人们都知道，假如一个人持续往西边航行，也许不到一个月的时间，就可以发现一片陆地。

可是，我们只是假设坐船到那些地方去，真的想要去对这一事实进行验证的话，是需要很多物质条件的。哥伦布之所以开启第二阶段的航海生涯，就是出于这个原因，他引领了这项事业。15世纪，只有意大利可以对这项航海事业提供支持，可是，哥伦布如果得到了罗马教皇和梅迪西的支持，那么他自己也可以劝说威尼斯或热那亚政府给他提供船只，可是意大利会从中得到什么呢？

当时西班牙是一个高度集权制的国家，牢牢把守着连接大西洋的要塞。意大利一直想要得到这样的权力，可是因为自己实力不足，船只太小，只能空叹息。而哥伦布把西班牙作为自己实现伟大抱负的最理想选择也正是基于此。哥伦布也从来不怀疑，在不久的将来，他可以让那些给自己提供支持的国家获得无上的荣誉和好处。

现在为了一点军事上的胜利，人们甘愿付出金钱的代价。正因为如此，对于当时那个信用制度还没有建立起来的时代，想要得到大额金钱时，资本主义体系所表现出来的无奈、拙劣，我们就觉得无从理解。而18世纪财力最为雄厚的君主国——法国，就是因为无从募集到大额金钱，使得当时国家即便最有能力最为卓越的大臣、最忠心耿耿的军队和经验最为丰富的金融顾问，也无能为力，只能眼睁睁地看着大革命的发生。假如现代出现这种事，直接让财政部门和国际银行协商一下就可以了。

因为当时的费尔南国王和伊萨贝尔王后没办法在短期内筹集那么多钱，西班牙险些没机会控制新大陆了。尽管这些钱并不多，和现在的一万美金差不多，可是他筹集到这笔钱也是费了九牛二虎之力的。这笔钱来自于平松兄弟[1]的个人资助，否则的话，哥伦布的时间也许都会消磨在巴黎、里斯本和伦敦的宫廷里

---

[1] 平松兄弟，在帕洛斯小城居住，是广受人尊重的两个商人。——编者注

了，他得把自己的想法反复讲给那些高官们听，极力劝说他们，归纳起来就是一句话，他向西航行的计划具有很强的可操作性，小投资会收到大回报。

无论如何，平松兄弟最后决定给西班牙国王提供帮助。公元1492年8月3日，在哥伦布的带领下，三艘船浩浩荡荡地开往亚速尔群岛。虽然这三艘船中最大的也比不上渡船的大小，可是这只船的作用一开始就是和弗兰德进行海上交易。

起初在航行的过程中，曾经有两次，他看到过陆地，分别是那利群岛和特内里费群岛。他持续开往西方，两个多月以后，他们来到了一片辽阔的海域。1492年10月12日凌晨，他们看到陆地上的火光在海上出现，还以为是印度人的篝火。等到次日早上，白皮肤的欧洲人和古铜色皮肤的人见面了，当时的场景光是想象一下就非常有意思。当时哥伦布的船上有一个对多种语言都擅长的犹太籍水手，在这次旅程中，翻译就是他的主要职责。

哥伦布说："你去向那个野人打听一下，看他是否知道印度的位置。"

路易斯·德·托雷斯把一根闪亮的铜棒子拿在手中挥舞，并大声叫道："嘿！"

于是那个"野人"也挥舞着手臂，并指着西方说："嘿！"

这些英勇之人马上决定向西方挺进。之后很多生长着棕榈树的岛屿出现在他们眼前，这些岛屿略微高于水面，上面还有一些追逐嬉戏的小孩子和赤身裸体的野人。当孩子们听到"圣玛利亚"号的炮声以后，尖叫着跑开了。可是他想要找寻的是印度，而这里处处是岛屿。他想要看到的，诸如有着美丽角楼的中国、西潘古生产香料的香料树，他统统没有见到。

可是哥伦布是个对梦想很执着的人，他并没有半途而废。他接连三次从大西洋穿过，找寻印度。他坚信，终有一天，抵达目的地的新航线会出现在自己眼前。可惜的是，他的希望落空了。他的身体饱受各种煎熬，最终垮掉了，他的梦想也只能付诸东流了。1506年5月12日，哥伦布离世，死后的他仍然没能逃脱磨难。

16世纪上半叶，有一家专业从事地理研究的著名学院位于法国圣迪埃这个

哥伦布的归宿

小镇上。1507 年，当时的院长马丁·瓦尔德西默勒[1]想出版一本世界地理手册。可是，那些位于亚速尔群岛西边，而且数量还在持续上升的陆地应该如何处理，他还不知道。他觉得对它们进行集中命名似乎是个不错的选择，可是命什么名好呢？有人提议采用贡献最突出的那个人的名字，于是最荒谬的事情就在这个问题上出现了。

对于哥伦布这个名字，当时的北欧人还很陌生，也许这个名字的确有人听说过，可是人们并不了解他有过什么光辉事迹，而他们知道的所有内容都来源于一个小册子。在北欧，有一种小册子非常流行，里面有印第安人雕刻出来的恐怖野兽，还有一个叫朵夫的故事，或者和这个名字相似的故事，都说他到印度去过，传说中的那些大怪鸟他也看到过，他回来以后就把自己的经历告诉了大家。

1600 年以后的五年间，从比利牛斯山脉那边，传来了一些更加荒诞的故事。一个生活在塞维利亚的佛罗伦萨人资助了哥伦布的第二次出海航行，这位商人忽然离世以后，就由一个叫阿美利戈·韦利普西的人接手这个合同，这个人也是佛罗伦萨人，是梅迪西家族在西班牙西边的金融业务代表，他告诉人们，他也出过几次海，和哥伦布一起到过新大陆，也看到过不少南半球岛屿。他是个非常睿智的演讲者，也乐意把这些讲出来，时常把自己的经历写在信纸上寄给自己的雇主老银行家格伦佐·德·梅迪西。之后这些信件传到了佛罗伦萨，随后被翻译出版，成为尽人皆知的东西。

正因如此，当希拉科里勒斯想给那些欧洲和印度之间的岛屿取名时，脑海里出现的第一个名字就是这位公认的、贡献突出的、名声显赫的佛罗伦萨人，所

---

[1] 马丁·瓦尔德西默勒，是一位德国人，喜欢别人用希拉克里勒斯称呼他。——编者注

有接受过教育的欧洲人都对这一点供认不讳。最后老院长用"阿美利戈"或"阿美利加"命名这个新大陆,因为当时这个名字是广为人知的。没有人提出质疑,因为只要解决了问题,大家不需要一直再为这个问题伤神,用谁的名字都不是最紧要的。

  对于希拉克里勒斯,我们没什么好指责的,因为他也很可怜,他也是被人骗了,他之所以这样做,只是出于公心。他就是一个普普通通的责任心很强的人,只是不经意间上了宣传者的当。

第三章
信仰、黄金和印第安人

公元 1732 年,在杰弗里·阿默斯特将军(马萨诸塞州北的一个村落和一所学校都是用他的名字命名的,如今这两个地方非常有名)的命令下,一些臣服于英国的土著部落被摧毁。他之所以这样做,是因为他的上级英国国王陛下写过一封信给他,事情就是因此而起。

信中是这样写的:"天花病人用过的毯子或者其他东西,你统统拿给印第安人使用,让他们所有人都传染上瘟疫是最好的。假如还有幸存者,那就采取任何可以用的办法来灭掉那个种族。我也会非常认可你所说的用猎犬追杀他们的方法,如果确实有用的话。"

18 世纪上半叶,那些文明程度不高的民族聚集了全世界的目光。这样的指令竟然来自于一位赫赫有名而且亲切的将军,很难不让人想到,300 年前,当西班牙天主教国王的士兵和传教士控制了一些没有任何武器的野蛮人以后,后者面临的处境是什么样的?在这里,我们还是尽量少提及吧。

因为在长达 5 个世纪的时间里,西班牙都曾经统治着摩尔人,因此西班牙人对那些皮肤黝黑的摩尔人的记恨由来已久。

土著村落

在西班牙人眼里，新领土上的那些皮肤颜色和摩尔人类似的土著都不能称之为人，只能用动物称呼他们。

对于印第安人来说，这样未免不是一件好事。对于这些土著人，西班牙人不会使用自身那些严酷的宗教刑法，也不会对他们的宗教信仰加以管束，因为在他们看来，这些法规所针对的对象是"人"。当土著人看到墨西哥城或库斯科要用火刑对那些英国异教徒或犹太邪教徒进行处罚时，他们都漠不关心，而且还一脸兴奋地上前去观看，就是因为他们丝毫不用担心自己会遭受这样的惩罚。

可是这样的情况并不是很普遍，事实上，印第安人的生活并不如意。私底下，他们觉得这片土地的真正主人是自己，而那些外部侵略者只是借助自己的武器奴役了他们。

一直以来，印第安人的起源都没人知道，这些红色人种是亚洲人，还是原始欧洲人的后代，我们无从得知。假如是亚洲人，那么他们到这里来不是趁白令海峡冰冻的时候，就是从曾经存在的大陆桥过来的。假如是原始欧洲人的后代，那么他们来到拉布拉多岛，就是从冰岛和格陵兰岛经过的。迄今为止，这个都还没有定论，可是在美洲大陆人种的问题上，有一点倒是毫无疑问的，在亚、非、欧出现人类以后的几千年时间里，美洲一直荒无人烟。印第安人的祖先到美洲来了以后，就在长达15000到20000年的时间里，与外界没有任何交集。这些人的智力水平丝毫不逊色于世界上任何一个人种，可是因为长期不与外界打交道，以致在生活各方面，他们都比那些手拿枪炮的欧洲人差远了。

那些欧洲侵略者之所以这么轻松就让这些印第安人臣服在自己脚下，一方面是

白令海峡

因为印第安人落后，另一方面是因为印第安人的数量实在太少了。整个美洲大陆（美洲大陆包括北美、南美和人口众多的中美）的印第安人才1000万左右。而导致这一局面出现的原因，就是他们对农业技术一窍不通，以及他们的生活方式是游牧式的。

以上我们只是谈及了个大概，当时有很多种印第安人，像文明程度很高的玛雅人和秘鲁人；分布在巴塔哥尼亚南边的食人族。可是无论如何，在拥有强大武器和组织有序的欧洲人面前，他们都败下阵来。所以，他们的土地很快就沦为了欧洲的殖民地。

更糟糕的事情还在后面，哥伦布发现美洲时，正好是西班牙在经历了6个世纪的战争过后，取得了最终的胜利，把最后一位穆斯林国王都赶了出去。西班牙的国内正盛行一种非常怪异的圣战激情，他们随时可以打着宗教的旗号，去做一些没羞没臊的事情。就如同科尔特斯和皮萨罗这样的人，他们之所以取得了不小的成就，很大程度上就是因为他们把自己看成是熙德的直系传人或者是上帝选出来的能力突出的人。当时他们只是带领着一小群训练有素的勇士，就把和法国、西班牙、英国国土面积之和相等的印第安帝国给占领了。

那些领头人都被人们奉为英雄，他们的英雄事迹和大公无私的美德都广为流传，受到人们的热捧。他们排除万难的英勇事件，人们对他们的颂扬，让我们的双眼都开始看不清事实：人为财死，鸟为食亡！

不排除其中有一些传教士冒险去海的那一边，是忠心想服务于上帝，真心想要对那些异教徒进行改造。可是也必须承认，大部分人的目的就是搜刮财富，而且想在短时间内得到更多的金银财物。他们完全不在乎遭受他们抢劫的民众、遭到他们毁坏的水渠以及惨遭迫害的妇女，也丝毫不觉得愧疚。国内的那些人也是一样，眼里都只有钱，金钱当道，其他一切都不值一提。陆续登上历史舞台的菲利普、卡洛斯和阿方索家族，只关心"运金船"每年会给他们送来大量的财物，以供他们用于侵略战争，其他事情一概不在他们的关心范围以内。

众所周知，这样的制度会给西班牙造成多么恶劣的影响。美洲大陆第一次被发现以后还不到20年的时间，墨西哥当地土著人的数量就直线下降。无奈之下，西班牙人为了找到合适的劳动力，只能辗转去其他地方。一开始，他们从佛罗里达和委内瑞拉把一些印第安人抓来做奴隶，可是作为劳动力，他们却一点都不合适，因为这些印第安人才到那里，就死掉了大半。

这时有个叫马托洛梅·德·拉斯卡萨斯（父亲曾经和哥伦布一起到美洲去过）的人出了个主意，把那些在矿井和农场里干活的印第安人换下来，改由更能吃苦的非洲黑摩尔人去做。

可以肯定的是，拉斯卡萨斯并不是心存恶意地把这个建议提出来的，可是正因为这个提议，他却遭到万人唾弃。不久，基督教国家的人就采取了行动，要知道当时这样的人可不少，而且这样的人每个年代都存在，他们几乎是整体出动，全部奔赴塞内加尔河和刚果河附近寻找奴隶。一旦这种遭到万人唾弃的贩卖黑奴交易开始了，就不容易停下来，之后的好几个世纪，这样的交易一直都存在。

因为西班牙国王喜欢实行个人集权制，所以新的殖民地计划早晚都会结束。事情不论是大还是小，决定权统统都在马德里一人手上，所有殖民地都没有任何自治权，只有从属国来的人才能在殖民地做官，殖民地上的当地人根本就没有机会做官。如此一来，殖民者们都两手一摊，无可奈何地说："即便你再努力，都是徒劳的。"所以，他们尽可能离政府和有关部门远远的，只专注于创造财富，他们只做两件事，剥削自己的奴隶、欺凌自己的白人邻居。八成加入教会的人都肆无忌惮地以自己的优势为仰仗，在最快的时间内，把当地八成以上的固定财产都据为己有。

西班牙人犯的最致命的错误就是，他们让殖民地也开始实行垄断制，而且还写入了当地的政治纲要中。这样一来，整个社会就难以取得发展。个体商一旦被抓，就人头不保了。布宜诺斯艾利斯和哈瓦那只要送出黄金和肉桂，都必须如实记录在加的斯上面。

私有经济的萌芽就这样被掐断了。独立的商人在这里没有了生存之地，只有严苛的书记员和政客才能在这里生存。有一些犹太人（他们被驱逐出西班牙时正好就是哥伦布从帕斯洛启程的那一天）想把墨西哥、秘鲁和委内瑞拉作为栖息之地，在这里找到生存方式，于是也来到了这里。可是，当他们刚积攒了一点财富，就被以异端罪处死了，财产也全部充公了。所以，很多人都到伦敦和阿姆斯特丹去了，倾其所有给这个西班牙的敌人提供帮助，间接地和那个残害他们祖先的国家相对抗。

还有很多事件都在民众中产生了极其恶劣的影响，可是前面所说的事情就足以把"美洲的故事"那片讲西班牙和葡萄牙语的大陆历史给说明白。不可否认，首个占领了新大陆的国家就是西班牙。只是，这个国家以后在这里照搬了原有的制度这一致命的错误，却给它之后的失败埋下了伏笔。

第四章
毫无意义的土地

在欧洲通往印度的海路上有不计其数的岛屿，它们像屏障一样是道难以逾越的阻碍，人们也正在慢慢了解这个可怕的事实。

一开始，那些冒险家们都是一副斗志昂扬的样子。即便哥伦布失败了，他们也依然相信成功就在不远处。再加上如果谁把这个问题解决了，就会得到一笔数额巨大的奖金。在如此诱人的利益的驱动下，冒险家们都精神抖擞地准备去对那片不可知的海域进行探索。

在所有海湾，不管是大还是小，他们都没有放过，而是极尽所能地观察。他们驾着船穿过每一个出口，直到被沙滩或山脊挡住去路，使得之前的所有努力都付诸东流。人们为了找到一个出口，找遍了每一条小河和每一道小山沟，或者两座小岛之间的水路和通道，又或者可以容帆船通过的两块礁石之间的小路。无论如何，总有一条道路是可以到达目的地的，那些岛上有他们垂涎已久的肉桂、胡椒和肉豆蔻。

有几次，人们都误以为梦想快要实现了。1500 年，1492 年航行的一员——维森特·平松，看到了一片非常开阔的水域，似

太平洋

乎可以向西航行。他兴致勃勃地顺着河航行了 50 英里以后，一些岛屿和沙洲就出现在他的眼前，他只能失望而归。40 年以后，人们不得不承认亚马孙河虽然和其他的河相比，要宽大一些、绵长一些，可是它依然只是一条再普通不过的河流，这是无可改变的事实。

1513 年，又有一种说法开始流行——已经找到了通往中国的水道，已经把问题解决了。这倒是说得没错，只是那片和大西洋之间隔着几百英里的水域已经被巴尔博亚打着西班牙国王的旗号占领了，在那中间两座火山紧紧相连，还有一些无法通过的岩石。最后巴尔博亚被处以火刑（他擅作主张的行为让他遭受了西班牙式的处罚），他才意识到自己是真的失败了，他并没有真的解决问题，反倒复杂化了问题。

与此同时，瓦斯科·达·伽马在东边找到了可以去往加尔各答的航线。这样一对比的话，我们就会发现加的斯和帕洛斯到圣多明各和古巴的航线非常漫长，充满了艰难险阻，而且尝试过的人已经不是一个两个，似乎也不会有什么"好的发现"了，这就让其显得没什么价值了，也有点荒谬了。

现在，亨利王子四分之一世纪前的航线都派上了大用场。顺着这个航线一直朝正南方向航行，看到陆地都还不算什么，而且每隔三四天，人们就可以通过这些陆地补充淡水。如此一来，"亚美利加大陆"的经济价值就不复从前了。

因此现在的问题是，应该如何对待它？有人说："我们可以继续压榨那些土著人，从他们身上得到我们想要的财富，对于毫无意义的东西就留给那些猛兽吧。"商量好以后，人群就开始沸腾，这其中有出身尊贵的冒险家、臭名远扬的强盗、各种暴徒以及伊比利亚半岛上的流氓地痞，他们都齐声叫着："走！"

在文学家们的美化下，他们在那个地方完成这一"伟大的行为"的过程，他们对这些印第安人实行的烧杀抢掠，导致其人口快速下降了一半的过程，他们在当地实行自己的政策，然后又将这些土著人聚集到一起的过程，都被写成了优美的诗篇——或者在他们看来，他们的祖先所实行的强盗行为是不同于别人的强盗行为的吧，前者是神圣的，而后者却是残酷的。没过多久，新大陆这个地方就成了可以轻松地把别人的劳动果实据为己有的地方，那些外来人可以坐享其成，这

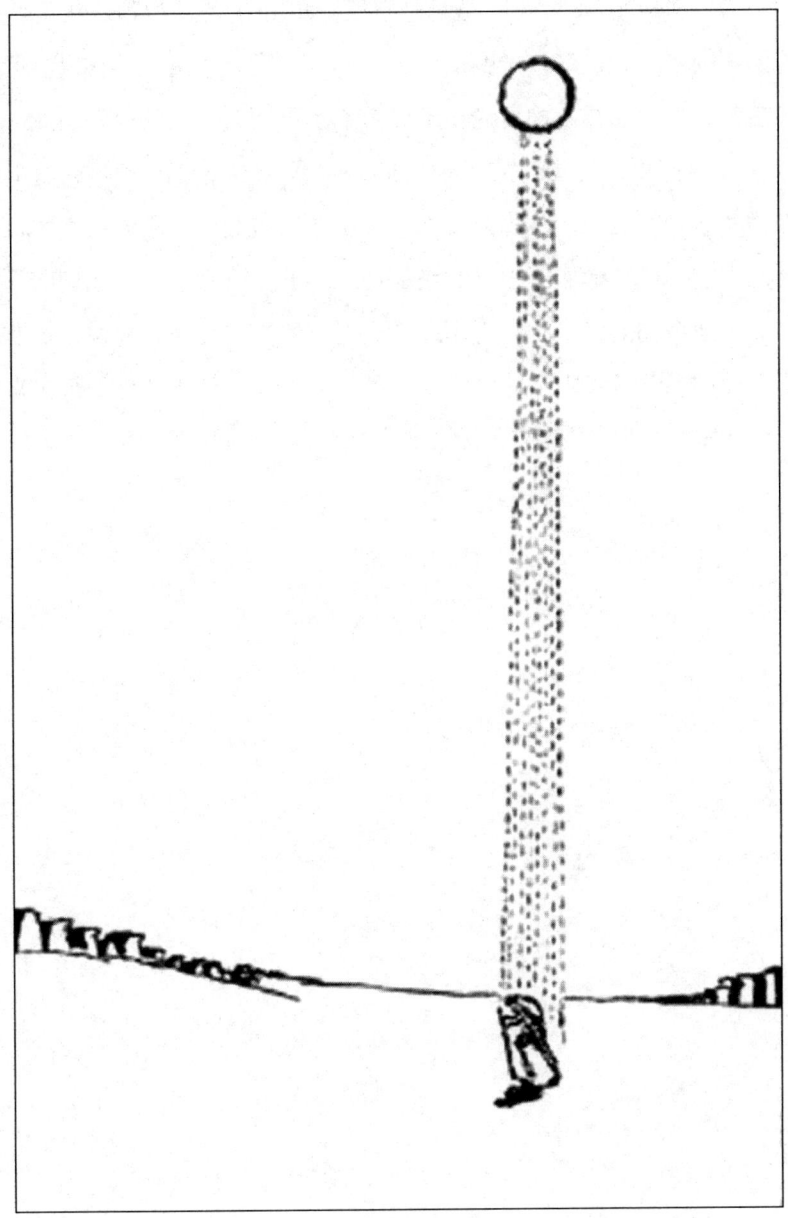

黄金

样的权力都归属于西班牙侵略者了。

这时，教皇亚历山大六世从墨西哥开始，再到秘鲁、智利、新卡斯蒂利亚的世界地图上画了一条红线，把西班牙和葡萄牙分隔开了，使其在自己所属的区域内任意妄为。教皇这样做的目的在于让教会不再因为财富的纷争而战斗不停。

这个情况我们可以用当时的地理手册来解释。地图绘制者们觉得十六七世纪是他们的鼎盛时期，他们中的很多人不仅是做出过突出贡献的科学家，也是非常优秀的艺术家。可是他们所绘制的美洲地图却非常有意思——他们所绘制的南美洲和中美洲地图的河流走向、海岸线都是无误的，这在当时来说，是非同一般的。只是，他们并不感兴趣于这些土地以外的地方。他们用这样一行字来概括美洲北部的那些宽广平原："毫无意义的土地。"

第五章
尚普兰依靠独木舟开辟新航线

在这个世界上，鲜有人可以站在客观的角度上来评价自己。即便是现在这样的人也不多，在现代人类中所占的比例还不如旧石器时代，也许和公元前3世纪的希腊、小亚细亚相比，也要低一些。请原谅，我们没办法给出一个精准的答案。

可是有一个事实却是尽人皆知的，那就是不论什么时候，对于讨好自己的话，人们都百听不厌。在当时，北半球的人最喜欢听人们说拉丁民族和南半球的所有人在航海上都没有天分。而只有盎格鲁—撒克逊人有航海天赋而且航海技术一流，如果降低一点标准，荷兰人和挪威人也算。

可是，腓尼基人的一位船长很早就带着一群闪米特水手抵达了好望角附近，而那时欧洲人还在生吃熊肉呢。很快，就在日耳曼人震惊于一种"舵轮"的新创造时，刚果土著人和闪米特的迦太基人已经开始了贸易往来。地中海的每个角落都有希腊人和罗马人的踪迹，每隔一段时间，一些勇气可嘉的泰雅人和西顿人水手就会去一次康沃尔的锡矿区。

在这之后，葡萄牙人已经在全球都留下了自己的足迹。紧接着一位意大利人发现了美洲大陆。西班牙语已经成为佛罗里达到火地岛之间所有港口通用的语言。这些并不是我们愿意看到的，可是事实就是事实，不容改变——从西班牙和法国人那里，我们的祖先懂得了如何做生意。当我们的祖先还处于籍籍无名的状态时，世界上大部分地区都开始流行西班牙语或法语了，这一份功劳要记在拉丁人强大的航海技术和极其特殊的探险本领上。

弗罗比歇和德雷克试着去把连接大西洋和太平洋之间的水道找出来。可是他们是航海家，不会从自己的船上离开。他们顺着一条开阔的水道往前走时，一条小河流，抑或说是一条未知的海岸线出现在他们眼前，这就意味着他们之前的努力都白费了。他们边骂边掉转船头，之后换一个方向努力。他们会到陆地上去吗？答案是不会，他们不可能上岸。在他们看来，行走在陆地上是约克郡农夫一种放松的行为，而他们是地地道道的德文郡人，甲板才是他们的家，他们才不屑于到岸上去呢。

西班牙人不同于法国人，他们在走路方面特别厉害，即便天气再炎热，他们也可以把沉重的盔甲穿在身上走很长时间。假如是现代军队早就开始大叫了，想要坐车喝冷饮了。西班牙人就如同讫里什那神像一样前行在这片宽广的土地上，所到之处都会屠杀土著人。法国人深知，他们不同于西班牙人，不能从自己国家得到强大的经济支持，于是他们采取另外一种方式来达成目的。有时法国人也会和其他国家的人一样，对土著人进行大肆杀戮，可是他们和西班牙人不一样的是，他们不会一上来就开打，直接用大炮打通道路，然后再由布道的传教士去处理谈判事宜，而是会先进行谈判。

最早有个叫尚普兰的法国冒险家非常吸引人。他写了一本很有名的书，在书中，他首次提到了开凿巴拿马运河，这本书的署名是萨缪埃尔·德·尚普兰。500年以前，人们就知道新大陆北边有一条起源于内陆的大河，只是人们只知道圣劳伦斯湾烟气缭绕的海岸，不知道其他大陆上的地方，而尚普兰才刚刚抵达那里。必须有一群勇敢的人，才能从加拿大荒原穿过，去找寻朝印度去的通道，而尚普兰和他的追随者们就是这样的人。他们都是勇气可嘉的人，

教会

出去的时候通常只跟着一两个白人,再找一些土著人帮忙搬运行李和划船,从来不会大张旗鼓的。不久他们就发现向西走划船要方便一些。

当时的印第安人赖以生存的方式基本上都是渔猎,他们也发明了一种非常优秀的东西,那就是独具特色的小船。这样的小船非常牢固,即便在湍急的河流中行驶也不会出现什么大问题,船身也不重,而且非常方便,当遇到小船无法航行的地方时,还可以扛在肩上走。就是凭借着这样的"独木舟",尚普兰一直向西航行,最后到达了休伦湖,而且绘制出了圣劳伦斯河下游附近的地图,还对安大略湖和欧奈达湖进行了观察。在这个过程中,他把阿尔贡奎因人、休伦人和易洛魁人之间的打斗巧妙地派上了用场,对以他名字命名的尚普兰湖的沿岸进行了仔细观察,最后决定在亚罗尔港、魁北克和蒙特利尔建立殖民点。几百年以后,这些殖民点成了"新法兰西"的核心地带。这一切都在他们的规划之中,从戴维斯海湾延伸到墨西哥湾,这些殖民点还被寄予了厚望。

萨缪埃尔·德·尚普兰

只是很可惜的是,即便尚普兰和他的追随者们斗志满满,法国的当权者们依然不相信:站在一个更高的角度,相比他们动用大量的财力和人力去扩大自己的势力,对美洲的不动产进行投资要好得多。

波旁家族是哈布斯堡家族的嫡亲,哈布斯堡家族人的姓氏是从一个叫"鹰巢"的古城堡而来。老鹰在杀戮方面特别厉害,可是站在一个长远的角度来看待问题方面,他们就逊色多了。假如这些把欧洲命运掌控在自己手中的家族可以去欺负一个温和的邻国,他们绝对不愿意跋山涉水去很远的北方,也不会将那些被冰封住的荒原之上的问题考虑在内。所以,尽管这片土地是法国人率先看到的,可是他们却没有对其加以改变,这里的一切依然和往常一样。在地图上,也只是用几个小点或几条线对那个地方进行标记,发现者还是 500 年前北欧的莱夫。其他的地方都是一片空白,依然有一行人们所熟知的大字在上面:"毫无意义的土地。"

以前,人们并不知道这个地方,如今依然如此,这似乎都成了地理学上的一个天大的笑话,凡尔赛宫茶余饭后都会以此为消遣,或者在给孩子们讲故事时,也会提到那个头戴羽毛、鼻子上有铁环的霍奇拉加国王的故事。

第六章
加尔文博士对现今和未来的世界进行研究

有一块纪念碑位于佛罗伦萨的圣劳伦教堂中。过去几百年以来，在大量参观者的眼里，尽管它平淡无奇，却被认为是最了不起的雕塑之一。尽管这块大理石硕大无比，可是所纪念的人物却只是一位平凡的六等诸侯那样的人生，没有什么值得纪念的事情。

一位非常睿智的老板和这位"了不起的人"埋在一起，都被埋在这里，他所埋的位置特别隐蔽，躺的棺材也非常简陋。就是这位平淡无奇的老板，使得阿尔诺河畔附近的一个小村经过 600 年的发展，成为全世界的文明中心。一个人的丰功伟绩就像闪电一样，没有人知道哪里会因为它而闪闪发光。

西班牙曾经把 200 万平方英里的土地据为己有，当时的人都要感谢哥伦布，就是因为他，他们才能看到一个崭新的世界。原本这些新世界都可以命名为哥伦布的，可是一位籍籍无名的中学校长在对地理教材进行编纂时，却把哥伦布用自己名字命名的权利给剥夺了。

之后，人们曾经好几次都想把自己的错误改正过来。在这样的问题上，最大度的莫过于美国人了。可以说，我们的地图就是对这位热那亚航海家进行颂扬的诗篇："在被开辟出来的沼泽地——'哥伦比亚'上，我们制定了国法；进入国会大楼的人们，首先映入他们眼帘的就是哥伦布的雕像；不管你朝哪个方向开车，汽车都有可能行驶在一条叫'哥伦比亚'的街道上；你还有更多的机会看到一些叫'哥伦比亚'的加油站以及房屋。"

总而言之，假如地球上来了外星人，他就会有这样的想法，克里斯先生一定是美国的好搭档，他对这个国家的发展做出了很大的贡献。比如说，正是经由哥伦布之手，才诞生了美国这个国家，我们生活的这片土地正是因为他才文明璀璨。可是这位苦行僧式的人在孕育出这个婴儿（国家）以后，让这个孩子完全遗传了他自己的个性。当孩子成年以后，当然会记得他们早先接受的教育，以至他们都忽略了人们正在慢慢遗忘这位天才式的英雄。假如作为他的后代的我们，还存在一丝责任心，那么我们还应该在所有城市和村庄都立上约翰·加尔文的纪念碑。如果我们这个文明世界应该去追求"让所有人都过上幸福的生活"，那么在每个有思想的人心中，这位法国改革家都应该占据举足轻重的地位。

加尔文出生于1509年，逝世于1564年，出生地是法国努瓦场，而去世的地方是瑞士日内瓦。加尔文终其一生都扑在工作中，尽管身患疾病都没有停下来，为了人类文明的发展，他做出了突出的成绩。后来，他所宣称的那套带有批判色彩的神学体系已经不适应这个时代了，和霍雷布山的先知们所宣称的东西一样，所以，那些趾高气扬的文明时代的作家们会刻意忽略他所做出的伟大成绩。

假如加尔文知道我是怎么想的，那他一定不会觉得那种想法是他自身的。

日内瓦

毋庸置疑的是，先前，他给法国人争取过思想上的自由（他和法国人的理念一样），可是假如他脱离了罗马教皇的约束，那么日内瓦就会被他变成第二个罗马，在他自己建成的地方，人们依然要遵守教规，出自于长老之口的话就是法律，而且有着不可亵渎的权力。

他的那些想法最终会一败涂地。可是他很勇敢，胆敢在公开场合，对教皇的权威予以鄙视，正是在他的行为的激励下，各式各样的改革家和新教徒们才组建了一支勇敢的反对派军队。

可是，马丁·路德作为最先采取行动

的人，为什么不能成为时代的英雄，而这个殊荣却只有加尔文才担得起呢？通过看地图，我们就能明白其中的原因了。

路德居住在法国北部一个叫维滕贝格的小镇上。在他的祖国和敌人的土地之间，有一片非常辽阔的、平静的土地，所以他从来不担心自己的生活会受到什么影响。而相比之下，加尔文的境遇就差多了，他的家乡位于瑞士南部的群山下的一座小城，时常会受到天主教的干扰，他每天都生活在这种干扰中。在新教徒军队里，他是一名将领，他的一生都是在军营里度过的。无论他是什么身份，教会的首领也好，战场上的先驱者也好，他都会对一种奇怪的人生哲学——一种在其他地方根本找不到的人生哲学奉若神明。

"铁石心肠"是第戎和格勒诺布尔的火葬堆的训条，日内瓦战场上也实行这样的信条，对教会和国家进行治理的铁石心肠与战场上的铁石心肠的差别微乎其微，如果抹去了这个差异，就和《新约》中所说的慈爱不相吻合了，那些信徒们又成为了那种粗鲁蛮横之人，就像《旧约》中所宣传的一样。这样的改变让人们不再拥有拿撒勒田间的幸福生活，人的灵魂也变得冰冷无比。

我们对这样的事觉得可惜只是徒劳的。从历史的层面来说，可惜对事情的改变于事无补，对于这样的事情，我们只能理解并接纳。

最后，那些厉害角色（这种人的原则就是自己的主张，这也是他们仅有的一个原则）把大航母——罗马帝国推翻了，的确，也只有这样的人才能把这样一个大帝国推翻。我看这样的做法和人民心中的想法非常相符；罗马人的宗教信仰是从那些先知和大师们那来的，尽管我们不知道这样的信仰什么时候、在哪里会消失，可是它们早晚是会消失的，但人们会一直记得，并一直赞颂罗马人的功绩。

第七章
异教徒变成黑盗

我们先来对"黑盗"一词进行解释,因为没有做过女看守或是记者的你,根本不知道它是什么意思。

黑盗不同于那些窃贼或强盗。一般的盗贼都是对一些普通人实行普通的抢劫,他们的行为让人不齿。假如有人遭遇这样的情形,可以向他人求助,得到讯息的警察会马上过来抓住犯罪分子,送到法庭上审判。而法官会判处这样的人坐几年牢,以此让犯人学会反省,并洗心革面,好好做人。

不同于他们的是,尽管黑盗也是让人不齿的人,可是他们抢劫的对象却是那些酒贩子。通常情况下,这些人都是非法酿酒的人,对于葡萄酒、啤酒、威士忌、香槟等所有酒精饮品,他们也运输、贩卖。这些酒商并不在法律的保护范围之内,所以,假如他们遭到抢劫,是不能向警察求助的,因为警察会问他们是从事什么工作的,假如他们回答说是做酒水生意的,那么一副手铐就会被戴在他们的手上,马上被扭送到监狱里面。所以,当这些黑盗们

异教徒变成黑盗

抢劫他们、威胁他们时，他们都只能眼睁睁地看着，无计可施，哪怕他们非常厌恶这些黑盗们。在自己短暂的一生中，这些黑盗们唯一担心的事情就是酒商对他们的报复。

先辈们总是告诉自己的后代，自己的祖先们都是好人，后代人应该尊敬自己的祖先，而且极尽所能使他们相信这一点。黑盗头子在1600年被杀死，过了100年以后，可能他就会被包装成"英勇的民间武船的船长"；1812年又被人们称颂为"英勇的船长"；1900年，也许被赞许为创造了伟大殖民帝国的人，而且人们为了纪念他，还会为他建一座纪念碑。

废弃的祭坛

如果一个偷了自己祖母钱的12岁印度小孩害怕遭到批评，就和流氓无赖混在一起，而且把一个印度富裕人家给抢了，最后把抢来的钱带上回到了自己的家，受到家人们的热情欢迎，而且家乡人还会像对待名声最为显赫的乡绅一样对待他。

现实生活中"胜者为王，败者为寇"的事例比比皆是，历史也是如此。如果你成为反对派的一员，却不幸沦为敌人的俘虏，那么你就会被扣上暴乱的罪名，被处以极刑。可是，如果你成为反对派的头目，而且最终大获全胜，那么后人们可能就会用国父尊称你。我不会去评判这样的事情是好还是坏。之前我说过，历史学家的职责就是尽最大可能把事情的本来面目表现出来，把所有能够利用的资源都加以利用，他并不是道德审判家。

所以，如果这时我告诉你，我国（事实上美国的历史是40个国家历史的综合）历史上很多名传千古的人物其实都是"黑盗"，也就不足为奇了。我只是在这里把事实再次说了出来，对他们的话进行重复，他们把自己想要得到的财富攥到自己手中以后，就远离了这个极其危险的行当，尽管这一行会给自己带来非常丰厚的利润,在不做海盗以后,他们这样说道。

假如站在现代的角度,来对当时日内瓦和罗马之间的战争进行评价,就有失公允了。现在的人和以前的人注重的东西是截然不同的,一个是生意,一个是宗教。如今,假如在经济学层面,我们邻居的观点不同于我们,我们就会感到不知所措。可是假如他们和我们在贸易上并不是死对头,那么他们有没有群体集会或者祈祷会;不过圣诞节,而对于哈努卡节[1]却会兴高采烈地庆祝,我们都不会去关心。

假如是400年以前,根本不可能想到这么博大的胸怀。当时的新教徒觉得天主教徒们都是一群高度崇尚自我的人,他们出卖了自己的灵魂,还尽可能地协助意大利把北欧重新抢占过来。

在天主教徒们看来,新教徒就是一些激进的、无恶不作的、胆大的叛乱分子,安宁的世界就是被他们打破的,还允许那些没有道德素养的牧师们成立自己的小家庭,而且贪得无厌的君主通过剥削那些教士和修女从而走上财富之路也是得到他们允许的。

当然,他们都错得很离谱,可是并没有人提醒过他们。相反,有很多人考虑到个人利益,反而告诉他们:"你们做得没错。"所以,假如他们在海上狭路相逢,就会视对方为动物,把对方的人抓过来以后,直接扔到海里;如果是在陆地上相遇了,他们就会直接杀死对方的俘虏,这样只会造成两败俱伤的结果。

在将近两个世纪的时间里,他们就这样彼此把对方当成自己的死对头,都不知道什么时候才是个头,而且战火还在扩大,都烧到了北欧以外的地区。1555年,法国的"科利尼"号船长(在后来的圣巴托洛梅大屠杀中惨遭杀害)成立了一个新教徒的殖民地,地址就选在里约热内卢,可是却遭到了葡萄牙人的毁坏。

9年以后,他又建立了一块新的、名为胡格诺派的殖民地,地址在佛罗里达。不管是他本人,还是他的追随者们,都觉得这里非常安全,不会被西班牙人侵袭。可是好景不长,2个月以后,这里就遭到了一支西班牙舰队的袭击,西班牙人快速占领了这里,还把所有的男人、女人和孩子都杀了。当时西班牙一个将

---

[1] 哈努卡节,又称光明节,犹太教的一个至关重要的节日。——译者注

领说:"并不是因为他们是法国人才惨遭杀害的,而是因为它是新教徒。"

3年过后,在一位印第安酋长的帮助下,一位法国人把佛罗里达的圣马特罗要塞抢占过来,这位法国人算是扬眉吐气了一回,很多西班牙人都沦为他的刀下鬼,他还说:"并不是因为他们是西班牙人才杀的,而是因为他们是强盗,是叛变者,是杀人凶手。"

20年以后,汉弗莱·吉尔伯特爵士准备在纽芬兰海岸上成立一座贸易中转站,方便把鳕鱼打捞上来。可是这一想法并未能付诸实施,而且在那次试验中,汉弗莱本人身亡了。

"科利尼"船长似乎往南走了太远的距离,而汉弗莱却似乎往北走了太远的距离。沃尔特·罗利爵士安然无恙地回来了,先前他曾经提出过,到西部探险,在佛罗里达和加拿大之间的土地上建立殖民地是非常合适的,那里堪称人间仙境。他给这个地名命名为"弗吉尼亚",用的是童贞女王(Virgin Queen)(这是伊丽莎白一世的小名)的名字。无数西班牙人都沦为他的刀下亡魂,而且他觉得自己这样做,都是为了女王的名誉着想。

在汉尔特爵士的表弟查理·哥伦维尔爵士的率领下,两条并不太适合航海的小船从大西洋安全地渡了过去,上面还有满怀希冀的移民。在罗阿诺克河口的一座小岛上,他们登陆了。这次已经到了成功的边缘,可是他们的殖民地找不到了!那片殖民地就像在海上行驶的小船一样,消失得无影无踪。

因为接连遭受了饥饿、找不到方向和屠杀的打击,人们不再想移民了。从此以后,再没有人提出要移民去北美大陆的建议。在这期间,假如还想在美洲大陆得到财富,那么敛财的最佳途径就是"抢劫"。

而西班牙和葡萄牙的殖民政策给这种抢劫的方式创造了一个大前提。可以说,16世纪是专制和垄断的世纪。对于商人而言,1525年的贸易自由和开放港口都是荒谬和可笑的。

西班牙和葡萄牙发现殖民地以后,并没有对外声张,而是把殖民地上的所有资源都源源不断地运回国内,以此让自己的垄断地位不会受到威胁。只要他们发现某个地方有金银财宝,就会马上运回国内。当然,站在法律的角度来说,原本印第安人才是这些财富的主人，西班牙人就像小偷一样。

接下来就要出现荷兰和英格兰私掠船了。只要看到西班牙的船队，他们就会发动攻击，把所有的财物都抢过来——那些财物原本就不是西班牙人的。如果荷兰人和英格兰人在处理事情时是秉持着理性的态度，可以把时常挂在嘴边的天主教教义落实到行动中，那么他们就应该让印第安人成为这些财物的主人。只是这时问题出现了，那些赤身裸体的土著人，人们要去哪里找？那些在遥远的尤卡坦山林里生活的印第安人可以拿出证据来证明他们是这些财物的主人吗？

北方新教徒便捷的小船开始对战南方天主教那笨重的大帆船，这场战争耗时良久，而且极其严酷。这场战争给英格兰和荷兰文学提供了不少写作材料，因此出现了10多部像《埃达》《罗兰之歌》和英格兰圆桌骑士故事这样的作品。

战斗让西班牙的船和仓库时时刻刻都处于危险状态。西印度群岛也在不断遭受烧杀抢掠。对于加尔文博士的下场（西班牙国王的宗教会用火刑或绞刑处置他们），那些伦敦和弗拉斯的海盗们根本不在意，他们扩大了自己的活动范围，最后都到了太平洋东岸。

荷兰人和英格兰人获得了大量的财富，这也使得两个爱好战争的国家有了资本向西航行。更加关键的一点是，在这样的海上劫掠中，这两个国家的年轻人都得到了锤炼，造就了他们极强的战斗本领，航海技术也突飞猛进。在实践中，他们也快速学习到了很多。

对于这样的行为，西班牙一忍再忍，可是终究有忍不下去的一天。最后西班牙决定发动圣战，把那些异端分子统统清除掉，彻底消灭英格兰和荷兰。

1588年，里斯本港口聚集了大规模的西班牙舰队，一共包括132艘大船，一支6万人的军队也在东、西弗兰德港口聚集。西班牙人计划先让这些人到敦刻尔克去领取战斗的必备品，再把一些领航员补充进来，之后照原计划朝北海两岸的英格兰和荷兰发动进攻。

这次战斗有什么意义，整个欧洲都再清楚不过。两种水火不容的人生哲学开始了决斗。所以，双方都希望获胜。西班牙人觉得自己很荣幸，想最大限度发挥自己的力量，同时，他们的对手也激情澎湃，黑盗、海盗、爱国者，无论你给他们冠以什么样的称号，这些人为了守卫自己的祖国，都成了新成立的海军的一员。他们先派了一支先遣部队出去，先把敦刻尔克占领了，这时西班牙军队还没到。这就使得西班牙舰队和领航员、陆军都联系不上了，剩下的军队就如同猎狗在几只伤势累累的熊后面跟着一样，始终亦步亦趋地跟在西班牙舰队后面。

这时，上帝选择了站在异教徒一边。一场大风让无敌舰队的很多船只都偏离航道，西班牙人顿时慌作一团，一半以上的船都不见了，遭遇了重创。

这场战斗就这样结束了，并没有对美洲以后的历史产生影响，可是北方人却从这次无敌舰队的失败中收获一个道理：西班牙人并不是不可战胜的。新大陆上的殖民地也不再是不能涉足的地方，不管谁想要去都可以。

第八章
"神草"在印第安

一些历史学家声称美洲的土著人连轮子都不会用,确实过着足够原始的生活。如此看来,原本在美洲大陆居住的都是一些野人。

到了 20 世纪,因为轮子在我们的生活中随处可见,而且和我们的生活息息相关,所以,我们在对人的智力进行衡量时,往往会采取这个错误的标准。尽管那些异教徒总是把东西扛在肩上或是驮在背上(事实上都是他们的妻子扛驮),很是让人同情,从来没想过发明一辆车,可是他们在其他方面的表现却依然告诉我们,和我们祖先的智力相比,他们的智力并不会低一些。

举例来说,相比其他所有民族,他们所栽种的农作物的数量是最多的。想要在这里长久居住的欧洲人,就是因为这些农作物,像咖啡、马铃薯、棉花(质量远远高出埃及和美超级赛亚人不达米亚的品种)、玉米、奎宁、烟草和橡胶,才得以在这里住下来。其中发展最好的要数咖啡、棉花和橡胶。欧洲因为引进了马铃薯,所以才让饥荒问题得以解决。而新教徒因为这些烟草才把北美大陆北部据为己有,不管是哪一种野草,都会觉得无上荣耀。

哥伦布首次远航回来以后,就给大家说了"印第安人冒险"的故事。他的下属中的一部分人曾经到周边的小岛去过,说那里的土著人时常会聚到一块,燃烧植物杆,然后在鼻子里放一种稀奇古怪的木管子,就这样簇拥在火堆旁边吸着冒出来的烟,看上去,他们很是享受。那些船员说,那种木管子就叫作"多巴哥"。后来经过证实,所有热带的印第安人手里都有一支这样的"多巴哥",极为普遍。

60 年以后,一名西班牙科学家奉命到殖民地对农业的发展进行考察,后来他带了一些被野人烧过的神奇植物回去。如今我们已经无法证实，把这种植物叫作"多巴哥"到底是野人的叫法，还是西班牙人（不管土著人的什么东西，他们都瞧不上，因此时常犯错误，把自己的思想强加在土著人身上）自作聪明的叫法呢？可是我们可以肯定一点，就是自此以后，烟草就成了世界动荡的其中一个因素。

　　传说，在印第安人眼里，吸烟这种仪式非常严肃，也带有一丝神圣。可是，欧洲的药剂师们研究发现这种烟草具有很高的医学价值，于是用"印第安神草"给它命名。此外，他们还说，这种草有非常神奇的疗效，只要煮上五六个小时再给病人服用，就可以药到病除。这种草有这样的疗效的确不假，可以让病人快速恢复健康，以后也不需要再喝药，可是反过来，这种草也会让病人的病情加重，甚至一命呜呼。

野人和"神草"

　　"印第安神草"首次在欧洲市场上出现时，价钱堪比黄金，它的名声一下子就传了出去。包括当时还在宗教静修中的凯瑟琳·德·梅迪西也对此表现出了浓厚的兴趣。她委托法国驻里斯本的大使让·尼科帮她找一些烟草来，以便于研究。

一开始，并没有多少人对这种植物感兴趣，可是当人们发现用陶制的烟管吸这种烟可以让人身心舒畅时，他们就爱上了这个东西。大人们都乐此不疲，只有一些小孩子吸不了。就这样，这种"神草"开始出现在酒馆里，并不局限于药店了。短短十几年的时间，它就征服了所有男男女女。人们争相点着这种"神草"，要多快活有多快活。

这时老一辈人开始担心了，他们总是容易心生怨怼。在他们看来，得对那些吸烟的人进行处罚才行：先少罚点，不行再多罚，再不行就关到监狱去。后来，莫斯科的沙皇直接颁布了这样的命令：只要有人带着烟袋一律打25鞭。君士坦丁堡的君主还要严苛一些，他直接下达了杀头的命令！只是吸烟的风气哪有那么容易逆转，欧洲人都好这一口，而且也都在这样做。

吸烟和英国在北美建立殖民地之间似乎没有什么必然的联系，可是完成历史上的使命通常会用出其不意的方式，这一次也是如此。众所周知，加尔文、路德，还有那些优秀的新教领袖在对天堂的快乐充满向往时，对于现实的快乐（直白一点来说，就是钱）也非常关注，在他们看来，享受是人的本分。

可是天主教被东正教牧师影响之后，觉得挣钱这件事太不体面了，尽管并没有违背什么道德，他们依然觉得真正的基督应该离这些事远远的，以免让自己因为追求名利，而把自己永生的灵魂搞丢了。对于暴利，教会一直都是持反对态度，信贷的发展也遇到了阻碍。在中世纪，是很难像我们现在这样自由贸易的。

这样的情况在宗教改革过后得到了改善。加尔文不再相信宿命论，他声称一部分人尽管生活在"那些受苦受难的人"中间，可是他们却是"上帝的孩子"，终归是不一样的。这种说法特别模糊，让那些痴迷于赚钱的商人们越发有钱，让那些穷得叮当响的穷人接受了自己的命运。如此对比过后，那些商人迅速意识到有关耶稣的秘密，觉得自己就是"被上帝选中"的生意人。

不仅如此，新教在和天主教徒的那场圣战中收获了大笔财富。据估计，英国国库中的钱仅在1500年至1600年间就上升了3倍。只是这些金银财宝的价值只有用来买东西时,才能彰显出自身的价值,并不能用来填饱肚子,其本身也没有什么价值。如今的我们已经很了解这样的问题,可是 16 世纪的人并不了解。当他们可以轻轻松松就收获财物时,他们自然是高兴的,可是我们常说否极泰来,所以也许是坏事。

如今我们了解了,那些才从大革命中走出来的人们几乎没有察觉到所发生的事情有什么价值可言。所以,我们不能武断地得出结论,对于哥伦布远航的价值,伊丽莎白女王时代的人是根本意识不到的。就是因为那次远航,延续千百年的欧洲封建体制才得以垮台,中世纪的生活才宣告结束。

对于旧大陆遗留下来的人口,哥伦布所发现的新大陆完全可以容纳。只是过了几百年以后,才开始这样的殖民活动,在这之前,经过西班牙人和葡萄牙人之手,大量的金银财宝被运到了欧洲西部和南部,这使得过去的交换制失去了效用——那个社会制度的核心力量就是地主(他们可以提供蜂蜜、肉类、鸡蛋等可以交换的东西)。

这些前不久还在大街上像小贩一样叫卖的商人,忽然有了巨额现金,就开始扩大规模,自罗马帝国以来,这还是第一次。他们都变成了有钱人。富"贵"(可以这么说,因为自己成了有钱人,所以才挖空心思让自己看上去高贵)了以后,就开始大肆建房子,让后代上贵族学校,当儿女成亲时,他们更是大手笔。地主们也看到了他们的这些变化,也不想被人看不起,于是便动用大笔资金胡乱翻修自家的房子。他们依然依靠这些土地给他们提供粮食,用这些粮食来换钱。

对于商人来说,这个消息很糟糕,因为他们只能向地主购买粮食,城市的花园是根本无法种小麦的。这时,想趁机赚更多钱的地主就会把物价抬高,借此发一笔横财。最后(这似乎是最终的宿命),劳动者成了这次经济变化的牺牲者。假如是现在发生这样的情况,比如说是在 1914 年到 1918 年之间发生人类种族大战(即美洲黄金产地被发现以后的第二次经济大变革),战争结束以后,那些纯朴的劳动人民(明白了一些道理)会举家搬迁,而且还会说一句"等你们给我开足够高的工资,可以让我把腊肉买回来,可以支付煤气费时,我会再回来的"。可是 1600 年的那些水利工人的运气就差多了,他们的工资是被地方治安官固定死了的。这些劳动的人只有两条路可走，要么接受，要么拒绝，假如选择后一条路，治安官就会把他们抓走，声称这些人犯了"流浪罪"。之后用鞭刑惩罚他们，或者送他们去劳改，直到这些人答应接受规定的工资回去工作为止。如果这些人只是被送去劳动改造的话，倒也没什么恐怖的，他们原本就是凭自己的劳动吃饭，这也没什么大不了的，商人和地主都是他们劳动下的产物。可是情况远没有表面看上去那么简单。前几百年，政府没收了北欧所有教会的房产，成千上万的人（这其中有修女、修士、教会的神职人员和一直在修道院里种植"好运"的农民）失去了生活依靠以后，都被赶到了劳力市场中。

要想开拓殖民地，必须具备两个重要的前提：少数人掌握着大部分的财富，为了那些利润可观的事情，这些人挤破了头，他们所拥有的财富足以把一个国家买下来；不计其数的人在这样的情况下过着穷困潦倒的生活，他们饥肠辘辘，无路可走，很想从那个让人绝望的地狱离开。这时候他们也顾不上选择了，哪里都愿意去，即便到荒芜的美洲大陆去，他们也愿意。

荒芜的美洲大陆和50年前刚发现时的样子一模一样。巴托洛缪·格斯诺尔德看中了马萨诸塞的巴萨德湾这个地方，想在这里成立一个殖民地，可是却没有成功。不久以后，欧洲大陆就有新消息传来：法国人尚普兰在美洲大陆又有了新发现。他和那些印第安人朋友一起到了一片很广阔的内陆海洋。人们得知这一消息以后，顿时觉得希望满满（当时的人都是这样想的）：事实上，北美山脉是特别长的陆地，早晚可以找到大西洋和太平洋连接的通道。

人类总是会盲目乐观。对于罗阿诺克岛殖民者的凄凉结局，人们已经忘到九霄云外了，此外，有几个和沃尔特一起远航过的水手又讲了一些故事，他们说得没错，那些印第安人身上的确都是类似于黄金的饰品。在酒馆里，人们纷纷议论着，可是这其中也不乏一些充满理智的人，对于沃尔特本人所说的，弗吉尼亚的土地是世界上最富饶的，只要愿意下功夫，这片土地就不会让他失望，对此，他们一直深信不疑。而农业劳动要使用锄头、犁这样的工具，长久下去就会让人们的双手不再柔嫩，布满了茧子。因此，那些一直把移民挂在嘴边的人都只是说说，做做黄金梦而已。如果把《创世纪》第3章第19节的诅咒告诉他们，和创世后两个星期一样,他们都会一笑而过,觉得跟自己毫无关系。

就是因为这样的鄙视态度,他们的生命差点就葬送在这里了,不久以后,他们就认清了这个事实。当时,几个颇有名望的人有权组建新的贸易公司,于是马上把国王的许可证弄来了。让人们感到困惑的是,这些土地的支配权是不是掌握在国王的手里,严格地来说,它们并不属于国王,也不属于任何人。事实上,这些土地是毫无价值的,所以一直都没有人质疑过这片土地的所有权。因此,和葡萄牙国王、西班牙国王的许可证一样,英国国王的许可证也有着相同的作用。

第一个成立的是"伦敦公司",管辖着弗吉尼亚南部。1606年12月20日,3艘船载着4名水手和100多名移民向西航行。5个月以后,他们航行到了哪里,连船长们也不知道,这时一阵东风吹来,正好把他们带到了切萨皮克湾。他们就在那里靠岸,并在河边找到了一处适合修建城堡的地方,为了致敬自己的国王,他们用詹姆斯命名这条河——当时的英国国王是詹姆斯一世。

这些事情做完以后,他们把尘封已久的盒子打开了,开始对那些治理新殖民地的秘密命令进行仔细阅读,自此开始了崭新的生活。那一天是1607年5月13日,所有人都满怀希望。半年以后,他们的梦想就被击碎了,人数少了一半,余下来的人只好想办法离开这里。事实上,那片看上去非常辽阔的海湾地区却是一大片沼泽地。森林一望无际,"直通印度"的道路依然遥遥无期。

出乎人意料的是,沃尔特爵士的下属所说的金属只是再平凡不过的、用来对硫酸进行提炼的"黄铁矿",根本不值钱。这也太悲惨了!假如说这个世界上只有几个难过、郁闷的人,那他们就一定是被詹姆斯河所困,并被病痛折磨得无以复加的詹姆斯敦人了。

如果命运的牢笼囚禁了他们,他们也许会做一些蠢事。可是他们何其有幸,他们中有一个对维持纪律特别擅长的人,他就是美国历史上赫赫有名的风流公子——林肯郡的约翰·史密斯。在经历了重重艰难险阻以后,他摇身一变,成为"殖民地独裁者"。那些身陷囹圄的人在他强有力的领导下,团结在一起,直到英格兰救援队赶过来。

伦敦的那些股东们深知自己的投资成了一场空。绝望之余,为了不让弗吉尼亚这个地方衰败下去,他们果断采取了措施。于是就有了孤儿院的孩子都被送到这里的事件,此外,他们还时常到大街上去把小孩子骗过来,可是这些都是徒劳的。最后(就像演电影一样)发生了意外。伦敦公司的一个创始人到詹姆斯敦以后,很看重烟草。几年以后,伦敦就开始大批量接收来自于弗吉尼亚的烟草,可是却无人问津。原因是他们的烟草太苦了,而来自于西印度群岛的西班牙烟草更受人们欢迎。

罗尔夫发现,弗吉尼亚的烟草之所以苦,问题就出在烘烤上。英国绅士们不一定会喜欢印第安人喜欢的味道。罗尔夫经过多次试验,最后终于找到了解决之道,采用这种方法制作出来的弗吉尼亚烟草很香,完全可以和古巴烟草相媲美。新产品在这么短的时间内取得如此大的成功,詹姆斯河畔也因此收获了巨额财富,房地产也开始在这里蓬勃发展起来。由此所需要的劳动力也在迅猛增加,于是几内亚的黑奴就被大批量送了过来(1619年的一天,美洲停靠了一艘运送黑奴的船,人们会一直记得这一天)。最后,这种可以收获财富的野草遍及各处,像荒芜了的庄稼、废弃的花园、一些马路地段,等等。

斯图亚特王朝对烟草的发展极为重视,而都铎王朝则对玫瑰极为重视。那些颇有心计的苏格兰人肯定有一双火眼金睛,知道凭借什么东西可以获得巨额利润,在这一点上,你们不要质疑我。伦敦公司的第一批股东们,原本应该垂头丧气地对外宣称公司破产的,此刻却看到鼻烟、香烟和烟草在全世界都供不应求。国王大叫着要在这里搜刮更多的财富,人们也见怪不怪了。古老且毫无羞耻之心的斯图亚特王朝看到谁的财富都要抢走一部分。

1642年,伦敦公司失去了合法经营的许可证。弗吉尼亚已经变成归皇家管理的名副其实的殖民地,而不再是少数人的地盘。皇家总督会坐着四匹马拉着的大车出去,随从们都穿着整齐的制服跟在旁边。

贩卖奴隶的船

这里还被由地主组成的小型议会管辖着。

在前面，我曾经说过，通常情况下，完成历史的使命会用出乎人们意料的方式。黄金、白银被"印第安神草"取代，让很多人的发财梦都得以实现。差不多一夜之间，这片荒芜的原野就因为这种野草而成为所有品行端正的英国移民看好的广阔天地。

第九章
新天国温度很低

教授通常都喜欢对人说教，讲一些大道理。下面我们就来介绍一下在很多人眼里，已经具有非同寻常意义的美国历史，在他们看来，美国历史不能和普通的人类历史画上等号，它是被上帝授意的具体行为：人类在 3000 年前被分为两类，分别是"上帝挑选出来的人民"和一生与光明无缘的人。被选中的"选民"会因为这种说法而变得更加贪慕虚荣，这也体现出对我们进行管理的上帝的智力水平是什么样的，以及它的公平性。我觉得这种观念很是自命不凡，根本不可信。

我很懊恼"五月花"号幸存者们捏造出来的故事。故事的内容是这样的：对于喜欢晕船的新水手，有一个水手时常嘲讽他们，之后他自己也生病死了，人们把他扔到了大海里面，其他水手们都感到很震惊，上帝竟然拥有这种神奇的力量。其实根本不是这样，那个水手是因为每天都要打扫十几遍晕船的人的呕吐物，所以才会对晕船的人极尽嘲讽。换位思考一下，我们也就不难理解他了。我们相信他的妻子和孩子对于什么上帝的惩罚也是嗤之以鼻的。

科顿·马瑟说："波士顿山上的邪物（指印第安人）是被上帝除去了。"对于这个说法，我不敢苟同。当他宣传"健康发展"时，这种说法就给他铺平了道路。显然，那位名叫马瑟的教友觉得马萨索伊特酋长在他面前都不值一提，他觉得自己是所有人的楷模。

其实，那些可怜的印第安人早在第一船的清教徒抵达前就已经身患重病去世了。那些想收获玉米的农民，为什么要把自己的种族摧毁，他们是不可能知道的。我说的这些事情，并不意味着那些可以在火炉边取暖的人就不钦佩那些移民所展现出来的大无畏的精神。他们是最优秀的。尽管在一些生计问题的影响下，他们回来了，可是他们坚强地渡过了难关。在一年中温度最低的时候，他们来到了这片河岸，得到了比较好的结局，比之前所有的移民的结局都要好。之前来的那些人的结局都很悲惨，要么饿死，要么渴死，要么被当地印第安人吃掉了（确实存在食人部落），要么消失在了茂密的森林中，再也没有出现在同伴们面前。

新的天国

他们将要面临什么样的危险，这些人是清楚的。可是他们得偿所愿了，而且安然无恙地完成了自己的梦想。他们赌上了生命，如今也实现了梦想，还得到了巨大的回报。他们从大西洋穿过时，因为烟草让他们变得有钱，他们再也不用担心生计问题，开始建立自己的教堂。而他们并没有觉察到他们正在建立一个国家，而这个国家的道德标准就将是自己的思想，自己所做的一切都在为今后的世界霸主铺平道路，小镇上的车轮工人、制蜡工和面包师们，难道不觉得这件事非常荣耀吗？

我们时常称赞那些前辈们的历史性航行，包括小孩在内。这些前辈们都是"清教徒"，也许这个说法的价值不大，也许含有非常广泛的内容。历史上出现过浸礼会、卫理公会和长老会，唯独没有出现过清教会。可以这么说，清教主义是一种人生的哲学，并不是源于新教。不管是过去，还是现在，清教天主教徒都为数众多，十字军东征的人员就是清教伊斯兰教徒。此外还有很多其他的清教思想，像清教印度教徒等。这主要取决于人怎么想了。

很多人在欧洲的宗教改革刚结束的时候，就认为改革幅度太小，没有产生能让人的思想焕然一新的观念，也没有出现足以让人抵制诱惑的能力。改革的效果是有目共睹的，也是得到认可了的，举例来说，打开了一直以来禁锢人的思想的旧枷锁，可是各式各样的小枷锁以及一些长老又冒了出来，开始像以前一样约束他们，他们的生活并没有发生任何变化。

不仅如此，作为极具代表性的战后时期——16世纪，出现了很多投机商人，他们大发战争财，教会的所有财产都被北欧和英格兰的君主们没收（政府和君主都是采用的"没收"这一方式，不会明抢），这些钱最后都落到了他们的拥护者手上，之后还出台了一套极其严苛的新教规，就像罗马教规一样。

那些想通过改革运动让自己焕然一新的人在这样的情况下，又面临着相同的问题。虽然他们远离了随处可见的密探的侵扰，可是自己的一举一动都要谨小慎微，要是被附近的主教知道他们有什么不正当的言行，或者冒犯了有权有势的国王亲信，那他们的命就由不得自己做主了。那些不相信国教的人为了自己的信仰，就只能秘密工作了。废弃的马棚中、乡间小路都是他们行动的场所。即便被发现了，献出自己的生命都是可以的，更不用说没有了耳朵或鼻子，甚至他们还会感到庆幸。只是有一些懦弱的人很快就缴械投降了，在当局面前败下阵来，其他人则逃命去了。

到莱顿的清教徒

1607年，很多不相信国教的难民涌入荷兰阿姆斯特丹。他们的处境可以说是一塌糊涂，住在贫民窟的他们根本不受伟大的荷兰贸易联盟（假如你觉得这样称呼欠妥的话，可以用同业公会称呼它）的待见。因为长久的背井离乡，对于英国乡村的事物，他们已经没有了切身感受，逐渐变得郁郁寡欢。一段时间以后，他们就难以忍受了，于是，他们离开阿姆斯特丹，去了荷兰共和国最大的一座工业城市——莱顿。那里有广阔的田野，他们想生活在那里，以解自己的乡思之愁。

在英国国王眼里，这些人就是忘恩负义的叛徒，这一点荷兰人很清楚，可是他们并没有因此对他们采取不好的行为。而且荷兰政府还积极给他们提供帮助，腾出地方给他们做礼拜，他们可以自己选择牧师，可以用自己的语言做祷告。可是只要从教堂一出去，随处可见的荷兰人就会把这些可怜的清教徒围起来。对于那些英国中产阶级来说，这样的生活不但让他们觉得独在异乡为异客，而且觉得很丢脸。

我们不能说这些在异国他乡居住的英国人产生了种族歧视的想法。我们尽可能去宽容他们，站在他们的角度上去考虑，就可以理解他们是对自己的家乡太思念了。再加上，他们也会考虑到子孙后代。

1621年，那些低地国家和自己的宗主国之间长达12年之久的休战期结束了，荷兰能不能独立还是个未知数。如果荷兰被正统天主教国王领导下的西班牙军队占领，他们会如何对待这些英国人呢？这些英国人当初就是因为太不一般的异端，甚至超过英国教会的异端，才会被赶出英国的。

多方考虑过后，他们决定趁现在局势还算稳定，赶紧离开这里。正好这时弗吉尼亚烟草在伦敦市场大火，伦敦公司得到了丰厚的利润以后，利欲熏心的股东们深受刺激，想派遣更多的廉价劳动力到那里去，以便获得更高的回报。当然，说起来容易做起来可就复杂多了。将来在主教会带领下的殖民地，也许会因为这些莱顿的分裂主义的异教徒（也可以把他们叫作不信国教的人，或者是布朗派分子，抑或是清教徒）而发生动荡。可是美洲远在3000英里以外，弗吉尼亚又非常广阔，这些人所占有的地方又非常小，所以不会有什么关系。

很难找到人数够多的移民。1620年，一个人必须花钱才能坐统舱横渡大西洋，和现在两个人坐快艇头等舱的数目差不多。可是最后还是筹到了这笔钱，只是根据借贷条件，这些将来的殖民者在将来就变得一无所有了，除了自己的生活必需品以外，也没有了自己的土地，必须去集体企业工作。

1620年7月，一艘重约60吨的船带着这些移民从英国启程，朝荷兰驶去，他们先是到了南安普顿，在这里度过了一整个夏天以后，才在9月份再次启航。这个时候坐船横渡大西洋挺不是时候的，不仅难受，而且也不安全。"五月花"

根本称不上什么远洋客轮,而且也没有可以称之为航海家的船长。在航行的过程中,这个船长还整整偏离航线900海里,把移民带到了陌生的海域,而没有到达既定的切萨皮克湾。有好几次,这艘船都差点葬身于大海,最后停在了一处周围全是小雪山的无名港口。

移民们感觉到了异样,原本是说到伦敦公司去工作的,可是如今却来到了普利茅斯公司的地方。可是让他们再回到海里,他们也不愿意了,于是派一条小船到周边的海岸去勘察,之后选择一个稍微好一点的地方打造自己的家园,而且用"普利茅斯"来命名。一开始进行得还不错,因为"五月花"号上穷人和富人都有。穷人们(基本上都是用人阶层)原本想借此机会过上富裕的生活,如今却只能为别人犯的错负责,延续从前的贫困生活。所以,他们极为气愤地说他们看过契约,上面说的是到弗吉尼亚去,而不是这样的。他们只知道一点,规矩和法律是绝对无误的,即便是走路,他们也要到弗吉尼亚去。

这场事变带来了重重危机。原本就有很多人因为疾病去世,假如再有人离开,剩下的人也就没有活路了。眼见局面越发不可控制,终于有人站出来掌控局面,不让损失继续扩大。他觉得现在的当务之急是拟定一部行为法规,其中还有不少《圣经》里面的词汇。这部行为法则被他们叫作"盟约",并加以严格遵守。

凡是在这上面签名的人(有原本想离开,却被劝说留下来的人),都必须发誓把这部"公认的、和殖民地整体利益最相符的公平、公正的法规"奉为行为准则。这并不是独立宣言,只是体现出了英国人的务实精神。在长达几个世纪的时间里,这种精神在英国人的骨子里都打上了深深的烙印。也是因为这种精神,英国的革命者们才能义正词严地把他们国王和政治家们的头砍掉。这样的精神在这种时候发挥了巨大的作用。

移民们的心因为这部"盟约"而凝聚到了一起,共同抵御严冬和各种难题。他们必须严于律己,才能防止出现各种不当的行为。我还清楚地记得,在长达5年的殖民地生活中,只有一个人被绞死。在整个殖民过程中可以做到这一点,是相当伟大的。

毋庸置疑,那几个作为头领的人是最大的功臣,正是因为他们本身所具有的出色品质，才能取得这样的成绩，大家才能在这个陌生又严寒的地方活下去。他们的目标很明确，做事情也很严谨，意志力顽强，逻辑严密。他们打定主意不再回去了，无论如何都不会动摇，他们厌恶那个罪恶的欧洲。他们要在这里建设新的西方天国。如果在科尔山冰雪下长眠的人九泉下有知，一定会面带笑容，他们没有白死，现在一切都非常好。

第十章
成立一个崭新的英格兰

　　一向内敛的威廉看到16世纪70年代的荷兰独立战争始终在原地徘徊，感到很失望，于是他和他的追随者们一起，到美洲去了。他高声提议："在一个乱糟糟的世界里做奴隶不是我们想要的，我们甘愿自由地生活在遥远的荒芜大陆上。"

　　他的做法得到了成千上万人的支持，他们都义无反顾地离开自己的家乡，把自己的一切都押上，跟在他后面来到了那个陌生的地方。历史上很少见这种大规模的移民，它是经过用心准备的，有条有理，布置得很周到，今后的"新英格兰"殖民地也因为这次的移民计划而有了良好的基础。

　　之前我说过，清教主义只是一种理念，和教派、信仰根本不沾边。在这里我要解释一下，人们一般将清教主义和贫穷相提并论，在英国统治阶级中，这种虔诚的清教徒也不少，为了自己的信仰，这些人随时准备献上自己的生命。这也没什么好大惊小怪的。他们基本上都是伊丽莎白时期的贵族后代，珍馐佳肴、赌博跳舞，他们都深刻体验过了，对于"享乐"二字，他们都已经厌倦了，也极为排斥。他们开始对道德进行思考，想让自己拥有无欲无求的品质。

　　遗憾的是，当英国正在推崇自律时，外国人却掌握了英国的王位。这些人和亨利八世、伊丽莎白女王不一样，他们对民众的个性一无所知。都铎王朝的君主们的性格都非常暴躁，可是什么时候该停下来，他们还是知道的。他们会把那些让人们厌恶的法令废除，在人们大规模抗议以前，而且还会奖励新法提议人。

　　11世纪初，斯图亚特的祖先们对布列塔尼这个地方进行管理，在那里他们的表现也是为人所称道的。可是因为他们不是苏格兰人，而是英国人，所以在管理过程中历尽了千辛万苦。都铎王朝的统治者们都不太拘于一格,天生很活跃,还很幽默,通常吃一顿饭、喝两瓶小酒的工夫,他们就把事情办好了,所以他们不会制定什么法律条款来对人们加以管束,也不会用《圣经》教条约束人们。他们的统治极大地削弱了专制制度。对于《圣经》,斯图亚特的君主们很是注重,不管到哪儿,他们都带在身上。这就使得詹姆斯一世(1603年,继承了其表姐伊丽莎白女皇的王位)继位以来,宫廷和人民之间的矛盾越积越深,所以冲突不断,而且愈演愈烈,最终赶走了斯图亚特王朝,可是英国也岌岌可危了。

詹姆斯一世生性不羁,一生经受了不少磨难。这一点从他小时候所经历的事情中就可以看出来,当他还在他的母亲肚子里时——还有两个月才出生,他的母亲亲眼看到他的父亲把私人秘书戴维·里齐奥杀了(很多人都说是其情夫)。刚出生的詹姆斯的小腿很瘦弱,也非常惹人怜爱,可是他长大以后,却对这个世界充满了敌意。对于这个有"君权神授"说法而且颇受怀疑的国家,由他来做统治者并不太合适。他的儿子查尔斯就和他大为不同,他没有父亲那样的英格兰腔调,可是父子俩的相同点是,都对民众不够体恤。詹姆斯颇有神学造诣,是一个非常具有代表性的西班牙派。在他看来,西班牙国王是权力最大、最有势力的国王,他拼尽一切,只为让那位国王看重自己。

1620年12月21日

可是那些信仰新教的人民却觉得西班牙就是地狱，他们厌恶西班牙的一切，哪怕只是听到西班牙国王菲利普的名字。可是詹姆斯却全然不顾。他的儿子也是如此，和他一样公开表明自己的观点。他是将来要做英国国王的人，可是他却更改了姓名，用布朗先生的名号跑到马德里，并向菲利普的孙女求婚。看到这些，那些纯朴的英国人都不知道说什么好了。宗教裁判可是把他们的亲人朋友当成有"亵渎神灵罪"的异端分子给烧死了。

那个组建了无敌舰队和耶稣会，想要英伦三岛恢复"真正信仰"的人就是菲利普二世。查尔斯继位以后，依然把他父亲愚不可及的战略派上用场。对于臣民的生活，他丝毫不在乎，任意增加赋税。他还试着架空下议院，直接对国家进行管理。人们开始对这种行为感到害怕，害怕国家会没有未来。这时，对于几十年以后的事情，人们并没有加以预测。在保皇派和议会派的一场争斗中，想自主掌握自己命运的英国人杀死了国王，让君主制的统治得以瓦解。很多英国人之前都觉得，最后的胜利一定会是国王的，所以并不看好英国的未来，他们想着何不趁机到大洋对岸去建立一个新的英格兰，最起码可以先让自己安全，日后必定还会有机会再崛起。

这次运动的领导人是约翰·温瑟罗普。他出生于萨福克郡的一个富裕之家，长大后在剑桥大学上学，毕业后就做了一名律师。不久以后，他就全身心投入到一场政治风暴中。

英国的自由观念岌岌可危时，他成了反抗斯图亚特王朝的一个领导人。天主教居心叵测，而且对各个地方都形成了威胁，让他的心忐忑不安。他之所以想到大洋的对岸去成立殖民地，当然原因不只在于此，还在于加拿大的耶稣会也许会把整个北美大陆都据为己有，如果英格兰未能取得胜利，他就可以用刚成立的新英格兰和罗马教会做斗争。

温瑟罗普做事非常小心，就像商人一样，他不想让自己的殖民地像弗吉尼亚那样，他不会把那些没有道德、只沉醉在肉欲中的人都留在这里。温瑟罗普想要自己新建的英格兰像旧英格兰一样，不宽容异端问题，他不希望新英格兰容忍那些因为观点不同而被自己的国家所赶走的人。

《旧约全书》是马萨诸塞的最高法典。那里将会出现人民代表机制,整个地区都会受到清教徒的管理。如果有人违背那些规定,就只能离开那里。1630年3月,约翰·温瑟罗普在出发去美洲之前,和朋友们想出一个主意:殖民地政府的组成人员将是那些移民股东。之后的事实也证实了这个建议的科学性。所以,"新大陆上的人们一个接一个地死去,而远在3000英里以外的股东们却都鞭长莫及"的场景并没有出现。

温瑟罗普一开始准备居住在萨勒姆,因为这里有一个白人所建的村子。可是萨勒姆的情况有点糟糕,他觉得假如那些前辈们的倒霉事情传到自己人的耳朵里后,他们会感到失望,于是决定继续往南走,最终在约翰·史密斯早先发现的海岸上建立了一座名为"特里蒙特因"的新村子,这个名字的意思是周围都是山,之后改为"波士顿",用来对他们中一些人的故土——一座位于林肯郡的城池进行纪念。

假如温瑟罗普冒险来到这里的原因被查尔斯和他的朋友们所知,那么他也许会遭到阻拦,不会顺利来到马萨诸塞。就像温瑟罗普所预想的那样,这块殖民地最终成了给清教主义提供庇护的地方。人口也急剧上升,成立不到12年的时间,波士顿中归马萨诸塞公司所管辖的区域就居住了16000人,新英格兰的口岸陆陆续续停靠了200多艘船,其贸易上已经吸引了数百万的投资。

马萨诸塞地区的人有自己的原则,掌控着一个地区的社会宗教,极大地激励了故土的清教徒同国王的迫害做斗争,并最终获胜。他们把查尔斯的王冠摘下来,并把他的头也砍了下来,尽管他们并没有派那些不信仰国教的人和志愿者共同加入到这场斗争中。

英国被净化了,邪恶和罪恶都被清除出去了,国外的清教领地的存在也没有意义了。于是,人们纷纷返回自己的家乡,可是很多出生在那里的年轻人却没有离开的意思,他们已经和这个地方融为一体,他们打量着周围说了一句:"我们的家就在这里。"

第十一章
遭遇滑铁卢的荷兰西印度公司

北海的东岸在那些英伦三岛上一脸花纹的"野蛮人"遭到恺撒的大肆屠杀时,还是一片沼泽地。这片沼泽地源于莱茵河河口,最终抵达易北河口,这里不但生活着青蛙和苍鹭,还生活着日耳曼部落,而罗马人所说的巴达维亚人就是指他们。很久以后,被开垦以后的沼泽地变成一片田地,一些防水工程也开始出现在河流上,野蛮的条顿人就代代生活在这里,变成了海盗、商贩和渔民。

12世纪时,不知道为什么,原本在波罗的海生活的鲱鱼都游到北海来了。这时,一位头脑灵活的荷兰人想到一个好主意,可以让鲱鱼更长久地保鲜。对于天主教的斋戒日,当时的人都必须遵守,每个星期的大部分时间,他们都要远离肉。当这种长久保鲜鲱鱼的办法被派上用场以后,鲱鱼大受人们欢迎,每家每户的餐桌上都会出现它的身影。

不久以后,这种吃鱼的方法就传遍了整个欧洲,荷兰商人也因此赚得盆满钵满。可是,并不是一年四季都可以打捞这种鱼,每一段时间,鲱鱼都要到海洋深处去产卵,这时人力是无能为力的。

到了捕鱼淡季时,来自于阿姆斯特丹和米德尔斯堡的渔船就没法捕鱼了,只能找其他维持生活的手段。幸运的是(对于荷兰人来说非常幸运,可是对于其他国家就不一定了),当时西欧战火纷飞,平民百姓的日常生活根本就顾不上。这样一来,西班牙、法国、意大利,就只能从国外进口粮食。荷兰就抓住这一契机,作为中间商和运输商,先在但泽把自己的船装满,再运输到加的斯和利沃诺,卖掉以后就可以收获巨额财富。

之后就开始了宗教改革运动,荷兰人也对路德和加尔文表示强烈支持。如此一来,他们就遭到了西班牙国王菲利普的记恨,被后者视为敌人。菲利普采取多种正当或不正当的方式,合法地统治了他们,还强迫这些荷兰人接受自己的宗教思想和各种残酷的政策。荷兰人很是气愤,更不想受到别人的掌控,于是,一场漫长的战争就这样开始了,历时80年。

荷兰人在一开始20年的时间里,过得很是辛苦。后来,因为他们具备卓越的航海技术,由此获益不少。从1590年开始,西班牙的运金船要想在大西洋航行,就必须派六艘军舰随行才行,这都是拜恐怖的

第一次冲突

荷兰海盗所致。一位极具冒险精神的航海家让·哈伊根·范·林斯霍腾在1595年出版了一本小册子,这个小册子极其有名,人们从中知道了怎么样才能从好望角绕过去到印度。

从小,林斯霍腾就远离家乡,四海为家,因为他在葡萄牙人手底下做事,所以非常了解加尔各答、果阿和遥远的澳门。尽管有他的帮助,首批到爪哇去的荷兰船还是历时两年多才到达目的地。这样的远航也会带来高额的利润,所以"印度公司"像雨后春笋一样出现在很多地方。公司数量一多,必然就会出现恶性竞争,这时就需要出台一个体系,不让贸易混乱的局面出现,从而保护那些小公司。荷兰有一位名叫奥登巴内佛的政坛领袖,他提议合并所有公司,1602年,合并结束。这个"联合东印度公司"不久就把100年前哥伦布想要寻找的香料群岛给找到了。

像很多国家一样,这位17世纪的领主也有独断的思想。他们管理着"联合东印度公司"的所有事务,而且在长达200年的时间里掌控着整个殖民体系,只

第十一章 遭遇滑铁卢的荷兰西印度公司

阿姆斯特丹

是股东没有从中得到过一丁点利益。东印度属于荷兰人，所以他们要把那些外国人赶走。可是，任何一个人都可以从好望角经过，然后抵达东印度。假如有一条专属路线可以抵达东印度，那一切就都不是问题了。

16 世纪下半叶到 17 世纪前 25 年，荷兰人一直致力于寻找那条从阿姆斯特丹出发，从西伯利亚经过，最终抵达巴达维亚的通道，却屡遭失败，北冰洋的雪地横亘在他们面前，让他们无法继续前进。有一次，无奈的他们只好在新地岛北部度过了一个严冬。因为北极实在是太寒冷了，他们想要找寻东北通道的热情也被无情地扑灭了。

可是 1608 年，阿姆斯特丹的地理学家们和制图学家们（当时他们在绘制世界航海图）又说道，可以从西伯利亚经过，从阿姆斯特丹抵达东印度。他们就试着劝说东印度公司阿姆斯特丹分公司的股东们，让他们相信这是可行的。最后，他们得到了一次机会。

1596 年的那次极地探险没有得到幸运女神的眷顾，在和西班牙人交战的过程中，探险队长西姆斯克牺牲了。哈得逊是英国一位赫赫有名的船长，在英国莫斯科公司出任职务时就威望很高。于是，荷兰人找到了他，并且把一份协议书、几十名水手和一艘船给他，让他带领大家去寻找那条从北极通往东印度的道路。

1609 年 4 月 5 日，"阿尔夫马恩"号从特克赛尔启程，之后来到了巴伦支海，可是却来晚了一点点（要想极地探险，时间要刚刚好才行），无奈之下的哈得逊只好返回。他先是到了法罗群岛，得到足够的补给以后，再把所有水手都召集起来，商议下一步应该怎么办。

他先提议向西航行，去寻找他的好朋友"愉悦的约翰·史密斯"曾经说过的大海湾。那个喜欢说大话的伙伴说，人们也许能在那里找到找寻许久的通道。一听到这个，早就无法忍受冰山和海象的水手们都表示同意。想法一旦产生，剩下的就是落实到行动中了，"阿尔夫马恩"号马上向西航行。在哈得逊的带领下，大家从托尔斯港启程，从美洲或更往西的地方经过，驶向北京。

1609年9月3日，他们在陆地上发现一个有湍急水流经过的开口，就如同一条链条，将大西洋和太平洋连接

河

了起来。如今这条水流依然存在，时常会吞噬那些没有经验的舵手们，也让那些远洋货轮的船长们望而生畏。这条激流就是哈得逊河。想从纽约启程到奥尔巴尼的人，都可以舒适地航行在这条河上，可是它最远只能把船只送到加利福尼亚。

哈得逊在回程的途中，就开始对自己的判断生疑，可是他觉得既然接受了别人的委托，就要把事情办好，最后做了一个报告。他在报告中说自己找到了一个风景秀美的新地方，这里有很多鱼虾和毛皮，在这里建立一个新的殖民地再合适不过了。一年以后，他再次尝试着朝北航行，这一次他对自己有十足的信心，他觉得自己一定可以大获全胜。抵达哈得逊湾以后，他们在詹姆斯湾度过了一整个冬天。次年春天，哈得逊就开始朝西航行（其实，这条河只往西绵延了3000英里），水手们却都开始打退堂鼓，不愿意和他一起同行了。他和其他8名有病的水手被这些不愿意前行的人赶到了一条小船上，让他们顺着北冰洋的洋流漂流，至于他们还能不能活，就全看老天了。

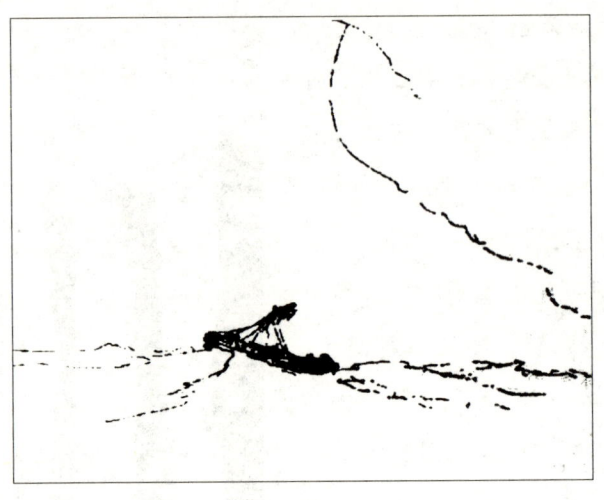

哈得逊

在 15 世纪和 16 世纪的大航海史上，有很多和人性弱点有关的事情都被记录了下来。可是这一次事件的残忍指数却是最高的：一群牢骚满腹的水手们，早就打算好，残忍地杀害了他们的船长和 8 名病人。这时，信仰天主教的人们心里还是颇感慰藉的，这件事和他们无关。可是这样的事情绝对不是第一次发生。

在这以后，阿姆斯特丹也接到了哈得逊的报告，可是东印度公司的股东们看到这份报告以后，并没有表现出兴高采烈的样子。秀美的风景并不是他们想要的，胡椒粒和肉豆蔻才是。假如有人可以从报告中找到自己所需要的东西，他可以随便拿。而一个叫阿德里亚恩·梅伊的人还真的从中找到了自己想要的。他到长岛海峡去了，沿着康涅狄河向上航行抵达哈特福德，之后又从南塔基特经过，抵达了马萨诸塞湾。当时离波士顿的建立还有 17 年。还有一个人，名叫科尼利厄斯·梅伊，他向南航行，在从一个海角经过时，他用自己的名字给它命名。在向南航行了一段时间以后，一个大海湾和一条大河出现在他的眼前，他用南方湾和南方河称呼它们，后来被更名为特拉华湾和特拉华河。

这些人很喜欢毛皮，为了得到毛皮，他们把印第安人很看重的枪、玻璃和杜松子酒给他们，所以，他们和土著人的关系还不错。在土著人眼里，他们就是送来礼物的圣诞老人，土著人也非常愿意他们在这里小住。

之后，一些荷兰人留了下来，准备在这里定居，他们在这里开垦土地，而且还到土著人的地方狩猎，这一行为惹恼了土著人，他们之间那种和谐的关系也不复存在了。紧接着就发生了很多惨不忍睹的事，人们的屋舍燃起了熊熊大火，这时他们才清醒地意识到，东西方的古老习俗是不可能和谐的。可是殖民地的人口数量还在上升。尽管荷兰当地的人老是把"要为美洲的土地做些事情"挂在嘴边，可是他们从来没有付出过行动。那些荷兰的董事们只会当有利益可图时，才会做点什么。1621年成立了荷兰西印度公司。这家公司被批准对非洲河岸进行垄断，包括哈得逊河两岸的南北美海岸上的所有贸易活动的经营权在内。

不久以后，一位才上任不久的总督就来到了荷兰的领地，一些被人成功说服的政治难民也来到了这个荒无人烟的地方。哈得逊河和伊斯河汇聚的地方新成立了一个叫新阿姆斯特丹的城镇，中心就是曼哈顿。

乍一看上去，这一切都好极了，等人们清醒过来，就会明白这只是虚幻的，根本无法长久下去。这时的英格兰和苏格兰经济上出现大衰败，很多工人们连温饱问题都解决不了，他们甘愿到任何地方去，只要可以解决生计问题，哪怕是去遥远的美洲，他们也没有意见。当时实行的是长子继承制，因为地主们牢不可破的政治地位，很多田地都变得荒芜，那些小农们的愿望就是拥有自己的土地，这个愿望无法实现了，农民们也想通过冒险实现自己的愿望，所以，他们也成为移民大部队的一员。

荷兰的情况就有所不同了，地主阶级在西班牙的战争中被消灭了，那些大庄园也跟着消失了。这个国家因为工业、运输业和回报丰厚的香料（那些海盗抢来的财物不包括在内）而变得更加兴旺，所以这里的人没有理由离开。这就使得荷兰的西

西部大开发

印度公司所需要的资金没办法得到了（20年以前，在成立东印度公司时，荷兰就花完了所有剩余资金），可是他们依然坚持着，用黑奴买卖来支持着公司。

我想说的是，荷兰西印度公司在这样的情况下，怎么可能在美洲土地交易上取得什么成绩，想对这片一望无际的土地本身进行管理就已经够棘手了。那些年轻有为的人纷纷赶赴东印度公司，在他们看来，那里才是更好地发挥自己能力的地方。最后留在这里的只是一些上不得台面的职员、各式各样的骗子、无耻和破产的推销员。这些在自己的国家无权无势、被强制性要求到这里来的人发现，自己将要管理的这片地方，处处都是敌人（这里有白种人，还有红种人），而且地域面积比自己祖国大40倍。

新阿姆斯特丹具有优良的自然环境，非常适合进行国际贸易。17世纪，一位法国耶稣会牧师到这里来过，当他发现这里最起码有18个民族的人生活时，他无比震惊。世界上最大的账房就位于荷兰，这要归功于过去400年以来他们所实行的"共同富裕"的原则，这种原则似乎现在也在美洲殖民地盛行。假如说这里没有农民、面包师、制蜡工人和工匠久居，那这里的荷兰人要依靠什么维持生计呢？

之后，他们又开始实行早在几百年前就被北欧人放弃的封建土地所有制，他们之所以这样做，说是考虑到殖民地的发展。可是却随之出现了不少贪官污吏，没有发挥一点积极的意义。现在早已不是那些大地主的时代，地主们不可能再主宰一切，佃户也不可能在他们的强迫下去磨坊加工豆子，其他人也不可能在他们的强迫下到他们那里去买盐。

荷兰人和马萨诸塞人是邻居，可是很遗憾，这两个地方的清教徒却无法和谐相处。在前面，我曾经说过，清教徒都认为上帝是秘密地把北美大陆赐给他们的，侵犯他们的人（像荷兰人、西班牙人、法国人、瑞典人和德国人）都是不遵守上帝的旨意。清教徒之前还把荷兰当作避难所，而现在却反过来斥责荷兰是罪恶之国。而新荷兰之所以垮台，并不主要是因为这些清教徒的仇视态度，也不主要是因为那些鼠目寸光、落后于时代的总督。客观地来说，那些年轻有为、懂得变通的人应该把那些无能的人替换掉，把一张有魅力花纹的毯子给那些无能之人盖上，然后埋葬了他们。

严格地说，并不是因为其他原因，荷兰人的帝国美梦才破碎的。最主要的原因就是：劳动力真的是少得可怜。在1664年和英国人的一场争斗中，荷兰人一败涂地，新荷兰被英国军队占领。7年以后，一支荷兰舰队又把自己的土地夺了回来。这块土地上有太多麻烦事，农民生活在水深火热中、牧师心急如焚、处处是贪官污吏。那里的人不断要求国会和最高行政官员给予他们一切想要的东西，而他们却没有付出过任何东西。

1674年，威斯敏斯特和会召开，在议会上，荷兰公开声称不再争夺新荷兰的所有权，荷兰在圭那亚的属地得到英国的承认。这个地方有很多蔗糖，是荷兰的农场主们都想去的地方，他们想以此弥补自己的亏空。纵观整个过程，真的是太可笑了——这些打着自己的小算盘的先辈们竟然用纽约港换来了南美的一块沼泽地！而且这块沼泽地还是有瘟疫的。当时，他们还喜出望外，以为自己在这笔交易中占了很大的便宜。

第十二章
瑞典人 200 年前就到过美洲

法国人是对历史学做出最突出贡献的人,所以只要我写作,都一定会提到他们。不管什么事情,他们都是温柔以待,用智慧来对史书进行编写。他们会说:"已经有 784 部类似的作品又怎么样呢?朋友,大胆去写吧!我们要写的是 785 部!"

你不能说一部长达 20 万字的美国历史全都是胡编乱造的,假如真的是这样的话,那不是一种犯罪行为吗?我可不愿意被人家这样批评。可是,我还是应该去查阅一下别人的作品,这也会有益于我写作。所以,我挨个读完了这 20 年以来出版的和我国历史有关的著作,发现其中存在一些错误的表述。那些巨著的作者们写到英国的冒险者去美洲,快要登陆时,只会说像以色列的臣民从约旦河跨过去以后,就把上帝所赐予的土地据为己有了,似乎这些土地原本的所有人不是那些可怜的迦南人(事实上,迦南人一直都生活在这片土地上)一样,从来不会对当地的景物进行描写。

这些颇有名气的学者们每次在写到荷兰人、瑞典人(先把德国人放一边)在美洲大陆投资时,说到那些人历尽磨难,坐着自己的船好不容易才来到那片位于特拉华河旁的蚊虫遍地的沼泽地,又或者是写到定居在康涅狄格内陆的一块地方时,都会提出一些怪异的论点。

他们所提出的论点有,"又有一群阿姆斯特丹人来了,他们想要把杜松子酒和枪药卖给印第安人,从而大发横财""奥格斯堡的银行家们为了得到更多的财富,想对那些他们渴望已久的金矿进行开采""瑞典国王有殖民妄想症",等等。

尽管这些论点都没有什么问题，可是却有失偏颇。

荷兰人也好，法国人也好，瑞典人也好，他们冒险从一望无际的大海经过，到美洲去寻找自己的属地，不都是为了财富吗？那么，他们的竞争对手英国人之所以到美洲来，目的也是一样的。可是的确也存在这样一些英国绅士，他们之所以到美洲去，是因为自己的祖国让他们太不满了，他们想让马萨诸塞成为一个更加和平的新英格兰，以把自己祖先的美好品行传承下去。可是即便是崇高的温瑟洛普先生，也不能肯定地说自己是出于完全神圣的目的，不带有任何一丝私心到美洲去的。他很了解自己，在斯图亚特王朝统治下的国家，要想以自己的宗教理念为依靠，干出一番大事业是根本不可能的。他之所以愿意从泰晤士河畔的美丽城市来到查尔斯河边的一个贫穷的村庄，就是因为他野心勃勃，不想屈居于人下，想做一个更自由的人。

那些追随他到罗金厄姆县的朴次茅斯找寻出路的人，也正是因为这里可以让他们有更好的物质享受。此外，你在罗金厄姆县的朴次茅斯去清教教堂做礼拜，和在汉普郡的朴次茅斯去长老会的教堂，所受到的待遇是完全不一样的，前者是一件再平常不过的事情，而后者则意味着你会遭到质疑。他们之所以迁徙，这也是其中一个原因。可是一言以蔽之，他们之所以去美洲，就像那个开门见山的、直肠子的擦鞋匠托尼所说的一样："美洲可是一个会获得巨额财富的好地方，我也要去好好赚一笔。"

历史学这门学科完全不同于物理学，可是有一条法则却是对这两种科学都是适用的，那就是自然界是没有真空的。真空早晚（大自然的法则，尽早）是会被填满的，至于填充物是什么并不重要，重要的是它一定会被填满。

从人类文化的角度来说，美洲荒原就是一片真空，那里的经济前景非常可观。在新大陆上生活过的人们都觉得，美洲这块土地非常富饶。假如有一家广播公司如今在那里得到了利润，那么就会涌现出更多类似的广播公司。假如有人凭借在佛罗里达炒房子挣到了钱，那么更多人就会举家到迈阿密去炒房子，以期发财致富。

1620年，有一则消息在哥本哈根、恩克胡伊森和斯德哥尔摩流传，据说在伦敦市场上,弗吉尼亚的烟草价格不菲。看到阿姆斯特丹的胡椒买卖情况以后,那些居民们都异口同声地说:"真是太棒了,我们也要去发笔财!"

为了圆自己的发财梦,他们不久就用筹集到的几千块开了一家小贸易公司,开始了淘金之旅。对于在这之后发生的事情,我们通过阅读那时候的经济史就可以了然于心。17世纪上半叶,众多西印度公司像雨后春笋一样涌现,可是它们存在的时间都非常短。很多人因此葬送了一生的积蓄,当然也有少部分人因此赚得盆满钵满。

看到有人赚钱了,那些上当受骗的人的兴致又来了,说道:"看啊,我们再试一次吧,这一次绝对没问题,可不能错失了这么好的赚钱机会啊!"所以,他们怀揣着变成有钱人的梦想,随之开始了新一轮的尝试。

世界上的人的想法千奇百怪,生活在北方的人都有一个非常冷静的头脑,个性沉稳。他们这种想法也没什么问题,大部分北方人确实在思考上花了很长时间,可是他们却对吃的提不起什么兴趣来,似乎对食物有什么成见一样。

有若干个得到批准的、还没有得到完全批准的和完全没有得到批准的公司在荷兰成立。丹麦人也引以为傲,他们最起码有五家东印度公司,可是这些公司没经营多久就倒闭了。虽然俄国人连自己的港口都没有,可是他们想要加入其中的愿望还是很强烈的。他们不断把自己的殖民地向东延伸,从后方抵达美洲,分走了哥伦布留下的遗产阿拉斯加。

那些对航海一窍不通的国家——奥地利和波兰登,也不甘落后,趁这股浪潮正火热时,成为其中的一员。这些殖民小国基本上都没什么好说的,可是瑞典不同。丹麦和瑞典毗邻而居,一直以来,丹麦人就想把瑞典人困在波罗的海。赫尔辛基城堡之所以有这么大的名气,说是因为它把海峡掌控在自己手中,引起他人的怒火,还不如说是因为这里时常飘荡着哈姆雷特的灵魂。

17世纪上半叶,在瑞典人之间忽然出现了一种神秘的力量(这种力量不仅仅在一个国家出现,也可能会出现在一个人身上,只是它出现得太猝不及防了,让人捉摸不透)。之后,北欧的主要力量就是这种神秘的力量。奥克森斯杰纳、托尔斯古森以及巴内尔的军队正好在这时把一股反宗教改革运动势力打败了,解救欧洲于水深火热中。瓦萨王朝的那些天赋异禀的军事家们才和他们的邻居斯拉夫人把势力范围划定。这个时候，波罗的海是瑞典的内海，当那些有三重皇冠的旗帜一出现在俄罗斯人和波兰人的眼前，他们就会逃之夭夭。当荷兰人和英国人在特拉华河口看到才从布雷古费尔和吕真战场回来的士兵们时，就会忐忑不安。

尽管瑞典让俄国沙皇和德国皇帝都臣服在自己脚下，收获了一大片领土，可是它自己也付出了惨重的代价，即人口锐减。当时，这个北欧大帝国的人口只有现在的二分之一，那些农民可以在芬兰（在波罗的海对面）再次打造自己的家园，所以对于要他们去克里斯蒂纳堡（现威尔明顿）的提议，他们并不是很赞成。去那里的话，必须有两三个月的时间都漂流在海上，而且充满了危险。此外，野兽和那些让人心惊胆战的土著人也让他们避之不及。所以，瑞典的农民也希望留在自己的故土，就像芬兰的农民一样。即便外面的世界再吸引人，他们都甘愿留在诺尔兰和达莱卡利亚庄园，过着平静、美好的生活。

一段时间以后，瑞典的人口开始增长，大概有100万人有了想到西边去的想法，都想到美洲去。只是为时已晚，他们已经在美洲找不到建立殖民地的空间了。1655年，荷兰人吞并了瑞典人位于宾夕法尼亚和特拉华的居住点。9年后，苏伊尔基尔河和康涅狄格河之间的所有土地都被英国人抢走了。新瑞典也随之不见了。

想让一片殖民地发展兴旺起来，单单凭借自己美好的幻想、空中楼阁般的理想和精致的特许令是根本不可能实现的。虽然大多数情况下钱都很有用，可是并不是所有问题都可以通过它来解决。

殖民地要想发展起来，重点就在于在一个阶层的人中，可以找到充分的理由说服他们从自己的故土离开，而且这些人的信仰要不可动摇。英国是具备这些条件的，可是瑞典、荷兰和法国都不具备。

我们再回到最初的话题。我是在康涅狄格州完成这本书的，我用的语言是11世纪下半叶时，征服者威廉强迫撒克逊臣民使用的方言——英语，而不是用的我的母语。这就和费城的人跑到圣保罗城与明尼苏达州买面包屑是一个道理。

第十三章
这块殖民地归全世界所有

在过去的435年间，人们为了从欧洲出发去美洲，尝试过的交通工具多种多样，有帆船，有飞机，还有轮船。坐帆船的是经过海路去的，坐飞机的是从大西洋上空飞过去的，坐轮船的则是那些来观光旅游的人。有一次，十几个斯堪的纳维亚人太想家了，于是就坐着一条小船回家了，幸运的是，他们都安然无恙地回到了家。

最危险的那条小船上坐着乔治·福克斯。那条小船漏水了，每隔两小时，船舱就会进16英尺深的水，船员和乘客们就必须不停地朝外抽水。在如此艰险的局势面前，贵格派教友乔治却非常镇定，没有表现出一丝慌乱的样子——在比这更糟糕的监狱里他都待过。在这里，他最起码还有活动的自由，还可以找水手们说说话。假如我说的没错，只要有人在，这个人就会兴奋地把他那些和人类灵魂有关的话题讲给别人听，即便听众只有一个，他也一样开心。

一直以来，我都在回避两个历史话题，并不是因为我很讨厌，相反，是因为我太喜欢了。假如一个人想给阿西西的方济各或德雷顿的乔治写一本歌功颂德的书，那么有关中世纪教皇权力的扩张细节、17世纪新英格兰清教徒运动的动人细节，都不用大书特书。乔治和方济各都是刚直不阿的人，清冷、俊逸。无论他们的个性是什么样的，他们都为人类进步做出了突出的贡献，而且远比那些名声在外的牧师和圣徒的贡献要大，甚至是他们所做的贡献的9倍（所花的时间远比他们少）。可是只有那些牧师和圣徒们的雕像才会在璀璨的宫殿里放着。无名教徒是进不去那些殿堂的，所以这些受到俗人敬仰的宫殿被贵格派教友乔治叫作

"尖顶屋"。

　　有关阿西西的方济各，我并不想说太多。相比新英格兰的加尔文殖民地，那些被称之为"马里兰自由州"的天主教殖民地不管从哪方面来说，都要出色一些。帕塔普斯科河沿岸存在一种非常宝贵的包容精神，这都要归功于殖民地的创建者——乔治·卡尔弗特，他具有非常崇高的品德。我们不知道他究竟受到了多少翁布里亚山区的那位哲学家的影响，也不知道如今的社会制度如何影响了他。可是乔治·福克斯终究是不同的。

　　当那些还只是存在于精神层面的宗教运动还没有发展成为一种刻板教条时，都有一个相同之处，那就是你完全分辨不出来，这些宗教运动会如何影响当时的社会发展。宾夕法尼亚率先挑起了反对奴隶制度的运动，这是尽人皆知的，可是这场内战是不是威廉·佩恩的那些下属们挑起的，我们就不好说了。

　　在新旧英格兰的监狱里，那些贵格派的教友们都待过比较长的一段时间，这是我们都知道的。在他们看来，那里的环境简直糟糕透了，处处是瘟疫，于是首先提出对监狱制度进行改革。我们并不清楚，当时的人是原本就将犯人们当病人看待，还是在乔治·福克斯的引导下，他们才这么做的。

　　假如你对"租借地经营特权"有过比较深刻的研究，你就会发现一个令你大感惊讶的问题——佩恩曾经在美洲宣扬过的观点和多年以后托马斯·杰斐逊在自己稿子中所提出的观点是一致的。如此看来，我们完全有理由推测出，那位奥比马尔县有名的怀疑论者是一个贵格派教友。

　　在总结历史时，我们通常会以自己的经验和主观想法为依据，如此一来，就会有违事物的发展规律。对以上事实进行总结，我非常笃定一件事，如果威廉·佩恩可以让他的事业持续的时间久一点，有几个像他一样能力出众的追随者，或者说，如果贵格派是美洲大陆的掌控者，而不是什么清教主义，我觉得我们国家的历史会少很多血腥事件，我们民族的凝聚力会更强，会离幸福更近。

　　佩恩提出的社会制度在美国存在的时间很短，还不到50年。贵格派的教友们在这期间一直没有放弃努力，想让每一个角落都被他们的光辉思想所照亮，结果也确实很好，当时所有隐蔽的、晦暗的地方都被他们公平的、正义的思想所照亮了，他们也尽力保持现状。更难能可贵的是，尽管他们做了不少，可是他们却没有因此变得自傲起来，没有高看自己的行为，更没有把自己的原则和思想强制性地灌输给别人。

对于一个教派来说，这已经是非常崇高的品质了。在这之前的500年里，有一些清教徒被肢解，有一些被处以绞刑，还有一些因为遭受了鞭刑而死。这些人的生命都在愚昧无知的行政官手里掌控着，就只是因为一些观点，他们就被扣上了罪恶的帽子，他们觉得这些观点会威胁到那些清教牧师们的威严和英国圣公会主教的野心。有过痛苦经历的人都会有一种居高临下的感觉，觉得自己是"上帝选择的子民"，自己遭受的磨难就足以说明一切。

这些异教徒对自己的耶稣学说的信仰，一直都是保持着矢志不渝的态度，让人觉得独树一帜的同时又感激涕零，他们中的两代人都一直无所畏惧地坚持着这个信念，很多人都因此付出了生命的代价。一直都是这样的情况，直到出现一位能力突出的保护者。

对于当时风靡已久的英国国教以及其他任何教派，贵格派教友们都不相信，他们一直执拗地坚持做着自己的礼拜。他们的礼拜很平和，也很平静。对于任何武力和处罚，他们都持反对的态度；对于一切和政治有关的东西，他们一概拒

贵格派

绝。地方上的行政长官当然看到了这一切。在当时那个时代，他们要想挣钱，就必须打官司。倘若遇到经济萧条的时期，他们就会把几个贵格派的教友抓过来，然后把一个没有在法官面前脱帽致敬的罪名安到他们头上，这样就可以让他们多交点罚金，他们会对整个过程都甘之如饴。那些非常奇特的人对律师是持怀疑的态度，所以，对于他们胡乱抓人的行为，他们并不会提出申诉。

有这样一种情况，那就是历史上的很多改革家都出身于大户人家，这是无可争议的事实，也是让人匪夷所思的。这样的贵公子过惯了豪奢的生活，突然有一天，他们感受到了现实的冰冷，就会觉得义愤填膺，然后就想要改变自己的境遇。圣方济各、乔治·福克斯、佛祖释迦牟尼，以及现在出现的威廉·佩恩都是这样。

春暖花开的一天，贵格派教友们遭到了科克镇上的那些宪兵们的搜捕，被关到了附近的一个小教堂里。按照当时的习惯性做法，这些人都会被送到警察局去，然后等着地方官们来审判。可是就在这时，一个宪兵的头目在他们中间发现了一位大户人家的儿子。当时的情景，你应该不难想象，这个宪兵窘迫极了，不停地向对方说对不起，还解释说这一定是弄错了。那个大户人家的儿子会是什么样的表现呢？是对这件事情非常看重，还是像没事人一样回家了呢？

这个贵公子就是威廉·佩恩，他选择了留下来，在这次事件中，他成了贵格派的一员，他选择和这些因为有自己的信仰而一直惨遭迫害的人们站在同一条战线上。年轻的威廉原本就非常喜欢宗教。他在上大学时，就有一个非常坚定的观点，那就是每个人都有权利追求自己的信仰。他曾经遭到学校的开除，就因为他没有到教堂去做礼拜。他的父亲——威廉·佩恩爵士——是一位埃塞克斯郡万斯蒂德家族海军上将。所以，他的前半生就必须过着那种奢华的生活，他自己也不敢轻易放弃这样的生活。

可是，当他把这历史性的一步迈出去以后，他就坚定了自己的信仰，开始全身心扑在这项事业上。他宣称自己脱离军队，然后就开始写他那宣扬坚定信仰的小册子：为了那些勇敢和教条抗争的人。此外，在一件骇人听闻的大案中，他还是响当当的主要角色。在审理这个案件时，陪审团驳回了大审判官的指示，他们坚称被告无罪。在司法界,这个事件可以说是前所未有的,在这以后,英国也好,美国也好,在对这样的案件进行审理时,都借鉴了这个官司。

因为佩恩一直没有放弃宣扬自己的观念,所以不包括这次官司在内,他和政府打交道的次数可以说是数不胜数,他无数次踏进监狱的大门,又无数次被放了出来。进去和出来之间往往不会间隔太久,罪名依然是反基督教。如此一来,他的追随者越来越多。因为他的事情,他的家人也真是操碎了心,小佩恩有一天突然产生一个想法,在美洲建立一块属于贵格派教友们的殖民地,尽管这个想法看上去很可笑,可是他的家人却因此兴奋异常,到这里为止,这件事才有了转机。

贵格派的教友们非常了解美洲大陆。他们的一生都是在纷呈多样的探险活动中度过的,和早先时候的方济各会员有得一比。他们到沙皇的地盘俄国去过,到土耳其去过,到阿尔及利亚去过。他们为人很讲义气,也很质朴,不像那些集坏习惯于一身的布道者,他们无论走到哪里都很受人待见。当他们所去的地方不是基督教的国家时,他们的旅途就是一帆风顺的。

刚从约克郡监狱被释放出来的玛丽·菲斯克专门跑到亚得里亚堡去投奔土耳其的苏丹。对于她这样的举动,苏丹惊讶至极。玛丽老老实实地跟苏丹说了自己的经历,苏丹听完以后,立马决定让她拥有在土耳其的自由权,而且为了保护她,还给她专门安排了一个私人卫兵。

摩尔人和俄国人对贵格派的人也非常友好。这些被欺凌的教友们每到一个国家避难,就会跟这里的人说,假如人们之间真诚以待,不再挖空心思把别人的钱财挖过来,不再对对方进行攻击,这个世界就会变得友好。摩尔人和俄国人听他们说完以后,都举双手赞成,之后就邀请他们共进晚餐。

可是这些人在美洲并不受待见,那里的人对这些布道者讨厌至极,对待他们的态度也极其不友好。他们杀死了很多贵格派的人,那些苟活的人的下场也好不到哪儿去,不管在哪个村子里,他们都要遭到鞭刑。那些女教友们的性命就在新英格兰的牧师们手里掌握着,但凡案件和年轻美貌的女子有关,他们就会大肆宣扬这桩案件,而且那些牧师们会在政治上用这样的事情对他们发动攻击。

很多教派都不愿意到美洲大陆去，可是贵格教友们却偏偏不，他们似乎对有挑战的事情很是热衷，想和命运抗争。为了向全世界（尤其是那些英格兰人）证明自己，他们在努力地寻求机会，他们还非常真诚地给那些土著人提供帮助，帮助他们过上幸福、美好的生活——在他们看来，要想解决土著人的问题，一定有比威士忌和枪炮更好的办法。

1670年，这样的机会终于来了。这一年，威廉·佩恩爵士离世了，他手里有一张斯图亚特王朝打给他的欠条，上面的金额是8万美元，他把这张欠条交到自己的儿子手上。原本斯图亚特王朝的生存方式就是借贷，可是每次到了还钱的时候，他就变成了自己祖先的样子，特别吝啬，就像那些一毛不拔的格拉斯哥借款人一样。即便如此，在钱的问题上，他们的头脑还是很活络的，他们在抵押时，经常会把不是自己的东西抵押出去。这么大一笔钱要怎么才能还上呢？为此，他们商量了好久，最后决定把一大片名叫"宾夕法尼亚"（以年轻人的父亲命名的）的土地抵押给他。这块地位于特拉华和马里兰之间，可以向南北任意两个方向延伸，随意朝哪个地方延伸都可以。

1682年12月1日，佩恩坐着"欢迎"号船从英国启程，奔向自己的新领地。他的这一次航行是美国独立之前的一场移民活动，具有非常重大的意义。在这之前，这些殖民地一直掌握在大洋彼岸的董事们手里，这些人来到这里以后，就意味着这块土地不仅属于那些董事们，也属于他们。那样的形式已经一去不复返了！佩恩是一个时刻把口号挂在嘴边的人，他公开宣称他的领地是"不拘泥于任何一个国家的殖民地"。

可是他似乎太热情了，以致头脑都不太清醒了，大无畏地说了一句"生活在这片大陆上的土著人也是人"。其他的殖民者刚听到这句话，就对他产生了看法，对他也了解得差不多了：这个人很傻，脑子里全都是一些不切实际的想法，他的那些愚蠢的想法也给他带来了很大的风险，总之一句话，他就是一个空想家。他们觉得这些印第安人就像是玩具，用五颜六色的玻璃和杜松子酒就可以把他们耍得团团转；有时候这些人又像魔鬼一样在美洲出现，想就他们合法的财产和"上帝选择的人民"展开搏斗。所以，作为一个基督教教徒就有责任赶走他们。

贵格派教友们的行为和那些基督教徒是背道而驰的，对于自己的首脑制定的规矩，他们会严格遵守，始终秉承着"和印第安人友好相处"的原则，去做礼拜时从来不会携带武器，也不会让那些印第安人上他们的当。在去教堂做礼拜以前，他们会请自己的印第安女邻居帮忙照看自己的孩子。那些殖民者们看到这一切以后，无不认为那个佩恩是受魔鬼的指派来搞砸这一切的。在他们看来，佩恩的行为称得上是恶毒、愚昧的，于是他们赶紧准备枪支弹药，以庇护自己的领地，和那些愚蠢的、友善的政策给他们带来的损害相对抗。

把这样特别的行为先放到一边不说，1696年，在年会上，贵格派教友们宣称，奴隶制度和《新约》的教义是不相符的。马萨诸塞和弗吉尼亚地区那些优雅人士开始认为，一定要结束那些可笑的治理政策。不幸的是，他们的话马上变成了现实。那些想实践耶稣《圣经》里面的话，并不懈奋斗的人，最后的下场都很惨。起初那几年，阿西西的方济各、威廉·佩恩和乔治·福克斯都取得了不错的成绩，可是这些成绩并不代表着："他们的确获得了成功。来自天堂的声音响彻在人们的耳畔，说要引领他们过上幸福的生活。即便是老人，依然会因为各种原因离世，孩子依然会出麻疹，可是生活中却没有了时常会出现的抱怨、质疑和妒忌，它们就像垃圾一样被人们丢了。"

人们慢慢开始平静下来，它们发现那些人并不是神仙下凡，想要依靠他们把瘟疫和贫穷都消灭掉，是根本不可能的。人们气愤不已，谩骂不停，说这些人都不得好死，太虚伪了，太厚脸皮了。

佩恩啊，他也太可怜了，这片殖民地倾注了他所有的心血和所有的财产，为此他还进了几次监狱，只为了让那些教友们都过上美好的生活。可是如今他却被各种不幸的事情所包围，他的孩子们不是酗酒，就是死，再不然就是遭到所有人的唾弃。以前被他视为好朋友的那些人，如今都开始欺骗他。他的私人秘书为了把他的6万美元拿到手，先是提出要求，在遭到拒绝以后，不惜朝他身上泼脏水，说他欠债不还，还说要让他进监狱。同时，他那个不被其他殖民者所接受的"亲近土著人"的政策，也让他承受了很多来自于周围的人的压力，可以这么说，贵格派是四面楚歌。

1712年，佩恩中风了。这场大病让他的记忆全部丧失了，所有烦恼（相比人，大自然还是要善良一些）也都离他而去了。在这以后，佩恩就只在那些乡间小路上活动了。一段时间以后，佩恩去世了，乔治·福克斯的美好愿望也成了虚幻。

可是这并不代表着一切都走向了尾声。就像埃及尼罗河的洪水一样，伟大的人也是一波接着一波，并用他们美好的品质让这个国家拥有数不尽的财富，让这个国家走向繁荣和美好。

社会组织所共有的一个规律——无论哪个教派，都会有繁荣和衰败，贵格派也未能幸免。事实上，很早以前，他们就没有了创新精神这一教派的创始人最为看重的东西。可是他们一直都非常善良、大度和博爱。正是因为这些突出的品质，相比圣公会教徒和加尔文派教徒，他们都要优秀得多。他们一直在自己的殖民地范围内严格遵守着公平的原则，宾夕法尼亚之所以被孤立了那么长时间，就是因为这一点。

那些和贵格派唱反调的言论，我非常熟悉，通常情况下，他们都不到剧院去，也不听音乐，很是吝啬，他们觉得钱比命重要多了。有人还说他们就喜欢稳定的、乏味的生活。即便这些是事实又如何呢？他们最为了不起的优点——一心专注在自己的事业中，而且努力贡献自己的力量，也不会被掩盖。

第十四章
要依靠运气开拓殖民地

在16世纪和17世纪的那些航海手册中,都会有一个章节专门对航线推断的具体方法进行讲述。当时,船只要从港口离开,就称之为真正意义上的"下海"了。当时电话、无线电罗盘、无线通信、潮汐记录、冰山警报、天气预报和所有可以让远洋航班变成更好渡轮的现代航海仪器都没有。那时的船长都有一种特别厉害的本事,那就是都非常了解星座,会以星座的位置为依据,再结合一些简单的仪器,就可以把娴熟的航海技术发挥出来。如果遇到大雾或一连几天都大雨倾盆的天气,他们就难以辨别方向了。这时就只能借助罗盘、计程仪和运气来帮助自己辨别方位了。

套用一句当时忠诚于上帝的话来说,就是他们只能把自己的命运交给上帝了。假如命好,他们就可以到达目的地,反之就到达不了。阿门!这很正常!就是如此!我们的祖先当时还深受中世纪教会的影响,总是会把象征性的比喻挂在嘴边,举例来说,要把一个"国家大船"制造出来类似的话。

在现代生活的我们凡事要先进一些,假如船的内部忽然爆炸了,我们也清楚地

把命运交给上帝的殖民者

知道这条船就快要毁了。假如这时船长能力不足，不能把所有事情都协调好，那么只会加快这艘船的沉没速度。所以，我们一定不会喜欢这么美好的比喻。在17世纪的国际海洋上，行驶着很多"国家大船"，其中就有一艘飘扬着英国国旗的巨轮，船长就是斯图亚特，我想说的是，斯图亚特称得上是最差劲的船长了。

有好几次，这艘巨轮差点都触礁了，可是因为船员们的敬业才得以幸免。每一次遇到危险时，都会有一位非常有魄力、经验十足的水手稳住舵、找对方向，才没让船沉下去。每当这时，我都想说出一些更有意思的比喻，可是我知道的航海术语实在是太有限了，只好再回到文章的开头——17世纪到18世纪，英国开拓殖民地纯粹都是靠运气。

差不多所有殖民者的目标都不明确，也不知道自己究竟想要什么，可是清教徒却不同。一些殖民地的建立者是一群非常忠诚的宗教信仰者，对于马萨诸塞湾地区居民对他们的剥削，不管是经济上的，还是宗教上的，都已经到了忍无可忍的境地，所以他们才会逃到这里来。另一些殖民地一开始是一些人想要在这里投资地产，所以才开了一些私人公司。还有一些殖民地是本着做慈善的目的，为了收容那些遭到自己国家驱逐的人，才建立的慈善事业。其中有两块殖民地原本属于其他国家，可是后来被大英帝国抢过去了，当然是动用的武力。

还有一块殖民地的创立者是一位非常善良的天主教徒。一直以来，他都主张"宗教宽容"，而且自己也一直践行着这条规则。只是新教徒对他的行为提出了质疑。另有一大片土地是一位年轻的贵格派教友的，原本这块土地的所有者是国王，因为他资不抵债，所以这块土地作为抵押品给了他。此外，还有几块殖民地也是这样来的。一直以来，斯图亚特王朝都有一股不良的习气，喜欢把别人的东西拿去赏赐。

斯图亚特王朝在亨利九世手里走到了终点。1807年，这位红衣主教与世长辞。尽管他不是个聪明人，可是心地却很好。假如他像他那位能力不足的太祖查尔斯国王一样忠实，把美洲的地图好好研究下，也许他会非常惊讶，可能还会自嘲一下，在他所处的那个时代，像他这样不思进取的人竟然还取得了这么伟大的成就，真是难以想象。

第十五章
一个被国王控制的国家

英吉利海峡的面积其实很有限。一个人如果坐快船从加来出发,到多佛尔去,仅需一个多小时就足矣。一过英国海关,他就会觉得自己进入了一个全新的世界。一段时间以后,他就会觉得特别迷茫。

举例来说,人们会觉得在欧洲大陆上搬运行李是一件特别棘手的事。工人先要将行李搬到火车站的一个角落,在那里进行一次称重,拿到一张收据以后再去交钱。人们会觉得这个过程特别麻烦,当然最重要的原因是这一切都必须遵照一位皇家授权的铁路官员颁布的法律章程。

而在英国,同样的情况则会有不同的处理方式。一个打着红色领结的员工会把你的行李缓缓推到搬运车旁边,然后胡乱一丢,跟你道一声"早安"后就拿着你给的小费扬长而去。等你到了目的地以后,又会有同样装扮的一个人把你的行李放到一辆小推车上,然后再快速搬到出租车上去。

外国人会觉得这种没有正规部门管理的情形就等同于犯罪。他们向这些英国人质疑道:"你们这样搬行李,会有很多行李丢失吧。"英国人说:"不会啊,怎么可能

皇家建筑,帝国的诏书就发布于此

会丢呢。当然送错的情况是会发生的，可是这种流程已经固定下来了。在公共马车被派上用场的时代，这样的流程就已经开始使用了。为什么不延续下去呢？反正这样挺好的。"

如此说来，从表面上来看，英国的制度是不限制事物的发展，让人们拥有更大程度上的自由，政府所管辖的范围非常小，只是宪兵、警察和表面儒雅却心狠手辣的刽子手。欧洲其他国家的老百姓却被视为毫无能力的废物，政府什么事情都管，似乎只有在他们的管制下，人们才能活下去一样。

这一章是要对17世纪的历史进行讲述，所以那些和"民族习惯"有关的理论性探讨就有点偏离主题了。可是这个事实也是不容争辩的，这些欧洲国家之所以像法国一样丢失了殖民地，就是因为这种监管制度太严了。

假如诺贝尔提前200年发明了火药，那么那个每年给优秀发明者颁发的奖项也会提前200年，好国王路易的臣民们会瓜分大部分奖金。那些法国人在生死面前毫不畏惧（更别提什么痛楚了），他们通过各种方式从加拿大那宽阔的荒原穿过，有骑马划船的，有坐独木舟的，有滑雪的，有走路的，等等。他们的冒险经历完全可以媲美《三个火枪手》里面那些意味深长的章节了。

只是他们一直到最后都一无所获。那些海湾和河流等至关重要的地方，都被他们的邻居英国严防死守着，最后还成立了一个实力雄厚的现代化国家。看到这样的结局，法国人伤心不已，可是也束手无策，这个结果是一开始就注定了的。

17世纪的法国是一个高度集权的君主制国家。尽管已经没有了封建贵族的制度，可是国王一个人掌握了所有的权力。而贵族阶级的角色也发生了明显的转变，之前是领导，现在则成了只会阿谀奉承的听命者。他们也不能再称之为国家的栋梁，不能再为国家的发展贡献自己的力量。

17世纪的英国，贵族们无论在哪里都享有领导权，除非到了万不得已的时候，他们才会去伦敦。只是他们的邻居法国并不是如此，那些法国贵族们都非常愿意在国王的身边待着，只要国王愿意，他们给国王的女人提供服务都可以。

陛下的分界碑

在这种情况下,英国国王假如要下一道命令,必须先看能否得到地方乡绅的拥护,假如得不到,那么他就不会下这道命令。而对比之下,法国国王则拥有更多的自由,他无所顾忌,有时候为了讨女人们或宠臣欢心,他会任意下命令。

法国人喜欢在自己的国家待着,几乎不怎么出门,所以,对于其他民族的伦理道德和民族风土人情,他们一无所知,他们还自顾自地觉得其他民族的人无一不是野蛮的、粗鲁的,甚至是荒谬的。这就如同法国国王虽然对凡尔赛路上的任何事物都了如指掌,可是却对世界地理一窍不通一样。

我的意思并不是斯图亚特的人们就必须对布劳先生的那本地图册进行研究,他们这样做也没有必要。他们只需要对自己的臣民们采取强制性措施,把他们赶到大西洋对岸去,之后从中盈利就足矣。而法国国王是连如此简单的事情都是不会做的。

1798年,法国大革命爆发。对于这次大革命爆发的原因,很多人都觉得是因为老百姓的生活实在是苦不堪言,像"他们要是真的没东西可吃,可以去吃树皮和草根"这类事情。可是现在这种说法遭到了一种客观的历史理念的驳斥,尽管这看上去很无情。欧洲很多国家的人当时不仅把草拿来充饥,还把根本都咽不下去的草根和树皮都拿来充饥。他们吃了这些东西以后,身体变得羸弱不堪,根本没有力气去发动革命。而那些发动革命,并且在法国无所顾忌地掠杀的外省无裤汉[1]和他的同党们,看上去很是强壮。否则的话也不可能表现得如此英勇!

---

[1] 无裤汉,法国大革命时期贵族阶级蔑视激进共和党人的称呼。——译者注

法国农民一直生活在水深火热中。尽管凡尔赛宫从表面看上去光鲜亮丽，然而，即便你把整个宫殿都翻一遍，也找不到多少有价值的东西。在前面，我就已经讲过，法国农民是不愿意从自己生活已久的地方离开的，所以由此可见，他们当时的情况并没有那么惨，不至于像法国大革命的史学家们所说的那样，必须要发动革命了。

　　因为法国劳动力不足，所以法国在北美的殖民地进展特别慢，这件事情几乎无人不知无人不晓。那些探险回来的人们到巴黎去向自己的国王汇报自己的成果，说他们扩充了法兰西帝国的疆域。国王经过和那些大臣们商议，都觉得应该做点什么，可是他们却只有700名面包师，殖民者要到哪里去找呢？

　　法国费了九牛二虎之力，用了很长时间，才终于找到了几千人。政府也不问这些人愿不愿意，就直接把他们送到了蒙特利尔和魁北克附近。法国人心里的一块石头总算落了地，这件事解决了，可是法国人的老毛病又犯了，做什么事都一本正经的。他们想把"中央集权制度"用在新建立的北美殖民地上，这就代表着，在加拿大的这些人，无论有什么计划，都必须先拿到巴黎那边批准。比如说，有个人忽然想去打猎，那么他先得给巴黎那边递交一份申请书，等得到批准以后才能去；一个总督想把自己的一个下属辞退了，那么他也得先给他在巴黎那边的领导交一份申请书。如此一来，那些远在加拿大的人的积极性就直线下降。一个殖民地发展的核心就在于这些人自身的想法和执行力，即不管遇到什么情况，他们都会通过自身努力去解决。

　　新法兰西之所以远远落后于自己的邻居英国和荷兰，还存在一个非常重要的原因。新教徒们居住在和政府、教会都没有什么矛盾的地方，彼此之间相处融洽，而且互不干扰。有时候因为一些事情，路德派和加尔文派会起争执，到最后通常都是实力弱一点的一方离开原有的地方，到其他地方去讨生活。综上所述，英国势力范围的发展得益于殖民地的环境。

　　在加拿大，教会和政府势同水火。一开始创建殖民地时，耶稣会修士们就找到了土著人，用知识武装他们，毋庸置疑，他们所做的事情也得到了土著人的认可，因为他们也非常想要学习知识。可是这些满腹经纶、品德高尚的耶稣会修士们（他们是天主教会的先锋队）对于政府凌驾于教会之上的行为和观点，他们则是拒绝的。

在南美洲的巴拉圭，耶稣会创建了自己的政权，成为一个独立的国家，还有了自己的军队，并且在长达一个世纪的时间里屹立不倒。可是，在加拿大，他们却做不到这些。和其他那些教派的人一样，他们老是埋怨自己受到皇家总督们的任意指挥。加拿大一日不脱离法国的管辖，这些人就一日无法摆脱法国官员们的瞎指挥。

对于美洲这块富饶的土地，法国政府当然也想收入囊中，他们特别渴望可以在每年年末从这块土地上收获一笔，而这些钱从哪儿来，他们却并不关心，全部交给了那些殖民地的官员。法国政府觉得，只要蒙特利尔的货栈被海狸皮和熊皮装满，即便土著人因为酗酒而死光，他们也不会在意。

大湖

这些事都逃不出教会的眼，看到当地的土著人越发萎靡，他们就想竭力改变现状。法国殖民地在相当长一段时间内都被魁北克主教掌控着，几乎没有了贸易往来。可是局面却依然如故。而那些土著人根本不理解他们这样的善举，反倒觉得这是一种很软弱的行为。所有法国人几乎都被易洛魁领导下的那些人赶到了大西洋。

塞纳河两岸的人们惊讶不已，他们赶紧把路易·德·弗朗特纳克派到圣劳伦斯河镇去，对异教徒进行打压。可是当他和印第安人正打得难舍难分，让印第安人损失惨重，并逃之夭夭时，法国人却在背后耍阴谋，又整出了一件事。国王不断收到来自于身边那些漂亮女人们的控诉，说被她们保护的神父们的境遇太凄惨了。主教们也慢慢回来了，把自己的苦衷说给国王听。一段时间以后，国王就叫回了那位英勇正直的总督，让他"把他近期的活动"汇报一下。所以，一切又回到了从前的样子，所有的努力都前功尽弃了。

17世纪，法国的统治者是查理二世。其实在这时，法国想掌控整个大西洋地区一点都不难。英法战争刚打响时，蒙特利尔就驻扎着法国一支很有实力的军队，而英国却在那里没有一兵一卒。形势是多么有利于法国啊，堪称法兰西历史上最至关重要的时刻，可是就在这时，忽然有一位非常愚蠢的人冒了出来，说是为了让教会不再折腾，调走了加拿大大总督。当法国发现这个错误以后想要弥补，可是却已经错过了入侵英格兰的最佳时机。

从地图上来看，法兰西帝国气势非凡。从北极圈到墨西哥湾如此辽阔的疆域都属于法国。边境上埋了很多写有"路易家族的土地"字样的铅板，这就表明这片土地一直归他们所有，而不只是暂时的。

其实这片土地非常荒凉，一点都不肥沃，教士们横行无忌。居住在这里的人们遭到各种不合理的教条和残酷的刑罚的制约，没有人关心他们的死活，他们也不能随意开发这片土地。这片土地要如何处置，取决于国王身边的那些红人们和国王自己

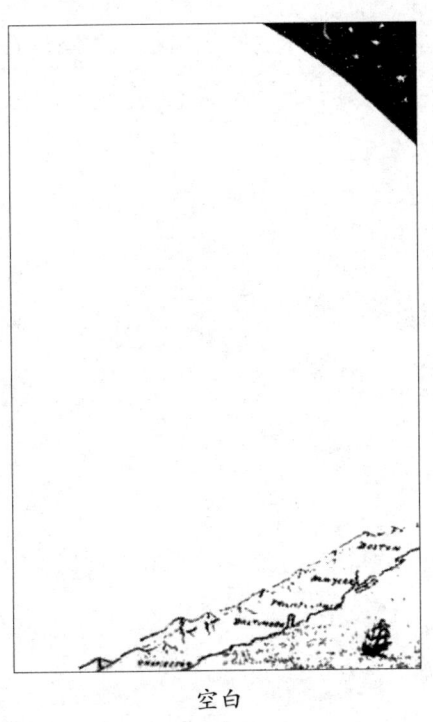

空白

突然冒出来的想法。

即便如此，17 世纪下半叶，法国人依然有一次机会挽救自己。1685 年，路易十四把《南赫令》废除了。这项法令的颁布者是亨利四世，曾经让天主教和新教徒们都享有同等的政治权利。

自这项法令被废除以后，胡格诺派教徒在长达 20 年的时间里再次遭到了屠杀。这样的生活，他们再也无法忍受，于是向国王申请去其他地方生活。如果当时这些老实人的要求得到了批准，到大西洋的对岸建立了一个对国王忠心耿耿的新法兰西，那么他们一定会不顾一切去那里。可是他们的要求却遭到了国王无情的拒绝。但他们并没有这么快就灰心，而是一直坚持自己的观点。因为这个原因，他们永远无法出去了，边境大门不可能再对他们敞开了。

假如一个人想离开一个国家去另一个国家，总归是有办法的。所以胡格诺派教徒仅凭自己的才华、一腔热诚和纯朴就离开了法国，当然过程可以说是费尽周折，在 5 年的时间里，就有 5 万多户逃到了英国和荷兰。

他们很快就凭借自己无形的财富在这里住了下来，在贸易活动中开始了新生活。原本这些人可以和法国站在同一条战线上的，在那里对自己的祖国尽忠，可是最后这些人却和那些挖空心思、处心积虑想把法国最后一块殖民地拿走的人为伍了。

第十六章
希望遍地的地方

对于那些"忽然"发生的事情，人们通常会大吃一惊。举例来说，你的邻居是一位老先生，有一天，他"忽然"离世了，邻居的房子"忽然间"倒塌了，欧洲一个名气很大的王朝"忽然间"就垮台了。一小部分史学家、大部分新闻记者，以及所有科学家其实都非常清楚：不管发生什么事情，都不是"突然"的。看上去，像那些人毫无征兆地死了，房子被毁了，以及王朝垮台了都是忽然发生的，其实已经经过了很长时间的酝酿，只是到了某个时间节点才出现。当一个之前寂寂无名的小提琴手"忽然"成了大家眼中的才子，当一个平平无奇的家庭"忽然"变得有钱，当"忽然"出现一个共和国时，回望一下事情的经过，我们就会发现其实背后都付出了相当多的努力。

我马上就要说到那一次的政治变革了。原本散乱的13块小殖民地"忽然"间因为那一场变革而成为一个整体，形成一个实力不容小觑的政治强国。那么，这样一次"突变"发生的背景是什么呢？是源于大规模经济合作的需要吗？是一场艰苦卓绝的斗争可以取得的成绩吗？又或者是一位特别有才华的政治家，通过自己的努力，让一个国家发生了改变？不，以上说的都不对，这些都不是其发生的原因。

因为革命总是带有暴风骤雨的性质，会以大规模的形式出现，所以总是可以把人们的目光吸引过去，尽管是这样，它的发生依然是偶然的。事实上，很早以前，新事业就已经在幕后偷偷开始准备工作了，而且做这项事业的人都很普通，他们严格遵守自己的职业道德，对外决不透露半个字。所以，很少有人知道这些石破天惊的事情。

我们还没有足够可靠的有关 17 世纪和 18 世纪移民的统计资料。我们只对一部分的移民比较了解，对另一部分移民的了解程度还不够。可是，仅凭我们现在手里掌握的资料，我们已经足够了解都是一些什么样的人不畏艰难，穿越整个大西洋来到这里了。他们因为不同的原因来到这里，其中不乏各个阶层的人。

我先来说一下黑人，他们被英国和荷兰的奴隶公司抓到美洲来，彼此之间冲突不断。我想列举的并不完全是那些人，他们到这里来完全是身不由己，也注定了要为别人的错误买单。

然后就是"契约奴"。17 世纪的契约奴就是那些没有能力购买船票的小手工艺人、杂工和亏本的小商贩。他们可以把自己作为"抵押"，在长达 5~7 年的时间里给老板干活，以得到一点点金钱上的回报。从整体上来看，这些可怜人所得到的待遇有失公允。当时的船票远高于现在，单趟旅费就得 400 块，可是这笔下等船舱的钱也不需要付出 7 年的劳动，未免高得太离谱了。也许这次机会在那些怀揣希望的移民眼里，是一次挣脱现实苦海的绳索，他们会在心中畅想，7 年以后，自己就自由了，就可以随心所欲地做自己想做的事情了，到时候机会一大把，挣钱更是不在话下。

其中还有一些小资本家。他们手里多多少少都有一些钱，要么是继承的遗产，要么是有点存款。在看了佩恩的整版广告（对当地优美的自然风光和迷人的山河进行了描绘）后，他们就打定主意，要迅速赶往那片土地，挣笔钱回来，而且要不甘人后地得到自己那一片宽广的土地。

此外，还有一些信仰教派的人。在自己的祖国遭受了太多摧残以后，他们太渴

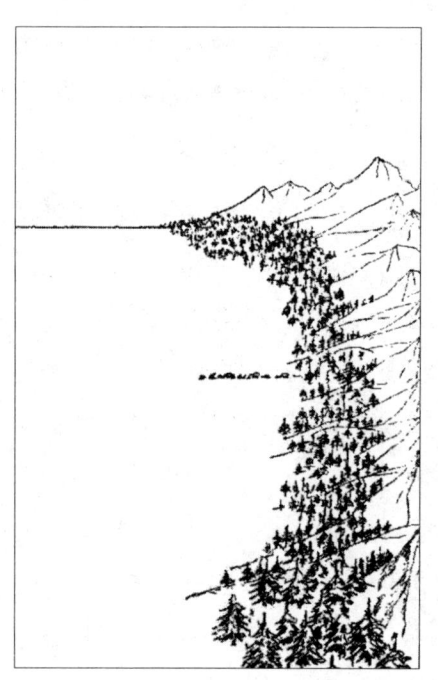

山、树林和平原

望找到一块安宁的地方了，而美洲草原就是他们的不二之选，在那里，他们可以随心所欲地祈祷、布道。

还有一些有"流浪癖"之称的人，他们似乎天生就特别爱折腾。他们之所以想到美洲大陆去，原因再简单不过了，那就是在家里待够了，想去看看外面的世界。

还有一些人是因为被自己的债主所逼，为了逃离债主才来到美洲大陆的。

总而言之，这群人非常乱，就如同那些流离失所的人一样。所有这些人，不管是契约奴、教徒、倒闭的商人、没有得到财产而铤而走险的儿子、对政府充满嫉恨的贵族、私自出逃的水手、逃犯，还是那些没有土地的农民，都有一个相同的观点——相比他们自己的家乡，这个地方要好太多了。

尽管生活在这里也不是一件太简单的事，必须遭受一点磨难，可是也只有那些不畏艰险的人才能在这里生存下去，这里的世界更加广大，机会更多，这里的原野和森林一望无际，即便走10年也走不到尽头，在这里你可以呐喊："我是自由人了！"

大西洋沿岸上的殖民地之间势不两立，而人们又特别想让他们成为一个整体，这些生活在切萨皮克湾和查尔斯河之间土地上的人们在相当长的一段时间里，都有一个共同点。而他们之所以在即将来临的让人苦不堪言的岁月里得到了一种相同且实际的观念，就缘于这个共同点，那就是他们自己和那些新大陆上的人相比是否快乐，最关键的因素就是自己是否努力。更确切地来说，那些甘愿到这片荒原上来生活的人，都牢牢掌握着自己的命运。

有着岩石的海岸的轮廓在领航员登上进港船的几个小时以前，就开始把轮廓显现出来了。同样的情况，先辈们必须走一段特别艰险的路，才能在西番戈挣钱，可是后面数不胜数的移民却首次看到了希望的光明。有关这些移民对未来美好畅想的心理改变过程，还有美国人性格形成和发展的过程，很多著作和论文都进行过研究。可是，在本书中，我并不想以这些著作的研究为依据。

第十七章
国王们开始抢占土地

我不记得自己在哪里听过一个很古老的故事，故事的主人公是一位鱼类学教授。有一次，他给学生讲到了一种叫鲟鱼的鱼，学生们都很感兴趣。教授一手拿着讲课的稿子，上面记录的是他历时良久才整理出来的资料，另一手拿着一根小棍棒，一边给学生们讲解一边在图上指点着。时间就这样一分一秒地流逝了，教授也感到很快乐。

当他说"先生们，这样的鱼……"的时候，教室的大门忽然被打开了，游进来一条上了年纪的老鲟鱼。它的身上处处是积草，彰显出长者的睿智。教授看到这位不速之客，一下子慌了神，好久之后，教授才镇定下来，非常严肃地说："请哪位先生帮帮忙，把这东西弄到外边去，我们还要继续上课呢。"

欧洲同行的作品，我时不时就会翻看，每次看到，这个故事就会浮现在我的脑海里。我们不得不承认他们做事的严谨性。有时为了把某个问题搞清楚，他们宁愿用一生时间去和这个问题死磕。

他们可以把浩如烟海的出版读物或别人手写的资料一股脑看完，只是为了弄清楚像"封建体制下有几个值得商榷的问题""王朝在发展过程中有几个难解之谜""大规模运动"这样的问题，有一个事实他们很容易就忽略了，那就是大西洋对岸使用的制度依然是中世纪鼎盛时期的制度。所以，现在的美洲是对思想、经济和社会进行研究的完美实验室，而且在哥伦布出生以前，这些现象就已经走向了成熟的境地。

为了对这种说法加以验证，我在这里举几个例子。

在欧洲，欧洲人早在 1200 年前就不过那种居无定所的生活了。而在美洲，现在依然很盛行移民活动，美洲聚集了无以数计的野蛮人，他们之所以这样做，就只是想得到居住权。1927 年，华盛顿就出现了这么倒霉的事情，事实上早在 227 年，罗马就发生过与之类似的事情。

在第一次世界大战中，欧洲残余的封建势力就被清除殆尽，可是在我们的美国，还处处存在着封建主义。假如有人对我所说的话持怀疑态度，那就请他去对坦慕尼厅或者我们这里随便一个大的政治团体进行一下研究。

在 17 世纪到 18 世纪期间，欧洲各个王朝之间发生了剧烈的冲突，而美国此刻正上演着那些曾经让欧洲纷争不断的战斗，只是换了一种形式而已。所以，暴力事件的数量与日俱增，在我们的报纸上，这类新闻竟然占据了三分之一的版面。

毫无疑问，1727 年的诡计和 1927 年的诡计根本没有可比性。波旁家族、哈布斯堡家族、霍亨佐伦家族、罗曼诺家族和瓦萨家族这些家族之间争斗不断，都想在欧洲占据更大的领地，如今那些金融集团也从中获得了不少启发。今天早上，为了抢夺粮食、石油、电力和煤炭等各种资源，他们还在极尽所能，甚至不惜把对方干掉，只为了让这些资源归自己所有。

俗话说得好，距离产生美，所以过去那些事情总让人觉得很有意思。随着时间的慢慢流逝，人们也慢慢淡忘了那些国王们身上的恶劣品质。就像现在的金融集团一样，200 年前的王朝之间彼此勾心斗角，都想把所有的资源都捞到自己手里，为此陷入你争我斗的纷乱局面中，这实在是太傻了，受损的是双方。可是有一点不同：18 世纪的命令都是从马背上发出去的，而如今的命令都是从某一处摩天大楼的 17 层发出去的。

有关乔治王朝和路易王朝的历史，我们都再熟悉不过了，所以这里就不再提了。经历过宗教改革以后，那些激烈异常的宗教都没有那么狂热了。人们慢慢明白一些道理，因为教派而打得你死我活太不值得了，人们因此没有了家园太不划算了。曾经因为《圣经》上一段模糊、难懂的话，人们就会大动干戈，可是现在不会了，现如今为了那些和《圣经》一样模糊、乍一看上去非常崇高的"合法继承权",他们就会大打出手。如今他们把过去研究官方教义的时间都用在了研究族史和家谱上了。

时代的变化是不会终止的,可是人的本性却一直都是老样子。一个世纪以前,为了"真正的信仰",我们的祖先会发动战争,而如今人们依然会发动战争,只是战争的目的有所不同,变成了为了"维护路易或者乔治的合法权益"。

在过去的几百年间,欧洲王朝中的那些贵族的结婚对象都是自己的表亲,所以,一个王朝中光候选人就有十几个,没有人知道真正的合法继承人是谁。如此一来,从本质上来看,欧洲王朝就只是一个闭塞的政治团体而已。

通常情况下,这些"真正的合法继承人"都有自己的"法律顾问"小团队,为了得到更高的报酬,让自己的临时雇主在继承权上更有优势,这些顾问会极尽所能地为这些雇主做所有的事情。

18世纪的那些藏匿得非常好的计谋,就像现在一场声势浩大的扑克比赛一样,非常有意思。每个势力(通常会让整个大陆都卷入战斗中)都挖空心思使用各种伎俩,到了把自己最后的底牌亮出来的时候,他们就会告诉自己的对手:"我只有5个省、6座城池、印度的10000平方英里殖民地、美洲的25000平方英里殖民地落在你的手里。你在非洲并不是一无所得。哦,我还有279名商人在你手里。你有4个省、9座城池、印度12000平方英里的殖民地、美洲14000万平方英里的殖民地、非洲2000平方英里的殖民地和384位商人在我手里。嗯,我们现在应该仔细合计一下了,4000加上9000,再加上12000……"如此循环下去,像是"牛马市场"上你来我往的小商贩一样,最终商定出一个得到大家赞同的公平的协定。

这场纷争卷进了很多亚洲、非洲土著人和美洲的殖民者,即便他们对这样的问题丝毫不感兴趣,他们也没有机会把自己的观点说出来,即那些在伦敦、巴黎、阿姆斯特丹和维也纳的高官、贵人们把他们当作空气一样无视。

在这里,我要善意地给大家提个醒,对我们那些知识不足的先辈们,不要要求太高了。那些卡菲尔人为了得到协约国或者德国人的更大利益而相互厮杀,非洲的中心也因此成为了战火纷飞的地方。在我们的强迫下,数不胜数的非洲人和印度人被卷入战争中，即便这场战争和他们的生活毫无关系。当这一切都结束以后，接下来当然就是分蛋糕的活动了。私底下，贵族们得到了大量的土地和油山，可是他们却并不觉得这有什么好羞耻的，还大言不惭地说自己是想要"维护世界的和平"才去争夺殖民地的。

现在已经不存在为了一己之欲而相互厮杀的古代王朝了，在这里面，我们的先辈们付出了太多。之后，国王觉得就是因为自己投资失败，才会出现这样的结果。于是，他们随手就把本属于自己的美洲土地给转让了或扔掉了。如今这些土地已经变得非常有名，像"美利坚合众国"或者"加拿大自制领土"等。

英法之间曾经战争不断，最后英国把法国打败了，得到了整个北美大陆。为了便于阅读，我们的教科书对事实真相进行了还原，对以下几场战争都进行了再现，1689年到1697年的"威廉国王战争"、1702年到1713年的"安妮国王战争"、1744年到1748年的"乔治国王战争"、1755年到1763年的"法印战争"，还对几场知名战役进行了事无巨细的讲述，还评价我们在那几场战争中得到的是"人道主义的胜利"。

书本里还对几场战争是如何"英勇"的战斗进行了描述，他们以此作为夸耀自己的资本，对于英国军队是如何打败一支仅有37名士兵和38名印第安妇女组成的军队的，他们进行了大肆描绘，还讲了是如何把一座孤立的法国堡垒攻下来的。

相比美洲荒原上发生的凄惨事件，那些身穿红蓝军服的两支队伍之间偶尔产生的矛盾就根本没有提的必要了。在那个被痛苦充斥的凄惨年代，很少有人知道在美洲西部边境上所上演的数以万计的凄惨故事。

在18世纪，这些现实状况并不会引起政治家们的重视，他们只看得见官方备忘录、盟约、外交协议，当他们一脸兴奋地看着世界地图，在上面画下一条优美的线条，然后告诉所有人，这片土地归他们所有了，暗处就会涌动一股力量：一群鄙视官方安排的人正对那些贪官污吏的伟大作品进行大肆摧毁。毫无疑问，这些人也就是快速增长的欧洲移民。

那些居住在宾夕法尼亚空地上的人们，那些想要在石头遍布的马萨诸塞荒原上播种的人们，那些远离了拥挤的城市和村庄的旧大陆的人们，事实上，通常都是一些普通的老百姓。他们所看过的书就只有《旧约全书》，只是因为政治和他们息息相关，所以他们才会关心政治。站在我们的角度上，我们会觉得他们的生活索然无味，他们在生活的方方面面都是自给自足。可是他们和其他原始的生物一样，都很清楚自己想要得到的是"土地"。

300万人从罗德岛出发，往西边去，一位伦敦的官员听到这个消息以后，马上大叫道："神啊，这怎么可以啊，这些人怎么能去那里啊！美洲的那块地方属于法国人所有啊！"罗德岛的人却不以为然地说："为什么我们不能去！"然后他们就继续赶着牛车到那里去。果不其然，他们被一些拦路虎挡住了去路。法国人专门派军队赶他们回去，或者直接杀了他们。

从地图上我们可以发现，法国的那些看上去特别坚固的堡垒似乎是一道防护墙，横亘在圣劳伦斯湾和莫比尔湾之间。事实上，这些堡垒之间还隔着非常遥远的距离，移民们就抓住这些空当的地方穿过去了，他们向西部有着富饶土地和森林的地方前行，没有什么可以阻挡他们的脚步。

在大西洋沿岸，这样的事情早就出现过一次，只是那场迁徙的规模不大。当时大部分土地都在荷兰人手里掌握着，可是他们却无力把这一大片富饶的土地管理好。所以，这里很快就涌进来一些新英格兰过剩的人口，他们在康涅狄格的肥沃土地上耕作着。在荷兰人的堡垒旁边，这些英国人种上了庄稼，因为彼此对对方有需求，所以彼此关系还算融洽。这时他们已经不会再受到对祖国那虚伪的忠诚的影响了。

18世纪时，法国人忽然领悟到：所有人都要遵守自然规则，不管是谁，只要和自然规则背道而驰，就必定要吃不少苦。当巴黎政府明白美洲领地有多重要以后，就开始派更多的兵到蒙特利尔、魁北克、温森斯堡、底特律堡和新奥尔良去。相比这些军队，英国军队的实力就逊色多了，可是对于西部的土地，那些没有继承权的东部居民们的欲望无比强烈，在这些人面前，法国的军队再强大也不起作用。1759年，英国人得到了幸运女神的眷顾，他们把魁北克城抢占下来了，这就代表着彻底摧毁了那个被寄予厚望给密西西比河和大湖区提供保护的堡垒链条。

在听到法国几个旧地名时，如今的我们就会联想到祖先们生活的时代和发生在那个时代的惨剧。可是这一切已经成为历史。

第十八章
1769年1月5日,历史上的新篇章

下面我只是要把一种新思路说出来,可以帮助我们理解200年前发生的事。

文艺复兴时期有一位历史学家,特别喜欢夸耀自己所掌握的知识,考虑到叙述的便捷性,他把人类历史分成了古代、中世纪和现代这样三个阶段。毫无疑问,他所说的"现代"当然是他自己所处的年代。因为那时的人们对于"史前人类"的任何事情都不知情,所以他并没有提到"史前人类"。在这位历史学家看

新思路的出现

来，罗马的灭亡就意味着古代的终结。在他看来，土耳其人将君士坦丁堡攻占过来，就意味着中世纪的结束、现代的开始。

很早以前就应该把这种规定界限的办法改过来了。人们会受到"罗马灭亡"这种说法的误导，进而走上错误的道路。从始至终，罗马就没有灭亡过。君士坦丁堡被土耳其人占领以后，也许中世纪还没有走向尾声，也许已经走向尾声了。相比苏里曼一世攻占欧洲，中世纪的生活受其他一些事情的影响更大。

可是这本书主要是对美国进行讲述。一个叫詹姆斯·瓦特的人发明了蒸汽机，一天他给自己的这项发明申请了专利证书。我的意思是，就是在这一天——1769年1月5日，美洲大陆的中世纪就画上了句号。

第十九章
乔治·格伦维尔是"效率专家"

一个帝国就是因为残留着很多从前原本要废除的制度，所以才会走向垮台。而那些严苛的法律和规则是最易造成毁灭性失败的。这个规律也是恒久不变的，锁得越紧的枷锁，越易遭到毁灭性的伤害。

在迈向欣欣向荣的道路上，大英帝国一直以来都没有遇到过什么挫折。为了不被西班牙人的经济所垄断，不被罗马的宗教思想所掌控，那些被委派到世界各个地方的人都在孜孜不倦地奋斗着，宗主国没有过多地干预他们的事情。这些人获得自主权以后，就可以听从自己的心意做事情，而且会竭尽全力去做，为了这些事情，他们甘愿付出任何代价。有时，他们为了在更短的时间内收获荣誉和金钱，会做出不正确的决定，也许就会因此成为那个代替国王受罪的人，很有可能还会因此搭上自己的性命。这样的事情人们慢慢也会习惯，开始对一切都没有那么在意，可是为了自己的事业，他们依然愿意拼尽全力，即便付出生命也在所不惜。

18世纪的时候，大英帝国已经初具规模，也是时候进行组织巩固、中央集权、对等级制度进行完善了，这样一来，就要征税了。罗利家族退出历史舞台以后，舞台大幕再次被拉开，身穿海军上将制服的乔治·格伦维尔出现在人们眼前，他要表演"爱国男孩"这一角色。

假如在这时只把格伦维尔拿出来说，似乎不太公平，会给人带来这样的错觉，美洲殖民地丢失了似乎要由他全权负责一样。可是格伦维尔的确可以把当时的政府观念表现出来，在这之前，我们听说过不少其他赫赫有名的历史人物严重伤害历史的事情，可是相比那些人，格伦维尔给历史造成的伤害要大得多。所以，他这个角色在历史上不可或缺，最起码要占据四五页。可是这却是一场浩大的悲剧，而不是一场喜剧。这场悲剧的核心观念就是"一无所获"。

格伦维尔是一个忠心耿耿、才华横溢的人，毋庸置疑，他是一个真正的忠臣。尽管我们现在听到的对这位财务长官的评价都是负面的，可是在当时，他却是一个非常忠于职守的人。他每天都勤勤恳恳地工作，工作时间比英伦三岛上的任何一个人都要长，每件事他都会亲力亲为，会谨慎对待任何一件事情的微小之处。假如他在伊丽莎白的时代出生，他一定会是某个冒险家公司的管账先生，而且一定会得到器重。

只是很遗憾，他出生的年代不对，在乔治三世时期生活。他被委任为美洲的特派使臣，主要工作任务就是向那些殖民者征收税款，不管采取什么方式，只需要定点、定期地征收。这些税款征收上来以后，都用于大英帝国方方面面的支出。

在他眼里，那些殖民者就是"英国播下的种子，都是因为宗主国的恩惠，它们才能顺利长大"，这一观点和查尔斯·汤森德的观点不谋而合。对于这个观点，老巴尔上校有不同意见："他们是我们用心选择出来的种子吗？当然不是！我们像凶残的动物一样强迫他们，他们也是因为没办法才到美洲去的。到了美洲以后，我们又丝毫不在意他们的死活，所以他们必须自己顺利长大。"如果这些话被格伦维尔听到了，不知道会作何感想。假如他看到这位老人的精彩言论在美洲人那里大受赞许以后，他还会和以前一样淡泊宁静吗？

一直以来，弗吉尼亚人、新英格兰人和卡罗莱纳人都容忍着国王的压迫，已经麻木到没有要建立一个独立的国家的想法。可是他们内心的苦闷却没办法变得麻木。他们当时离开家乡的目的是什么？难道不是要远离那些有着烦琐的规矩的国家，去过上自由自在的生活吗？难道不是想让孩子过上更好的生活吗？现在他们费尽千辛万苦，终于得到了一些自由，可是他们的政府却又出来管理他们了，甚至不惜跨过整个大西洋。美洲的开拓者们从自己的家乡逃出来，不就是为了远离政府的压迫吗？他们不远万里，从英国的布里斯托尔出发，跨过整个大西洋，来到马萨诸塞的波士顿，可是现在呢，那让人避之不及的政府却又来控制他们了。

他们想要在英国市场上出售他们的商品，就免不了和英国的中间人打交道，在这个事情上根本由不得他们自己做主，不管他们愿不愿意都必须这样。即便是荷兰或者西班牙那边的商人想以高价在荷兰或西班牙把他们的产品买过去也不可以。除了有的工具或农具，他们自己可以生产出来，其他的都必须用英国生产的，否则你想再买什么都是空谈。在船上负责指挥贸易的人必定是英国人，这是毫无疑问的，英国的船员和船只管理着所有进出口的事物。

在英法边境存在纷争的那几年间，不需要严格遵守这些规定，糊弄一下也就过去了。现在两边回到了和平时期，乔治·格伦维尔有征税的职责在身，这些征收上来的税款将被用于偿还海军和陆军欠下的债务。

边境

格伦维尔在政治方面并不是很在行，和所有同一阶层的人一样，他甘愿跑到远离家乡的地方浑水摸鱼，也不愿意待在自己家出岔子。在他看来，相比在国内费劲地从人民那里得到钱，让那些美洲殖民者（他们一直隐世而居，一无所知）多交点税要容易多了。自己国家的人都是刺儿头，一不小心就有可能把他赶出议会，让他的老婆孤立，让他的儿子们无法在这个国家生存下去。

在美洲，格伦维尔一直以英国的名义声称宗主国对他们非常关心，尽可能保护他们不受到印第安人和法国的侵害。他们为此做出了很大的牺牲，所以为了弥补战争给英国造成的损失，就必须在费城和查尔顿征收一些税款。

首先，《航海法》在克伦威尔时代被废除了，如今又开始实行。根据规定，那些走私的人被扭送到了海军法庭，在审判的过程中，陪审团也被隔绝在外。在他们看来，这些陪审团和那些走私者是一路人，因为他们觉得这些陪审团觉得那些被告犯的是爱国的罪。

其次，尽管那块土地原属于印第安人，是他们才从法国人手里抢过来的，可是在英国政府勘察登记拟定管理方案以前，出于对自己既得利益的保护，那里的移民活动被暂停了。

再次，对大部分的生活必需品都开始征收税款，像蔗糖、糖浆和后来增加的茶叶等。到最后，那些报纸、文件、契约、纸牌、合同、抵押收据都贴上了印花。只有在国王的征税地点，才能买到这些有印花的东西，价钱也不等，从一便士到几英镑的都有。

如今在美国的人，即便生活得再潦倒，也必须向华盛顿联邦政府缴纳多种名目的税款。相比今天要交的税款，那些早期的殖民者要交的税款根本就没有提的必要了。

但和规则有关的事并不止和钱有关。殖民地那些激情澎湃的演说家们对那些残害百姓的征税政策进行大肆批评，他们高喊要誓死保卫自己的权利，对于那些强加在人民头上的征税，他们憎恶至极。也许他们已经不记得了，即便他们还在自己的家乡待着，议会也不会站在他们这一边，即便是说句好话都不会。如果他们现在生活在自己的家乡，也和在新泽西、佐治亚生活差不多。

在这样的情况下，拥有选举权的只有不到十分之一的人，其他人都无缘选举，只能规规矩矩地交税，而且还要保持沉默。殖民地的那些反对派的领导们太了解这样的情况了，他们不愿意交纳任何税款，还摆出一个冠冕堂皇的理由——"没有权利就不交税"，这就使得逃税变成一种为了获得政治权利而进行的高尚斗争。

在这以后漫长的岁月里，双方的战斗都没有停歇过。为了得到更多的利益，英国政府不停地颁布新的法规，而殖民者为了抵制，采取了多种行动，甚至废除这些法规。

这时，乔治·格伦维尔一门心思扑在"研究这个问题"上面，最后向乔治三世做了一个口头汇报。他的报告很刻板无趣、严肃沉闷。在这以后，他就因为絮絮叨叨而被乔治三世赶走了，没有其他原因。

第二十章
法国糖浆和荷兰茶叶

美洲的英国殖民地有很多生活用品都来自于海外,当然得先有钱,才能买到这些东西。而要想挣到钱,就必须把自己的产品出口至海外。说起来这些都很容易,事实上也不复杂。假如你想把一些产品的加工材料弄进来,做成成品以后再以高价卖出去,这桩赚钱的买卖就算做成了。可是假如你想要的材料的价格和市场都被政府规定得死死的,那么你就有很大的可能会破产。

18世纪时,美国的殖民者和其他地方的人一样,都嗜酒如命。纽约人最喜欢松子酒、新英格兰人最喜欢朗姆酒、加拿大人则对法国科涅克地区出产的白兰地比较热衷。总而言之,就是处处都是喝酒的人。因为很多人都需要酒,所以主要的出口商品就变成了一些地区的朗姆酒。朗姆酒的制作材料是蔗糖和糖浆,所以那些清教徒们对蔗糖和糖浆有很大的需求。原本这些材料都是低价从周边的西印度群岛买过来的,可是大部分的岛屿都被法国和荷兰掌控着。所以,按照法律的规定,人们不能到那里购买。假如到那儿去买的话,就属于"犯法"。无奈之下,他们只好找自己的宗主国购买蔗糖和糖浆,可是在那里,商人们却把政府给予他们的权利加以滥用。

问:乔治国王那些忠心的子民——新英格兰的人们,会不远千里跑到布里斯托尔或者伦敦,从那里购买每吨100英镑的蔗糖吗?

回答:不会。尽管他们都对乔治国王很忠心,可是他们都不傻,不会愚忠。他们是从圣欧斯塔修斯或瓜达卢佩这些地方购买蔗糖的,价格是每吨30英镑。

问:乔治国王会赞同这种行为吗?

回答：显而易见不会赞同啊。

问：新英格兰的人们会因为政府的不愿意，就把自己的朗姆酒和蔗糖的经营放弃了吗？

回答：完全没有。

在相当长的一段时间里，上面的问题都可以进行一场辩论，这个话题非常好。

对历史上发生的事情进行回溯，你就会发现一个规律：老百姓们只要不饿肚子，就不会在乎自己的政府实行什么样的政策——古巴比伦就是如此。有时，我觉得因为酒而发生的暴力事件的确一点都不少于宗教所带来的。从这一点上，我们就可以发现一种现象：只要英国政府与那个和自己唱反调的团体处于胶着状态时，都会有一些反对者瞄准时机站到国王的阵营里，然后幸灾乐祸地看着自己的竞争对手。可是议会如果把茶、咖啡和酒都列为征税对象，那么将不利于任何人。这样的决定会威胁到浸礼会的根本利益，也会对贵格派教徒的根本利益造成影响，包括那些与之毫无关系的未知论者也难以幸免。其实人们当时只需要交很少的税款，即每磅只交3便士的税款。可是这件事却对很多人造成了伤害，当那些纯朴的人们举杯喝酒时，就会联想到自己是在容忍那些不讲道理的法律。

到最后，这些原本微不足道的茶杯（比喻那些小范围的暴雨）集中到一块就变成了一场破坏性极大的暴雨。归根结底，这一切都是因为每年那20万英镑的税款。我们不得不承认，没有人提前知道这件事情。在这之前，谁能想到战争会因那20万英镑就点燃呢？

美洲的殖民者们喝茶已经不是一两年的事了，已经离不开茶了，即茶已经成为

走私的人

他们的一种瘾。这时，普利茅斯和南特基特的船长们说："好吧，反正走私蔗糖的事我们一直在做，再加上一些茶叶应该也不是问题。"之后就驾船驶往库拉索，从荷兰的东印度公司以极低的价格运回来大量的茶叶。这样一来，人们就不用再因为想喝茶而和自己原有的思想唱反调了。

每隔几个月，来自于荷兰的茶叶就会填满新英格兰沿海地区的船舱。得知这件事情以后，英国商人很是气愤，所以就产生了极其严重的后果。对于这种行为，英国议会表示无法再忍下去了，想做个了结，于是东印度公司的茶叶都被源源不断地送到了美洲海岸，因为有了政府的支持，所以他们出售的价格比荷兰茶叶还低。

茶叶

那些公正的走私者们（他们这个社会阶级的号召力非常强）觉得，政府这样的倾销策略会对贸易的公平性带来不好的影响。所以，他们就通过媒体的方式对那些喝英国茶的人进行大肆抨击，用"背叛者"称呼他们，报纸大量登载了这些内容。

在日常的生活中，清教徒们通常都会把自己的真实感情压在心里，所以只要有人鼓动，他们就极易做出相应的行为，只要有了"合适的发泄"机会，他们就会牢牢抓住。每个地方的人们的热情被点燃以后，英国的运茶船就化成了灰烬。在波士顿，几个把自己武装成印第安人的年轻人悄悄登上了才从英属印度来的三艘大船，他们大无畏地进入了船舱，根本不在意船上有天花病患者，有很多人都在岸上看着这艘船，他就当着这些人的面，把船舱里的所有茶叶都倒进了大海。因为这件事，这些年轻人迅速成为马萨诸塞人们心目中的英雄。而在英国人眼里，他们则是强盗劫匪，恨不得将他们碎尸万段。

反抗者

最后,一切都好好的,他们也没有受到任何伤害。这时人们明白了一个道理:假如暴力活动是打着爱国的名义进行的,那么就不会受到任何处罚,所以就出现了成千上万的爱国者。这下那些卖印花的官员就要遭殃了。有时候他们的家会突然遭到抢劫,那些准备出售的印花基本上都变成了灰烬,这些官员也时常被地痞流氓欺负。

无论那些因为胆小而遵规守纪的人,那些在法律文件上把自己买来的印花贴上去的人,对这项法律是否认可,都非常有可能被涂得满身是柏油,还被粘上羽毛,之后再被游街示众。对于这些粗鲁的行为,法院也束手无策。

到了这个时候,英国政府不能再对这样的事情置之不理了。作为一个政府,不管怎样都不能容忍自己的百姓不遵守法律,假如这个政府不能以法律为依据,来践行自己的"政策",那这样的政府岂不是走到末路了?到了这时,政府要么把自己的东西拿上走人,要么用强硬的方式巩固自己的统治。可是在那个遥远的地方,应该如何操作呢?

美洲殖民地还有很多法院。可是这些法院对被告进行定罪,都取决于陪审团的意志,这就如同英国当地的法院。陪审团的组成人员通常都是和被告关系比较好的人,他们当然会向着被告,因此他们会竭尽所能地证明被告是无罪的。在这样的情况下,即便国王的律师们手里有再多可以对被告进行定罪的证据,被告通常都会被无罪释放。事情已经发展到这个地步了,现在应该如何是好呢?

有人提议如果下次再遇到这样的事情,应该交给英国处理。看上去,这个办法很合理,可是真的付诸实践,只会增加群众的怨气。原因就是,古老的英国很早就规定：不管是谁，只要到了居住地以外的地方，都不能被审理。事实上还有一个办法是可行的，那就是颁布一项新规定，被告的邻居不能作为陪审团的一员。尽管这种办法有可操作性，可是却不是最佳的处理办法。因为这样会让群众对政府的怨气更重，也会让人们有合适的理由发动叛乱。

可是这时非得采取措施不可了。殖民者们意识到现在最重要的是什么事情了，他们把自己的那点私人恩怨先放到一边，都把自己的代表选出来到联合议会上和宗主国政府的那些不切实际的规定相对抗。毋庸置疑，到了千钧一发的时刻，把过去

忠实的代价

的那点事先放到一边，一切重新开始才是最好的办法。如此一来，议会就不会颜面尽失，他们把自己的态度亮出来，让自己无论做什么事情都站得住脚，不滥用法律，这样一来，无论是过去，还是将来，议会都有对英国和其殖民地制定法律的权力。

议会本身是不会服软的，一开始，他们把一些恐吓群众的消息散播出去，说要尽可能恢复从前的秩序。而政府所说的"办法"就是警察和军队。独立战争因此被推到了第二阶段。

因为动乱地区被增派了大量的军队，主要职责就是在税务官们时常遭袭的城镇或者村庄上巡逻。这些在动乱地区的士兵，所受到的管束当然很少，再加上巡逻这件事情本身就特别枯燥，在这样的环境下，他们中间原本很憨厚的人也变得极易生气了。他们身上都有枪，这些枪可不是摆设。最后，当他们在波士顿巡逻时，因为遭到了小孩子的捉弄，他们一下子爆发了，大肆屠杀那些手无寸铁的老百姓。从此，这座城市就笼罩在阴影中了。事实上，这样的事情很早以前就出

现过。

　　这些无一例外都说明每代人都是在犯过错之后才总结经验教训，历史并不会让人们明白什么深入骨髓的道理，这也是无数历史学家多次陈述的观点。

　　有人也许会说："这样想会不会太消极了？"可是朋友，我只能跟你说，世界的创造者并不是我。

第二十一章
从边境上来的纯朴智慧

在乡间那泥泞的小路上,我们可以看到无以计数的农民冒着冬雨艰难地前行,还可以看到一脸鄙夷、牢骚满腹的英国士兵在前行,此外,附近还有枪炮声时不时传过来。还听到有人在问:"是谁让我们如此痛苦?为什么亲人之间不能和睦相处,为什么要这样?同是英国人,为什么不能团结呢?"

假如要我来回答这样的问题,我也只能用"不知道"回答你。在人类的发展过程中,有一些事的发生是不可避免的,就像注定的一样。就拿美国大革命来举例吧,假如这场战争没有发生在1776年,那么第二年它也会发生,即便到了第二年,因为一位才华横溢的政治家的出现,对当时的情况有所改善,让革命的爆发受阻,可是到了下一年,这场革命依然会爆发。因为这种冲突不但是利益上的,也是思想上的。要想把这样的问题解决掉,就只能通过战争的方式。

假如像宙斯一样对祖先的功过进行无所顾忌地评价,说什么"责任主要在这方或那方,其他人都是被冤枉的"是极其不妥当的。但我也必须把自己的观点表达出来:英国政府之所以犯下如此严重的错误,就是因为其对形势没有清醒的认知。在所有人——国王、议会、下属大臣们眼里,美洲殖民者都是英国人。他们也称得上是英国人——在自己的家乡遭受了无尽的压迫的英国人——从政治和法律这两个方面来看。

只是因为自己的父亲无力还债,他们的母亲就被埋葬在破败的坟场,自己就出生在贫穷的小院,自己的童年就在挨揍中度过,自己就要经历那段痛苦的难熬的日子,这是他们永生无法忘记的时光。他们是无辜的,可是却受到如此无情的折磨，所以这段经历一直印刻在他们心里，始终无法消除。

之后发生了一系列让人不堪回首的事情：他们坐着破败的移民船离开这里，在船上以馊掉的食物充饥，如果有人中途不幸离世，就直接被扔进了大海。终于，在经历了重重艰险以后，他们来到了这片新大陆上，却不得不给某个清教徒干活，或者被宾西尼亚的恶毒农场主奴役，不停歇地干活，就这样5年、6年、7年或者8年以后，才能再次恢复自由，得到一桶面粉和两套衣服。

接下来他们就要忍受野外的难熬时光。他们在郊外建了一所小木屋，可是四处尘土弥漫；由于一直以来都要砍树，他们落下了腰酸背痛的毛病；在种植农作物以前，他们必须一块块搬走田地里的小石块，通常累得腰都直不起来；妻子因为患病无药医治，只能在自己怀里死去；虽然连孩子们都养不活，可是他们依然要努力干活；虫灾让他们的农作物几乎颗粒无收；到处是蚊虫和那些把小鸡咬死的老鼠。相比贪婪的乔纳森·爱德华兹所描述的地狱场景，他们的生活比这一切还要糟糕一些。

很久以后，他们才终于筹到一点钱，讨了个老婆，至于是第三个还是第四个已经分不清了。孩子们也一天天长大，可以做一些力所能及的事儿了，像种地、喂猪一类的。他们修建了几间属于自己的房子，路也变宽了，这里也不再是他们孤零零的一户，多了几户邻居。他们很高兴终于拥有自己的土地了，不需要再卑微地对别人点头哈腰了。

在某一个风和日丽的早上，他们忽然收到一封上面盖有官方印章的信，里面写着模棱两可的话：某年某月某日尊贵的国王根据议会颁布了法令"特此命令忠诚于国王陛下的子民们……否则的话，就会受到……"从表面上来看，这样的行为没什么值得诟病的地方，可是殖民者们的脑海里会涌现出他们那不堪回首的过去。

任何一个人，只要凭借自己的努力，为自己开创了新生活，通常都不会屈服于强权的压迫。当他们的生活遭到"强权者"的压迫时，他们也只有通过公开反抗的方式，才能让自己的心灵得到慰藉。

对于在沿海城市居住的人们，是很容易受到当局控制的，原因是商人们的手里掌握着9成居民的借条，这些人也无法反抗。这个时候，传教士也忙着四处宣扬私有财产和官员是不能遭到亵渎的，这就使得剩下1成的人也对当权者俯首帖耳了。

可是交易单时常在密西西比河和俄亥俄河之间的宽阔地带莫名消失，人们强烈要求那些时常宣称乏味的教义的传教士们回到自己的"文明世界"中。那些自由的农民们在这片土地上具有多重身份——传教士、国王、商人、士兵。他们是凭借自己的意志对这个国家进行管理，同时也成为其他人学习的楷模。

当时那里的情况并不被大部分英国人所知晓，每当乔治三世听到田纳里县城穷困潦倒的老百姓向他申诉，说在瓦陶加人那里，英国国王那高高在上的权威根本就是空谈时，那些自负的英国人就会生气地说一些夸张的话。

他们原本想把几个非常典型的叛乱分子抓起来，震慑一下其他人，可是这件事说着容易，做起来却很难。形势不久就变得明朗了，那些人你根本就抓不到，那些叛乱分子也非常清楚怎么才能堂而皇之地逃脱掉。那些不停地在自家田地上干活的人，天天累得要死，既没有接受过什么教育，也没什么知识，也不会写多少字。只有等他们自己开口说，我们才能对其有所了解。

他们完全不理会政府的那一套，他们非常清楚，这片土地实行什么样的制度是最好的，也非常清楚，在大英帝国以外成立小社区，应该实行什么样的制度。对于那些暴动分子，他们很是敬仰，他们一直把枪带在身上，一直在战乱中生活。

现在，他们在这片荒原上得到了一次机会，也许对于他们来说，这是唯一的一次机会。无论如何，他们都会牢牢地抓住这次机会。一个世纪以前，清教徒都觉得自己是"上帝选择的子民"，他们的想法和清教徒不一样。他们的品行没有那么高尚。

他们非常了解自己的问题：一直以来，因为日子都非常难熬，他们养成了酗酒的坏习惯；对神灵不够敬仰、脾气火暴，也很凶残；情绪有很大的起伏，终日以泪洗面；所有的法律条文他们都不放在眼里。他们并不渴望别人能拥戴他们，也不渴望做一个遵纪守法的好市民。他们只想拥有自由，不被任何人干涉。

假如他们的需要没有在这个世界得到满足，他们就会说："那好，来吧……"之后全副武装，静观事态的发展。在相当长一段时间内，他们都在和大自然对抗，就是在这期间，他们拥有了相当好的耐性。他们心里很清楚，此刻最关键的就是先把对方的纰漏找出来。

第二十二章
亚当斯和其堂兄萨姆有所动作

假如在 1775 年，英国政府可以对美洲殖民地的情况多一些了解，就可以把很多不必要的麻烦清除掉。当时，放贷方的城镇和借贷方的农村之间积怨已久，他们可以把这样的关系派上用场，拥护一方，让其中一方支持自己以后，让其和另一方对抗，自己不需要干什么，就可以在那里拥有坚实的基础了。

那些愚蠢的英国官员最后吞下自己的苦果，从美洲自由事业的角度来看，不失为一件好事。新英格兰的银行家们和国王陛下任命的那些"骗子"与"印花税税收官"一样，在农村并不受人待见。可是英国政府有一步踏错以后，之后就在错误的道路上越走越远，最后使得两个相互仇视的团体站到了一起，和这个外来的敌人相对抗。为了共同的事业，他们选择先把自己之间的利益搁到一边，放弃内斗。

于是一场革命就这样逐步开始了：

"有 1 成的人愿意为了正义的事业奉献自己，还有 1 成的人宁愿把自己的生死放到一边。可是他们对形势的看待不太乐观，所以为了实现自己的目标，他们就想着采取非暴力的方式。采取漠不关心的态度的

有智谋的革命者

人有4成（以'实用主义者'自称），等着看哪一方取得了胜利，就站到哪一边去。余下的4成人就是'遵规守纪'的人，如果他们的邻居们遭遇了滑铁卢，他们就非常愿意幸灾乐祸地看着这些人被送上绞刑架。如果最后自己支持的这一方没有取得成功，那么成功的那一方就会把他们杀了。"

也许这几页的内容看上去太血腥了。我只能说很遗憾看到这样的事情，对那个时期的作品有所涉猎的人，都非常清楚如此残暴的事情为什么会发生。对国王忠心耿耿的人也好，献身于革命中的人也好，心中的绞刑架早已被放了下来。

也许很多人都不喜欢"革命"这个词，似乎也无法接受"美国革命"这样的说法，这些革命者都接受过良好的教育，当战争中的一方到了必须投降的境地时，双方都可以非常友善地对待对方，彼此谦恭以待。这样的局面被福熙[1]和兴登堡看到以后，也赞赏有加，受到了很大的触动。

假如要对其中的原因进行说明，也许是因为18世纪战争的参与者都是绅士，他们有一套非常严格的规则。那时候战争的结果都是无法预测的，因此人们对待敌人都非常友善，因为他们担心哪一天，对方就会报复自己。

况且，美国战争的发生，并不是因为什么根深蒂固的仇怨，所以，不会像欧洲的多次战争一样非要杀死对方才算数。有一些英国总督和他的属下们老是喜欢显摆自己的权势——愚蠢且奸诈，他们觉得殖民地的人民都是卑微的，所以他们遭到人们的厌弃也是情理之中的事。这些人总是喜欢在美洲人面前趾高气扬，一副天下我最大的架势，即便是性情再温和的人，看到他们这样也会气得想结束了他们的性命。他们会让从美洲来的人长时间待在冰冷又昏暗的接待室里，只是为了多喝几杯美酒。

这些官员平常倒也很温和，只是被逼急了才会变得残暴，所以，在美洲大陆上发生的血腥事件，并不能把责任完全归咎于那些英国官员身上，殖民者本身对宗教的狂热也是其中一个很重要的原因。美洲人之所以会反抗自己的宗主国，原因就在于英国人将来会怎么对待他们，而不在于英国人过去是如何对待他们的。美洲的殖民者们想摆脱英国国王和政府的压迫，想保护自己的权利。

---

[1] 福熙，法国元帅，曾在一战中出任法军参谋总长、协约国总司令。——译者注

起义军官首领们对这一点再清楚不过了,所以他们先不理会民众的控制(鱼与熊掌不可兼得)。可是这时所有人——小人物也好,贱民也好,普通民众也好(革命的首领人物都是大庄园主和大商人,只是在自己的阶层中颇有影响力,并不能影响其他阶级),都没有凝聚到一起。只有把他们拧成一股绳,在古老且严肃的法律下,独立的自耕农社区才能持续存在,所有的事情才能平等有序地进行下去。

本章的标题只提到了约翰·亚当斯和其堂兄萨姆两人,可是宣扬独立的人并不仅限于他们二人。在众多的爱国主义者中,比较典型的人物有萨姆和约翰,他们的确也有一些地方与众不同。在当时那样的情况下,他们可以成为革命的首领,可以像任何人一样为了独立而战。

亚当斯出身于一个古老的英国家族,17世纪30年代后期,他们一家人从德文郡搬到了马萨诸塞地区的昆西市。他们都勤勤恳恳地干活、耕作。哈佛学院一成立,他们的孩子就被送进去学习了,他们希望自己的孩子可以多学一点东西,将来在某一门学科上有所成就。

约翰学的是法律,1775年从哈佛大学毕业,之后根据自己的专业特长,做了一名律师。他这个人非常执拗,很难和别人好好相处,可是他的信仰非常坚定,所以在那个动荡不安的年代里,他依然能够有所作为。他就像是出产于佛蒙特的大理石一样,坚韧不拔、冷静认真,对于是否得到民众的拥护,他们根本不关心,也毫不在意国王怎么想。

他的堂兄萨姆和他是截然不同的两种人。萨姆也毕业于哈佛,可是比约翰早了15年,而且他和城里所有人都相处甚欢。当他听说要爆发起义以后,就把自己家的酒厂关闭了,一腔热情地成为起义军的一员了。这个人领导力特别强,在波士顿港口的倾茶事件中和马萨诸塞地区各个城市的会议上,他都表现得非常好。

这两个人当时都是反对派的一员,可是并不会影响到英国什么。尽管很多真相已经被殖民地的人们所了解,可是他们自身就是英国人,而且也有继续做英国人的愿望。他们深信,只要把道理讲清楚,就可以把事情解决掉。此外,他们还想把这里发生的所有事情都传播到大洋对岸,让同胞们都了解,之后大家就相安无事地生活,井水不犯河水。

  他们准备好好劝诫一下自己的同胞们,让他们明白自己是怎么想的,于是拟定了一个协议。殖民地的代表们于1774年9月5日,在费城召开了一次"大陆会议"。"通讯委员会"这一民间治安组织得以成立,主要职责在于把官方的最新消息发布出去,让爱国者们都对当时的情况有所了解。为了让保守的英国托利党逐渐明白美洲人提出的要求并不过分,他们还进行了合情合理的宣传。

  那时是1775年4月。

  第二幕已经准备好了,马上准备上演。

第二十三章
殖民军司令的坏消息瞒不住国王陛下了

爱尔兰梅奥郡的查尔斯·博伊科特上尉和在他土地上干活的人于40年之前起了冲突,最后,农民们都一致认为他的行为令人发指。他的邻居们开始把他当空气一样看待,觉得他是透明的,他的东西失去了购买者,他也没有了交谈对象,也没有了吃的,从别人那里他也买不到东西,他的牛奶也没人帮他挤,他的信也没人给他送。

之后,人们采用非同一般的方式向某个集团或某个人施加压力时,就会用博伊科特这个名字代替,即时常挂在人们嘴边的"联合抵制"。如果哪个地方用上了这样的方式,那么就意味着这个地方出现了大问题。如此一来,不但会惹恼被抵制的人——这样的情况也是很无奈的,受到抵制的人还会觉得自己很丢脸,很快就没有耐心再反抗了。

举例来说,假如英国的棉花或者美国的菜豆都在中国广州卖不出去了,也就是说,中国广州的人联合起来抵制英美货了,那么英美两国的商人们只能干着急,根本找不到应对的方法。爱斯基摩人也好,中国人也好,只要英国棉花或美国的菜豆失去了市场,都是不能采取强制性措施的。当商人们被逼到这种境地时,极易失去耐心,时常会做一些傻事,并公开声称会把军舰派上用场,还写信给报社说要即刻吹响战争的号角。

对于这些,美洲的反对派们早已做好了充分的思想准备。在费城举行的大陆会议上,《人权宣言》在美洲的反对派中被通过,而且对殖民地上很多人所遭受的迫害进行了严肃的说明。这个举动非常令人赞赏,可是那些文件并不会有多

讯号

少群众去看，只会让官员们感到恐慌，他们高声说道："看哪看哪，这是要谋反吗？我们不能再坐视不理了。"遗憾的是，没过多久，人们就忘记了这份文件。

可最后在那次会议上，还是通过了一项决议，后来的事实证明，这项决定带来了非常深远的影响。这一项决议是这样写的：自此以后，只要你想拥有自由，就不能再和英国的商品进行交易，而且任何英国的商品都不准使用。

可惜的是，在美洲殖民地上，这项决议带来的反响是极其剧烈的，当时很多商人依然对自己的宗主国忠心耿耿。在这些人看来，自己应该如何做生意，应该和谁做生意、在哪里做生意，决定权都应该在自己手上，可是如今却被莫名其妙地用了"私刑"，人们毁了他们的所有货品，还砸了他们的店铺。而他们全身也被柏油涂满了，还插上了羽毛，然后就在一群流氓混混和爱国者们的驱赶下，被迫离开了自己的家乡。而遥远的英国的局势也发生了很大的变化，那些工厂老板们和英国的商人都大声抗议，要马上采取措施，唤醒那些完全被造反情绪所感染的殖民地民众们。

当美洲的人们看到了英国的报纸以后，很快就意识到反殖民地的情绪充斥着整个宗主国，费城、波士顿和诺福克的起义首脑们这才发现形势很不妙。他们当然希望宗主国马上展开报复，把军队派到马萨诸塞去，封锁整个美洲海岸。这时，就得早点做准备了，"通讯委员会"（指一些非官方组织的革命运动）开始在各地组织大规模的活动，开始大批量购进火药，将所有可以使用的燧发枪都准备好，为了不让政府机构发现他们的行动，他们找了一些适合把枪支弹药藏起来的地窖。为了对人们进行时时刻刻的监视，那些人时常换装，这下可惹恼了美洲人。

虽然这些都只是人们道听途说来的，可也不是空穴来风。驻守在波士顿的托马斯·盖奇中将的手下们异常活跃，不仅非常清楚地知道殖民地的人们把大量的武器藏在康科德村，还知道反对派的约翰·汉考克和萨姆·亚当斯这两位非常优秀的领导人，正在米德尔塞克斯县对人们进行大肆鼓动。他马上决定把军队派出去，把那些没有公民权的爱国者抓起来，还把反对派们的武器基地给捣毁了。之后，他们把这些爱国者带到了英国伦敦的法庭。

当时那个年代可以说是乱作一团，局势也比想象中复杂，谍中谍、环中环随处可见，彼此都处在对方的监控之下，很难在这种事情上占到便宜。当史密斯上校准备12个小时以后率兵北上，波士顿"安全委员会"就派了三名美洲青年送信给米德尔塞克斯人。他们分别是保罗·里维尔、威廉·道斯、塞缪尔·普雷斯科特。为了把消息早点送给汉考克和亚当斯，第一时间安排撤离，他们以最快的速度到了克星顿。当第十步兵团次日一早来到克星顿的公共区域时，一群勇敢又提前有准备的农民将他们拦住了。

一直以来都没有人知道打响第一枪的人是谁。

可是的确有人开枪了。

接下来就响起了激烈的枪声，原本沉寂的原野开始变得热闹。八名美洲人浑身是血地倒了下来。

似乎这决定命运的一声枪响，一直都在全国人民的期盼中。

英国军队顺利抵达了康科德，只是在返回波士顿的途中几次三番遇到伏击，遭到了严重的挫败。无奈之下，盖奇只能让皮尔司勋爵把两门野炮带上，给后面的部队提供掩护，这才救回了落后的人员和受

革命士兵

第二十三章　殖民军司令的坏消息瞒不住国王陛下了

了伤的战士们。

当时殖民地的人们所使用的武器是一种打鸟的枪,是祖上就有的,这种武器要想瞄准很难,假如这些人的武器再精良一点,这些英国士兵就死无葬身之地了。即便如此,英国军队在抵达查尔斯顿渡口,进入波士顿要塞以前,就已经损失了三分之一,即273人(包括伤亡和失踪的人数)。

用星星之火可以燎原来形容这场战争再合适不过了,新英格兰的每个地方都快速被它点燃了。"通讯委员会"的通讯员们忙得不可开交,把这个好消息传播开去,激励那些直到现在还在犹疑的人们把手中的武器拿起来,共同进行这项伟大的殖民地解放事业。这场很快就要打响的战役首先吸引了最南部和西部的大部分地区中饥肠辘辘的人,他们先到马萨诸塞去了,想给牺牲在康德科的战士们复仇。

就在这时,盖奇发现自己联系不上外界了。于是他就想从起义军的手中把邦克山的最高点夺回来,可是他没有成功,不仅如此,还有1500人因此丧生。他想通过谈判的方式,把这所有问题都解决掉,可是也以失败告终。这还不是最伤心的事情。

第二届大陆会议于1775年5月10日在费城召开。所有的殖民地(殖民地一共有13个)代表无一缺席,这是所有殖民地的代表们首次围坐在一块,这是具有历史性的时刻。他们都将自己心中的想法和感情说了出来。到了关键时刻,这些一直怀有疑虑的小独立王国都把以前的仇恨先放到一边,向共同的目标迈进。

事到如今,局势已经很明显了。

所有殖民地的人民都忽然加入到这场公开的叛乱中,连他们自己都被吓到了。他们并不是很愿意看到那些整天在自己身边晃来晃去的长老会教徒、荷兰改革派分子和贵格派教友,就像他们的起义领导人所说的那样,要么被一起送上断头台,要么被依次送上断头台。当出现关系到性命的局面时,人们通常可以团结在一起,共同战斗。

所以,人们拧成了一股绳。参与者有沿海地区那些让人厌恶不已的银行家们、时常被叫作"贵格派"的放债人,以及典当行的老板们。他们也非常乐意和衣着朴素的庄稼汉们共同做事情。可是居住在遥远的地方的农民，对于那些来自于大城市的、衣着华丽的人，通常怀着敬畏之心。革命的发起人原本是新英格兰的商人们，可是假如在俄亥俄河谷被驱赶的印第安人老百姓和那些沿波托马克河岸边种植各种烟草的农民没有大力支持他们，革命要想取得成功，也是不可能的。

1775年6月初，约翰·亚当斯提议由弗吉尼亚地区费尔法克斯郡的乔治·华盛顿出任美国起义事业各路部队的总司令。很多人都对这一提议表示认可，所以，这项提议就通过了。

当晚，乔治·华盛顿——在美洲拥有最多土地的人，用心做了一支鹅毛笔，写了一封信给自己的妻子：

"我最亲爱的珀西，我非常严肃地向你保证，我不但没有想过要向这个位置努力，而且还尽可能离它远远的。不仅是因为我不想长时间和你以及家人们分开，而且还因为我自视能力不足，没办法把这项工作做好。你要相信我，我是真心实意地说这些话的。"

写好以后，他就把自己的行李收拾好，到纽约去了。纽约的人们纷纷来到街上欢迎他的到来。一支当地的民兵队伍负责保护他的安全。几天以后，城中的百姓又热情满满地来到街上，欢迎来自于英国伦敦的新总督。依然是那支民兵队伍负责保护其安全。

1775年7月2日，华盛顿抵达坎布里奇。他的口袋里有一份正式的委托书，这一张小羊皮纸是当时美国大革命仅有的可见的财富。

第二十四章
披上了旧军装的乔治·华盛顿将军

各种传言将这个刚刚走马上任的弗吉尼亚人包围了。他说话的时候语速总是很慢,却丝毫不影响他的威严,他借用了克雷吉旅馆的最底层,全心全意地治理着这个地方,他想要扭转这样的状况和局面。那时的状况完全可以用非常糟糕来形容:一部分民兵没有枪支但有制服,一部分远道而来的人们有枪支却又没有制服。那些倒卖武器的商人企图利用这个机会发一笔横财;别国的有能之士虎视眈眈;委员会的成员们对很多问题都充满了疑问;那些爱国人士对国家的期望不切实际;传教士们满世界布道;敌军的堡垒分布图被英国逃兵掌握;保皇派心中的希望仍然没有幻灭;赌鬼手上的骰子里全都是铅;"我们之前拥有的东西究竟去哪里了?"这是那些迫于生计不得不参军的人们所思考的问题。

用简简单单的几句话是无法解释所有这些形形色色的人的。

我们的华盛顿将军出生于威斯特摩兰县的里奇斯克里克,体重220磅[1],身高有6.3英尺[2],44岁,在那个时期,他的骑术还是很有名的。那时的弗吉尼亚有许多古老的家族,那些家族都很有威望、德才兼具、令人敬仰,而他的家庭也是其中一个。后来他去到了芒特弗农庄园(建在托马克河畔附近,以英国海军将领爱德华·弗农的名字命名)。原本他同父异母的哥哥劳伦斯(1752年离世)是这座庄园的主人,可是他们兄弟之间感情很好,因此在他哥哥得了肺病以后(他们家族都有肺病),为了让他有一个舒适的养病场所,他就将他带到西印度群

---

[1] 220磅,大约为200斤。——译者注

[2] 6.3英尺,大约为1.92米。——译者注

岛疗养去了。

不过很遗憾，最终劳伦斯还是被死神带走了，乔治也染上了天花病，后来他的脸上由于天花病而留下的痕迹一直都在。他不喜欢笑应该就是这个原因，或者说他本身就是个很严肃的人，也有可能是由于他非常喜欢去教堂做礼拜的缘故。除了这些，他对那些出色完成自己工作的人会大加赞赏，会十分诚恳地感谢你。若是那些饥肠辘辘的士兵们打劫了一个市镇行政委员会成员的养鸡场，而你也由于这件事受到了牵连，那么他会毫不犹豫地站出来为你辩解。不过要是因为你的疏忽或懒散让英国士兵有了可乘之机，那他绝对不会给你好果子吃，你就等着挨骂吧，他骂人的水平丝毫不会比水手骂街逊色，他能将你骂得分不清东南西北，你又会觉得他骂的头头是道，完全没有错。因为这是一场性命攸关的战争，不是儿戏，在战争中不骂人的人应该没有。若是他觉得你必须吃饱了才能出色地完成工作，他会大方地请你吃一顿，这也是人之常情。他不遗余力地为公众服务，不过他从不在意会不会有回报。一些人说他的钱多到花不完，他做的一切事情只是为了尽自己的义务，至于薪酬，他从未想过。

事实上在弗吉尼亚，他拥有很多的奴隶和土地，这辈子即便不工作也能活得相当滋润。他确实很有钱，但人们说他是百万富翁也有些言过其实。他还娶了玛莎·丹德里奇为妻，那个女人非常美丽，是个很有钱的寡妇，她是带着两个儿子嫁给华盛顿的，因此他的财产又多了几十万。这两个孩子很得华盛顿上校的喜爱，他对他们严格要求，尽心尽力教育和培养他们。总而言之，他是一个不折不扣的好人，谁都不会背地里对他恶言相向。

若是有什么地方是他想去的，那任谁都是阻止不了的，和他一起去就是最好的

对革命持怀疑态度的人

办法。人们觉得这应该就是"领袖的魄力"。他曾竭尽所能资助布拉多克的正规军，可是持续了几年就放弃了；他曾经加入过驱赶印第安人的战争，当过法国军队的俘虏；在23岁那一年就成为弗吉尼亚地区联军总司令；他曾掌管了老路易手中的杜克斯内堡，还将其改名为皮特堡；他是圣公会的成员，却没有狂热到要当长老会的教徒；"互惠互利的双赢"是他长久坚持的人生格言。所以你只要认认真真完成你的本职工作，他就会对你很好，还有，你要是向他汇报什么事，一定要思路清晰、简明扼要，因为他的时间很宝贵，不会有太多的时间听你废话连篇。

对于他，我们就暂且不提了。那时的状况简直糟糕透顶。就连一门大炮都没有，更不用说别的了。以莱克星顿的撤离来分析，无论多么勇猛的士兵，遇到炮火就无能为力，所以只要野炮在盖奇手中，那么波士顿就属于他。

在如此艰难的状况之下，革命者们这一边被幸运之神眷顾了。之前英国的殖民者建造了蒂康德罗加和克朗波因特两座堡垒来抵御法国人和印第安人的进攻。而此时的加拿大已经脱离了法国的统辖，这座城堡就闲置了，所以他们将这里变成了堆放武器的仓库，看守的工作就交给了一些年长的士兵们。

1775年5月10日，这两座堡垒被一个名叫埃森·艾伦的佛蒙特人率领族人占领了。与此同时，一个人用旧帆船改造了一艘应急军舰，沿着尚普兰湖往南攻下了圣约翰堡，因此起义军们拥有了40门野炮。

到了秋天，伯克舍山脉被皑皑的白雪覆盖着。一个波士顿的书商十分聪慧，想到了一个好办法，在马萨诸塞的多切斯特高地上，将那些从纽约中部运来的武器上装上了从英国军需船——"南希"号上得来的炮弹。因此大西洋沿线的一多半地区就被美国人掌控了。

英国人和那些愿意追随乔治国王陛下的美洲人，在1776年3月17日乘船抵达了新斯科舍的哈利法克斯。他们占领了这座城市之后，一支训练有素、军纪严明的正规部队进入了城中，他们早已不是之前阿特马斯·沃德将军在坎布里奇公共牧场引荐给司令的那些虾兵蟹将了，那些在坎布里奇公共牧场见到他们的群众也重新认识了这支部队。

之前在街市上巡逻的英国国王的士兵们，很骄傲地说自己是一名英国人，不过现在他们拥有了自由选择的权利。

美国联军在军事上已经掌握了主导地位，他们打算先看看形势，心平气和地摸清具体情况后，再来制订作战计划。

"费城的状况是什么样的呢？"

第二十五章
古典教育的优势得到了托马斯·杰斐逊的验证

在五六十年以前的人们眼中,中世纪的历史通常是一场永不衰退的舞台剧,不断上演着落难公主、圣徒、繁华盛大典礼以及各种绞刑架的片段,是一段五彩斑斓的历史画卷。

那些表面上很诡异的事情几乎没有什么意义,只不过是一座危机四伏的历史废墟。通过现代历史学家的仔细研究,我们弄清了一个事实:无论那些人是8世纪的、12世纪的还是14世纪的,跟我们基本都差不多,只不过他们穿的是盔甲或天鹅绒的上衣,仅此而已,是人为因素造成了那些我们认为很奇异的巨大差异。竭尽全力在这个世界上生活是我们和我们的先祖们共同的理想和愿望。

对于建筑方面的事情,我们必须摒弃以往的观点。当我们的祖先看到中世纪时期的城镇时一定会说:"那些高大的城墙和城楼是多么有趣啊!这些建筑最初兴建的意义,肯定是用来抵御那些与强盗一般的贵族和国王的入侵,借此来保全自身的利益不受侵害。"

事实上这只是其中的一个理由,中世纪的防御系统不只针对外人的入侵,更是为了让居民们都禁锢在这座城中。在平民百姓的眼中,那些令人恐惧的战争,足以和司各特小说里写的那些豪门贵胄们抢夺地盘的战争相媲美。

中世纪时期的老百姓,对于爱国主义没有什么概念,但他们极其爱护自己的家乡,至于国家和民族这类的问题根本不在他们的考虑范围之内。他们不能违抗皇帝或是国王的命令,就像在当今的社会,我们也必须尊崇那些让人厌烦的制度一样。它们切切实实地摆在我们眼前,所产生的作用力非同小可,对此我们无能为力，唯有遵从。

当法国和西班牙两国交战时，不难想象，法国军队一定会将西班牙的城堡围得水泄不通。一样的道理，法国的城堡也是如此。为了保全巴黎这个和自己息息相关的城市，法国的城堡护卫队一定会拼死抵抗，那么西班牙的护卫队也一定不甘示弱，愿意牺牲一切来保护自己的家园，将那些企图掠夺城堡和城池的法国雇佣军彻底消灭。

在这样的时刻，那些老实巴交、无路可走的老百姓们忍饥挨饿，只有在祈祷战争快点结束的愿望中慢慢等待。摆在他们

死于革命的人

面前的只有两条路，第一条就是竭尽所能、倾其所有来支持自己的同胞们，以这样的方式来回报为守护他们的家园而投入战斗的勇士们；第二条就是无动于衷、不管不顾地眼看敌人获得胜利以后残忍地毁灭他们的家园。无论哪一方获得胜利，等待着他们的生活就只有无穷无尽的贫穷。

没有任何一个人想遭受这样的境遇，为表忠心，饥饿无比的他们以老鼠为食，他们会打开城门，去劝诫交战的双方："你们想怎么样我们无力阻止，不过上帝的眼睛可是雪亮的，不要再过这种打打杀杀的日子了，我们的生意还是得维持下去呀。"

阻止叛变是护卫队的首要任务，所以，我在前面所讲的城堡的另一种作用就体现了出来，这种建筑的优势就是能够让护卫队很轻易就掉转枪头指向自己的同胞。中世纪的护卫队曾在美国革命中扮演了重要角色，他们一边抵抗英国的进攻，一边还要提防保皇派兴风作浪。

这些事情已经很久远了，对于当时追随于英国国王陛下的人数我们已经忘却，不过他们的队伍非常壮大。他们大都来自富裕阶层，随时都有揭竿而起的能

力，这正是他们厄运的缘由之一。放高利贷是他们的主业，所以小农场主们对他们深恶痛绝。而此时的小农场主们已经是独立军的成员了，有一雪前耻的机会当然不能放过。他们公开告诫这些"背叛者"，等待他们的将是什么下场，尽管那些保皇派们不愿意听，那也没办法。

若是美国人打了败仗，他们不定会干出什么事来，不过革命的势头日益高涨，保皇派们自始至终都没有一展拳脚的机会。

不过英国人也不是那么好惹的，有最新的消息从伦敦传出，说英国政府正在欧洲大陆上大肆招兵买马，打算用这些雇佣兵来攻占美洲大陆。大敌当前，华盛顿和他的部下们非常镇定，因为那些英国职业军官的能力他们一清二楚，所以根本不足为惧。更何况，这片草原的一草一木，战斗的地点，他们都非常了解，这里粮草丰富，任何时候都不用担心粮草的供给，在这里该用什么样的战术他们也胸有成竹。而且那些雇佣军全都来自民间，都是没有接受过正规训练的德国农民，这就更不足为惧了。

他们最为忧心的是那些革命热情正高的人们的高尚情操会一直高涨吗？足以坚持到赶走共同的敌人的那一刻吗？星星之火真的足以燎原吗？有一个问题一直摆在眼前：大西洋沿岸这片沃土的主人究竟是英国人还是美国人？除了这个，还有应该由哪个派别来管理新的美利坚民族？商人、贵族和放贷人为一派，小贩、农民和民主派为另一派系。

很快就会大敌压境了，所以我们就要将两个派系融为一体，齐心协力对抗敌人，因此制定合作纲领是很有必要的，就算合作无法长久，但只要能够坚持一段时间，哪怕一两个月也行啊！

此时华盛顿实在抽不出时间来干这份工作，因为他正忙于训练他的新兵。这时就需要一个集智慧、魄力、口才、能力于一身的人才来做这件事，很显然约翰·亚当斯是不行的。当费城第二次集会召开的时候，一定要让那些代表们统一思想，此时一位弗吉尼亚人的出现让事件有了转机。

这个人就是托马斯·杰斐逊，他和华盛顿一样出身于地主家庭，因为他的父亲和兰道尔夫家族联姻了，他们两个都是地地道道的南方人，不过这是他们唯一的相似之处。以社会地位和出身来论，说华盛顿是"贵族"一点都不为过，他拥有全美最大的几个庄园，这些庄园都建立在肥沃的平原种植园的土地上，并且是建在殖民地以前。而杰斐逊却成长在偏远的吉领山区，生活于农民之中，东部的文明在上大学之前对他而言是完全没有概念的。他读书的学院是荷兰人威廉和他的英国夫人在1693年创建的。

据说，路德的思想和教皇的生活方式很受16世纪伟大人文主义者伊拉斯谟的青睐，而贵族的思想和民主的生活方式却是杰斐逊比较喜爱的。

华盛顿和英国军队打仗时特别喜欢搞排场，他最爱听别人叫他"阁下"。他的一些对手认为他在效仿皇家礼仪，这恰恰是爱国者们最厌恶的东西。杰斐逊与他不同，他生长在阿尔伯马尔县，他带给周围人的印象是纯朴善良。那种奢华浪费的生活让他鄙视，在贫民的眼里，铺张浪费是一种可耻的行为，没有丝毫用处。当自身具备了观念和想法时——往往能够在锦衣玉食的人中看到这类人，因此杰斐逊就变成了真正的贵族。

潜意识里人们都认为是那些饥寒交迫的穷人发起的革命，不过他们其实都只是一些棋子，必要的时候推出去当替罪羊。那些为了理想而忘却生死、付出一切的人们中，领头人一定是那些有智慧的贵族。这类人的杰出代表就是杰斐逊。

他极度迷惑，为什么他跟华盛顿一样总被人们误会，也像华盛顿一样遭受辱骂、妒忌、中伤。华盛顿（抑或说那些名副其实的伟人）根本不会在意别人的背叛，杰斐逊也是如此。自己为这个国家所做出的贡献有多大的影响力，他心知肚明。他也很清楚（就如同我们现在所知道的一样），在他的努力下，13个彼此憎恨的殖民地团

痛苦的远征

结到一起，还有了一个共同的信仰宣言，正是因为这个宣言，美国人才在全世界人民心中拥有了一定的地位。一直以来，有很多国家无数次想要在政治上获得自由，而正是由于他的功劳，美国才站在了这样的革命者最前面。

在第一届大陆会议上，"效忠"成为一个热门话题。少部分激进分子们心里都非常清楚，离开宗主国是早晚的事，可是他们无法让自己的邻居们也同意自己的观点。之后，世事变幻。北美独立派和英国人首先爆发了战争，最后的结果是英军败了。可是"农村"和"城市"之间的关系却愈发恶劣了。看起来，很多地方的内战都一触即发，有一些地方甚至处于无政府状态。

在这样的情况下，人们都觉得必须采取相应的措施了。只有推翻旧的政体，再成立一个独立的共和国，才能让那些彼此独立的派别之间取得联系。可是如此一来，就意味着和宗主国完全没有关系了，这就使得那些一直犹疑的人必须把自己的观点亮出来——要么死在绞刑架上，要么死在战场上。

1776年6月7日，理查德·亨利·李（他和华盛顿一样，也是从弗吉尼亚来的）和自己的殖民地领袖经过长久的商议，终于商量出如下的解决方案：

首先，合理解除了和大不列颠王国的所有政治关系，把殖民地联合起来，与英国解除所有从属关系，成为自由的独立邦国；其次，必须采取一个万全之策，达成一个政治上的联盟；再次，正在准备建立殖民地的方案，到时候会由各个殖民地来审核和批准。

来自于马萨诸塞的约翰·亚当斯对这一提议表示认可，委员会于是就开始拟定一份正式的文件。这份文件将要告诉全世界的人们，英国国王非常恶劣地采用了一些非常不友好的方式，让民众都愤愤不平，原本想要对祖国效忠的人，现在只好采用这样的办法来解决问题，和宗主国之间不再有任何联系。

这个知名的委员会包括罗杰·舍曼、本杰明·富兰克林、约翰·亚当斯、罗伯特.R.利文斯顿，以及托马斯·杰斐逊。

舍曼和利文斯顿主要是想得到纽约人的支持（纽约殖民地上的人们很喜欢英国），才被选到委员会。在讨论初稿时，这两个人都没有过多参与。亚当斯和富兰克林只是稍事修改了一下句子的结构而已。所以，可以这么说，举世闻名的

《独立宣言》的完成者就是托马斯·杰斐逊一个人。这部独立宣言不但把他的政治观点体现出来了，而且也把他的人生哲学体现出来了。

杰斐逊这人知识渊博、才华横溢。这一点他可不同于华盛顿。杰斐逊对约翰·洛克印象很深，几乎无人能比得上他。洛克和斯宾诺莎生长于同一时代，"我们应该尊重每个人自己独有的信仰"就是他提出来的，而且在提出这一理念的学者中，他也是英国最早的学者之一。

我们不知道洛克是如何得到这一理念的，可是在17世纪后半叶，他曾经流浪到正好独立100年的荷兰，这个国家当年借助一份文件宣布独立，内容是这样的："上帝派来的每一位君主在对自己的子民进行管理时，都要学习放羊人管理自己羊群的方式。子民们的存在并不是为了满足国王的利益。反之，国王之所以存在，是为了满足子民们的利益。"

杰斐逊以荷兰前辈们为榜样，做出了这一份《独立宣言》。他详述了对于生命和政府，他是怎么想的，之后就对一直以来劳苦大众所遭受的不幸进行陈述，即美利坚合众国的人民（把荷兰的荷兰联合省人民去掉了）所经历的困苦，很多都是拜英国国王乔治三世（把荷兰文件中的菲利普二世去掉了）所赐。最后他得出了一个结论：子民们到了走投无路的境地，只有宣布独立这仅有的一个办法了。

召开大陆会议时，又对这份宣言进行了深刻的探讨，之后有人提出了一些细节上的修改意见，这一晃又过去了很久。直到1775年7月4日晚上，还没有把最终的稿子确定下来，委员会依然忙个不停。7月5日，一份打印好的复印件分发到了革命军指挥官的手中。直到7月8日，可以向市政府广场上的费城居民直接宣读的形式才

独立

确定下来。7月19日（纽约代表团始终没有定下来），才决定在一张宽大的羊皮纸上把宣言写下来。

8月2日，抄写员把最后一项工作完成以后，就到了签名环节。所有签署人的姓名都位于这份文件的最下面，其中外国人有18个，出生于殖民地外的人有8个，其他一半人都是英国人的后裔。

从这可以看出，我们的民族的包容性从民族诞生的那一天开始就已经具有了。在开垦荒原的那段艰难的日子里，那些在旧时代没有权利的人就已经拥有了这样的理念。

第二十六章
国王乔治三世就像一个英雄一样

那么，在宗主国人们的心中，这样一件对国家荣誉有损的事情又是什么样子呢？他们一开始保持着沉默，原因是前段时间，他们才从一场旷日持久的战争中抽身，他们的生活因此遭受了很多不幸，使得他们根本没有心思，也无暇去听"少数殖民者"的埋怨。可是他们逐渐发现，这件事情并没有那么简单。当他们对事情的起因进行追根溯源时，他们就暴跳如雷。

在和加拿大的法国人的战争中，最大的获益者是谁？是那些美洲的移民！是谁在后方不停地给这支部队提供补给？是英国人！这件事公平吗？

那些忠厚的英国人从自己所看到的事实出发，一定会把头摇得像拨浪鼓一样。他们还会义正词严地把自己的观点表达出来，在他们看来，一些战争中的消费应该由弗吉尼亚人和新英格兰人负担，即便只负担几百万里面的几个英镑也可以，再不济几个便士也行。

他们很熟悉殖民地一直以来的一个口号"无代表权就不纳税"。再回到自己身上，发现自己也没有什么代表权，却还在纳税。居住在伦敦的人们都可以这么做，波士顿的居民应该也可以做到啊，这才合情合理啊！

可是这其中是不一样的。无论议会中有没有英国人的代表，在英国人眼里，议会都是大英帝国所有政府机构的基础，也是对英国所有自由进行保障的组织。

他们的祖先付出了生命的代价，才使得议会的权力比王权还要高，可是这时出现了一个杰斐逊，这个以阁下自称的农夫竟然说议会的权力只能在大不列颠岛行使。这就意味着，如果不在这个范围内，相比那个愚蠢的市民议会，议会的地位也与之差不多，殖民地的人想要拥有独立管辖权，当他们得到利益，或者找到理由以后，这件事情可以说真是不得了啊！假如连这样的事情都得到了允许，那么以后让其他的地方遵守法律不就没有说服力了吗？那些志向高尚的人要如何处理呢？在面对马斯顿和纳斯比辛苦战斗的克伦威尔与他的手下们时，难道不会觉得羞愧吗？所以，一定要让那些移民们知道这样一点：他们和所有英国人一样，一定要严格遵照议会的决议行事。

尽管乔治三世在行动上不太利索，可是他还是很聪明的，也拥有卓越的政治能力。和他那位极负盛名的堂兄、普鲁士国王腓特烈一样，他的政治手段也非同一般。这位国王和自己的大臣们对于美洲殖民地这个问题的看法是一致的，在他看来，这件事就是一个绝好的契机。因为当时他正烦恼于和那些让人讨厌的辉格党人之间的纠葛，他想借这件事，让自己的王权跑到议会的头上去，此外，还可以让下议院也支持他。这样的机会曾经降临在很多在位的君主头上，可是只有乔治三世把这次机会好好把握住了，以至他和自己的臣民们在7年以内都相处融洽。很多人都在美洲出现叛乱这件事上，站到了国王的阵营里。

一支鹅毛笔的影子

其中也包括以威廉·皮特为代表的少数派的大臣，对于美洲人民不得已承受的法律，他们提出了质疑。有一位名叫爱德蒙·伯克的议员发表了一些激励人心的演讲，他之所以这样做，就是对美洲的激进派所提出的值得商榷的权利进行辩护。可是皮特一直坚持着和大众一样的原则，在他看来，毋庸置疑，帝国政府是对所有事物进行处理的最高权力机构。我们也应该百分百肯定，出生于都柏林的伯克是"反政府"的。

当时有件特别奇怪的事情，那就是对

于怎么让那些起义的人投降的事情，英国的民众们并不是很关心。当时英国军队的生活条件很差，使得很多英国人都没有了参军的热情。有一些小偷或者强盗被抓了以后因为想离开监狱，就跑到部队去了。可是仅靠这一点人是根本不足以平息北美那边的事情的，一定得拥有一支实力雄厚的雇佣军才可以。

一开始，英国想以高回报的方式，向俄国的叶卡捷琳娜女王借两万名哥萨克兵过来。一开始都是用信件的方式进行沟通的，这个要求当然被女王拒绝了。我们应该感谢这位女王，几年以后，她还把一笔金卢布借给了才成立不久的共和国，尽管这些钱的数额不大，可是却在群众中收获了一片叫好声。

这时，英国只能把目光放在德意志北部的那些小君主们身上了。这些小君主们有钱，但不多，所以，他们对现金有非常迫切的要求，想对自己简陋的住处进行改造。这样的事情毫无意义可言，可是布伦瑞克、安哈尔特－策尔普斯特和黑森－卡塞尔的大公们却对这样的事情乐此不疲。他们感叹于这个好机会，欣喜不已，恨不得马上填满自己的国库。之后他们在 7 年的时间里卖了 3 万多人出去，这些人以奴隶的身份被卖到了国外。这些高高在上的君主们巴不得战争一直持续下去，更凄惨一些，卖出去的人或死或伤，才会有更多英国的赔款进入自己的口袋。

英国盟友们的情况就是上述这样的。

下面来说一说印第安人吧，也许他们的价值变成零了。很早以前，法国人就知道这些野蛮人是什么样的人。当前景看好时，他们就表现得非常勇猛，可是一旦遇到重大挫折，马上就找不到他们人了。

美国革命时期，英国人也把这些印第安人视为非正式的部队加以利用。他们用酒和钱作为诱饵，吸引这些野蛮人把殖民者们的头砍下来，这种方法倒是不错，后来这些红种人也挑起了几场残忍的杀戮。其中 1778 年发生在纽约州的怀俄明谷地的大屠杀是最有名的，300 多名移民者死于塞讷卡人之手。殖民地的人都对这些屠杀感到非常气愤，直到现在，依然有很多地方的人清晰地记得有的地区的大屠杀。

对于革命者来说，1778 年是幸运的一年，这场战争把荷兰、西班牙和法国都卷进来了。这就使得英国不可能在美洲战争上投入所有的精力。可是这一次战争有多么重要，宗主国那边的人都非常清楚。一开始，伦敦在还没有收到战场失利的消息时，他们就督促政府尽一切所能，对那些起义者进行打击。

英国之所以失败，原因是多种多样的。首先，对于英国士兵来说，美洲这片土地太不熟悉了，他们并不了解其实游击战才是最合适的作战方式。其次，英国军队的供给基地太远了，供给不够充分，要知道，美洲和英国有着3000英里的距离。再次，美国那边的兵都是主动的志愿者，而英国的兵都是花钱雇用的。

人们常说，上帝总是会眷顾炮火激烈的那一方。在这场战争中，双方的炮火都同样猛烈，只有那些把自己的生命置之度外，英勇无敌的那一方才能获胜。由于雨雪的缘故，特拉华的路变得很难走，华盛顿带着罗德岛人和佛蒙特人在这条路上艰难地前行。他们心里再清楚不过了，如果失败的是他们，那么自己的家畜、全家老小都将难以幸存，而且他们的农场也会被烧成灰烬。

这场战争也把可怜的黑森士兵们卷进来了，可是最后他们只得到了少得可怜的7英镑4先令4分半便士（这些钱并不属于他们，都给他们的国王了），此外，还得到一杯啤酒和勉强度日的军粮，其他的就没有了。

所以，他们不停地问自己："我们为什么在这里拼命？"所以，当战争开始时，当他们准备对敌人发动进攻时，会顺便看一下离自己最近的逃生路线在哪儿。这些人每天都在战火纷飞中奔跑，每天都非常难熬，他们也很清楚，这场战争原本就和自己关系不大，也没有什么理由一定要扔出自己手中的炸弹。

这是我个人的一点看法，这些黑森人一点都不傻啊。

第二十七章
不得不清醒的诺思爵士

弗里德里希·诺思爵士出身高贵。他的家族里诞生了英国很多卓越的政治家，此外，埃普瑟姆盐业公司也出自于他的家族。身为国务活动家的诺思爵士很平易近人，待人亲切，他在帝国的前途上押上了自己所有的赌注。可是最后，他还是以失败告终。他是一个甘愿息事宁人的人，工作也兢兢业业。即便会场再严肃，他也可以幽默一下。当他遭到那些质疑国王的人的谩骂时，他就用假发把自己的眼睛盖住，酣然入睡。

1775年至1783年间，这位才华横溢的爵士的优势一点都没有发挥出来，使得他除了睡觉以外，其他时间都必须保持清醒。因为遥远的殖民地一直处于危险的境况中，而他必须直面这些难题。

新制订的从北边进攻殖民地，进而对北美进行掌控的计划也以失败告终，这无疑是雪上加霜。假如按计划对波士顿发动进攻，就会沦为占领军的供应基地，可是最后也必须放弃。整个新英格兰都被起义者们占领了。

冬季的兵营

经过反复斟酌（华盛顿也需要一段时间好好思考，他想借机对自己的那些新兵进行好好训练），英国的第二种作战方法出炉了。这种作战具有浓郁的拿破仑的特色，可是到了付诸行动时，却和拿破仑大相径庭，最后以失败告终。原本这个方案的初衷是分裂北美，所以要在蒙特利尔到纽约之间建一条接近于90度的军事封锁线。与此同时，还要调两支军队过来，分别从哈得逊启程对加拿大发动进攻，再从加拿大启程对哈得逊发动进攻。乍听上去，这个方法好像很不错。

在保皇派人的眼里，纽约就是一块给他们带来好运的地方，他们轻轻松松就把这块地方占领过去了。可是华盛顿和他的大部分部队依然想好了怎么逃出去。如此一来，英国军队最不堪一击的左翼就有可能遭到起义军的进攻。不久在普林斯顿和特伦顿战役中，英军就因为这块不堪一击的地方受尽了磨难，也清楚地知道了自己的不足之处。

与此同时，还有一支部队前行在尚普兰湖之前的边疆道路上，把泰孔德罗加要塞攻占了下来。不久以后，在纽约北边的荒原上，极负盛名的乐天派剧作家约翰·伯戈因——这支部队的领导人，就输得一败涂地。他自己和他的部队，还有战斗物资，都在萨拉托加地带的战斗中全部贡献给了敌人。事实上，他的物资才是北美人最感兴趣的部分，而北美人并不是很重视他的军队。萨拉托加从那时开始就成了共和国早期风头最盛的疗养基地。

结束这次战役以后，第二阶段的作战也随之结束了。在战争中，英国人也有了一定的收获，在北美地区也小有成绩，革命的首都费城归他们所有了，可是殖民地人们的反抗并没有因为英军的这些胜利而偃旗息鼓。反之，很多人在大陆会议上犹犹豫豫，而这些战争过后，这些犹豫的代表们很快就想好了孤注一掷，这就使得大陆会议（英国红衫军逼近时就已经退到了宾夕法尼亚的兰开斯特）很快就达成了统一意见，拟定了一些与永久联邦和联邦有关的决议，"美利坚合众国"也成了一个名副其实的头衔。

看上去，英国人原本想以闪击战的方式获得胜利的计划，到战争的第二年年末是成功不了的。在和费城相距24英里的福吉谷里，华盛顿和他的部下度过了一个寒冬。即便面对如此恶劣的局面，他们也没有半点退缩。由于大陆会议的办事水平不是一般地低，态度也非常不友好，士兵们因此遭受了不少痛苦。此外，少部分宾夕法尼亚的农民也非常冷酷，他们无视那些饥肠辘辘的同胞们，把农产品都出售给那些富裕的英国人。可是当战争的号角再次吹响时，人们很快就忘记了这些不愉快的事情。

在这场残忍的战争中，作为总指挥的华盛顿表现非常出色。新英格兰的民主派因为对这位有着尊贵出身的弗吉尼亚人持怀疑态度，所以他们没有放过任何可以嘲笑这位司令的机会。此外，这些人还极其险恶，想把他从总司令的位置上赶下来，换成查尔斯·李（布雷多克远征军中侥幸活下来的人，表面上，他是一名革命者，其实却是一个背叛革命的人）。假如换成一般人，每天都要面临这些诽谤、中伤，早就打退堂鼓了。可是华盛顿没有，他没有让这些事情影响到他。在费城失利这件事情上，他很清楚自己难辞其咎。新英格兰人都觉得更具有统帅才能的人是盖茨将军（人们觉得他是萨拉托加的英雄），这点他也很清楚。很多事情他都心知肚明，可是他一直按照自己的计划和方针，有条不紊地工作着。当士兵们有鞋可穿时，他就把他们拉出来训练；当他们无鞋可穿时，他就会在室内给他们讲解战术。他从来都不怀疑，终有一天会出现转机的。

第二年年初，机会果真来了，是的，他的机会就是一封信。这位孤零零地住在福吉谷的人收到了这样一封信，上面写道，前一年的 12 月 22 日，他的好朋友宾西尼亚的本杰明·富兰克林到巴黎来了，而且在西郊区一所租来的房子里住，那里的风景很美。

埋伏

第二十七章　不得不清醒的诺思爵士

第二十八章
印刷工富兰克林和圣路易的后代会晤

现代社会所有阶级的人都非常怀念共和国早期的美好岁月。那时，上帝俯瞰着这个世界，劳动者们每天辛苦劳作10个小时，就可以得到一个大银圆的回报；所有人都非常纯朴；波托马克河和查尔斯沿岸就如同仙界一样。

这些对过去一直念念不忘的人忘记了当时人们的独立性很强这一事实。而北美之后之所以会出现美好岁月，也正是因为这一点（假如你把这一点告诉他们了，那些怀念过去的人肯定会非常生气）。

现在我们都在枯燥和规范化的现代文明中生活，难道像150年前那样的伟人就一定不会在我们中间出现吗？

那些创造力太神奇了，那些伟人太让人激动了！

那些人和时常出现在我们故事中那种自带光芒的英雄并不是同一类人。他们觉得酒吧会让人觉得很亲切，而且社交氛围也特别舒适，所以他们时不时就会跑到酒吧去。他们的爱好很广泛，哪怕有的爱好并不是太好，他们也依然会去做。做生意时，他们会变得斤斤计较。在自己相信的一匹马上，他们会下很大的赌注。对于自己对古希腊作家的语录有好感这件事，他们可以坦率地承认，他们也可以不带字典就看懂拉丁文，还可以写一手漂亮的花体英文。

对待自己的敌人，他们像秋风扫落叶一样无情，可是对待自己的朋友，他们却非常讲义气，即便自己口袋里只剩下一分钱，他们也愿意拿出来资助朋友，不让朋友垮台。

有时候，他们也会非常粗鲁、残忍、尖刻，可是他们绝对不会愧对自己的良心，非常坦诚。也许对于他们的言行，你并没有好感，可是如何去应对，你还是知道的。

假如用现在的标准来评价他们，他们的确是好公民。他们无论做什么，全凭着自己的心意来，吃什么，喝什么，穿什么，都不会在意别人的眼光。即便是宗教和政治如此严肃的事情，他们也依然如故。哪怕自己有可能会被当成异端，别人会在背后说三道四，他们也依然我行我素。

假如这些事情是在现代发生的，我们就会觉得这样太危险了！也许这个人以后就没有朋友了，更严重的，还会对一个普通人的事业造成很大的影响。

最后的要求

近 70 年以来，人们特别喜欢把那些"物质上的成功"拿出来探讨。可是我们国家的创建者们似乎并不怎么感兴趣于这个话题，更不用说拿出来探讨了。

他们会说"马车啊，房产啊，股票啊，珠宝啊，骏马啊，债券啊……"这些东西的确是多多益善，可是假如将这些当作唯一的追求，那什么时候才是尽头呢？人世总是不断变化的，即便你拥有的财富再多，到最后也什么都没有，也许我们今天很富有，可是明天也许就变得一无所有了。可是他们身上有一样东西非常宝贵，是别人拿不走的，那就是尊严。我们时常挂在嘴边的人格，就是这与生俱来的特点和后天所历练出来的特点相结合在一起的产物。假如我们都可以好好修炼，让自己的品行变得更加高尚，这个世界必然会越来越好。

我们早晚会知道，具有崇高道德的开国元勋们把一笔非常宝贵的财富留给了我们。可是如今太多矫情的语言把它们给遮盖住了，人们的热情还没有完全被那些爱国主义的教授们摧毁，这笔宝贵的财富我们只能从那些残余的话语中去寻找了。从一位极其乐观的天才所写的《自传》这本书中，我们知道了本杰明·富兰克林是个非常优秀的人，远超过他同时代的人。那本书给我留下的第一印象就是，他毫无保留地写下了所有事情，把自己的灵魂全部彰显了出来，亲和力十足。即便后来我看了不下 60 部官方的"传记"，可是富兰克林所写的《自传》却一直萦绕在我的脑海里。

富兰克林并非出身名门，不管从哪个层面来看，他都和贵族不沾边。尽管他和不少伯爵夫人都谈笑自如，和不少公爵一起用过餐，在整个大西洋对岸，数他见过的君主最多，可是他出身平凡的事实却依然无法改变。

17 世纪时，富兰克林的父亲带着全家，从英国北安普敦郡搬到马萨诸塞的米德尔塞克斯县。在家里，富兰克林是第十个孩子。他刚刚会说话，就开始读书写字了。11 岁时，他就和父亲一起到波士顿的肥皂厂里上班。

3 年以后，他找到了一份很满意的工作，在他一位同父异母的哥哥的报社里上班，因为他的这位哥哥是《新英格兰报》的知名编辑兼发行人。从那时开始，直到他那漫长而充满激情的一生走向终点（他于 84 岁时去世），他就一直没有离开过排字盘。假如排字盘已经融入了你的生命，它就变成了你形影不离的好伙伴，只要离开一会儿，你就会觉得全身不舒服，就像你听不到全身是油的孩子大叫着要找一个字母一样。

波士顿并没能让这位年轻人留下来。他在当时是一位真正意义上的激进分子，也是一位耿直的"自由主义者"，所以他并不是很受老板的待见。17 岁时，他就带着自己的行李到纽约去了，过起了流浪学徒的生活。他先后去过纽约和伦敦，最后定居在了费城。他一直保持着这样的状态，直到大革命爆发。可是当革命对他有需求时，他可以让自己一门心思地扑到革命工作中去，而他这样的人也刚好是革命所需要的，所以后来他成了一名政治活动家。

他发明了一种新字体，还研究出了一种用来印刷《宾尼法尼亚报》的油墨。他自学了多种语言，像西班牙文、拉丁文、意大利文和法文。他还是北美哲学研究会的创建者之一，曾经担任过殖民地的邮政总监，在他任职期间，他把很多邮寄时间都缩短了，使得来自于费城的信件每周可以到达纽约三次。对于清教安息者规定,他持反对意见,也是首位敢和这个规定唱反调的人。对于别人研究过的学问,他并不会去了解,可是他每天都在研究学习。在自己的家乡,他建立了一整套的照明系统,而知名的富兰克林炉的改进者就是他。此外,他还对地震进行过研究。他还荣获了由英国皇家协会颁发的科普利奖,就是因为他发明了"富兰克林棒",这是一种避雷针,全世界都在使用。《穷人理查德年鉴》的作者就是他,只不过用的是笔名理查德·桑德斯。在18世纪的后半叶,只要一到圣诞节,所有美国家庭的桌子上都会放这本书。他创办和经营了美国的第一个公共图书馆。他连续13年出任宾夕法尼亚议会的议员。他还是佐治亚、宾夕法尼亚、马萨诸塞和新泽西等州的驻伦敦代表。他在国内常常会干一些杂活,像他会用推车从仓库里面把印刷所里的纸运出来。他想通过行动告诉他的邻居们,本杰明·富兰克林仍然是一位普通的印刷工,做这样的事情并没有什么好奇怪的。

当税收问题让殖民地和宗主国闹得不可开交时,他原本想凭一己之力让美洲妥协。可是当他看到英国政府置北美移民者的利益于不顾时,他就不再这样想了,并声称用暴力解决问题是最好的。为了让更多人支持自己的观点,他不惜投入了自己的所有财产,还举债宣传。就这样,革命领袖们的带头人非他莫属了。当人们意识到必须得到国外的支持,13个联合殖民地才有可能在这场战争中获胜时,这位政治活动家——富兰克林,就有了用武之地了,去国外寻求支持。

当时新共和国才宣告成立,财政上捉襟见肘,可是欧洲想要的很多原料这里都有。本杰明·富兰克林是受过贵格派教育和清教徒教育的人,深知要如何和那些人的代表洽谈。这时他已经七十多岁了,可是看上去还很年轻,而他本身也是自由的代表。他的名字享誉国内外,单凭他的名号,

美国最有价值的朋友就是荒野

西班牙、荷兰和法国的那些银行家和高官们都举双手欢迎。

一艘不大的名叫"列普里萨尔"号的船载着富兰克林去了法国，还有他的两位孙子和他同行。这段旅程既漫长又充满了各种痛苦，包括晕船。终于在1772年12月，他们一行人才到了法国。

大陆会议并没有给他明确的指示，哪怕是一份信用状都没有。可是"列普里萨尔"号无疑是幸运的，半道上抓了两名英国商人。富兰克林作为北美代表，便把他们的白兰地酒和木材卖给了他们，才解决了一两个月的生活支出。

当时的法国类似于15世纪之前的罗马帝国。法国人（说的是上流社会）的文明已经到了巅峰状态，可是对于民族的特性来说，这并非就是好事。他们一直住在被建筑师们设计得特别奢华的房屋里。最出色的园景设计师设计了这些房屋外围的美丽花园。他们那里还聚集着世界上最优秀的厨师。北欧、中欧和西欧所有志存高远的青年礼仪的模板都是从他们的宫廷衍生出去的。他们说话温文尔雅，即便到了最偏僻的山区，他们依然是那样说话，这让远道而来的客人大吃一惊，开始敬仰他们。他们的乐曲也在所有音乐厅里面循环演奏。总的来说，因为他们身边一直聚集着世界上最为美好的东西，他们开始觉得厌烦，觉得旧的东西就像寄宿制学校里面的土豆泥一样，索然无味。所以，他们愿意去寻找新的快乐和刺激。

就在此时，富兰克林找到了他们。对于心理学，这位老印刷工并不懂，不过他却很懂男人和女人，他也知道该用什么办法让这个富裕的国家接纳他，因此这个切入点就是要让他们对戏剧性的事情产生好奇。所以，他将一个演员的角色扮演得栩栩如生，终于法国和美洲殖民地在两年之后建成同盟，共同向英国发起挑战。

事实上他不过就是展示了真正的自己，办成了这样的事情。

凡尔赛宫的一切和讨厌的繁文缛节，早就让法国国王路易和他的那些大臣们失去了兴趣。此时富兰克林的出现让他们的生活充满了趣味。这个老头身着1730年样式的服装，头戴海狸皮帽，说话的时候就像在教自己的孩子，好像若是乖乖听话就能得到好吃的一样，这真是太有趣了。

在这里，朴实无华真是太稀奇了。所以这位从穷人堆里走出来的哲学家很得法国人的青睐。

这位老人仅仅用了一个月的时间就在法国家喻户晓。这个老头的半身雕塑和画像被比利牛斯山脉与默兹山的小商贩们疯狂售卖。鼻烟盒和剃须刀上都印上了这位"自由之神"的画像。女人们身上的首饰全都是富兰克林牌的，富兰克林让这个国家都为他倾倒。这位贵宾要参加的宴会数都数不过来，不过他仍然依照自己的习惯吃饭，试问又有谁能够做得到呢？

此时的富兰克林正面临着一个困境，唯有政治立场十分坚定的人才能够化解此次危机。

最初来到法国之时，他发现塞拉斯·迪恩和博马舍这两位美洲代表来得更早。前者是康涅狄格人，为人耿直，他用商业的纽带连接了欧洲大陆和殖民地。而后者是路易十六宫廷音乐钟表的修理匠，他不遗余力地支持北美，自愿付出一切帮助殖民地的移民们，《塞尔维亚的理发师》和《费加罗的婚礼》这两部作品是他的代表作。不过他们的行动不能让法国的上层知晓，所以他们制订了十分周密的计划。

法国巴黎新开了一家名为"罗德里格斯·奥尔托勒"的事务所，马德里"迭戈·加尔多基"商号和它来往密切，在"迭戈·加尔多基"商号的配合下，法国西印度群岛的港口运来了大量的军火和军服。恰好这些船常常停靠在来自普罗维登斯和纳汉特的快艇中间。华盛顿在两个星期以后，将原本要给瓜德罗普或海地的正派商人的武器偷偷弄走了。没过多久，原本要给法属巴斯特尔岛居民打野鸭子的枪又让宾夕法尼亚士兵偷走了，他们的保密工作做得很好，没有让任何人知道。

这些事传到巴黎驻英大使的耳朵里以后，他们很生气，认为中立者这样做是不道德的。可是，即便英国人再不满，再强烈抗议，都无济于事，因为法国外交官们根本不屑理会他们。

为了让这样的黑暗交易长久下去，就一定要保守秘密，一点痕迹也不能留下，因此账单、账本都没有，西班牙和法国支持北美的文字也严格保密，他们做事的时候靠的就是相互之间的信任和口头承诺。

这件事由迪恩着手进行着,并没有出现什么意外,不过当他遇到一位叫阿瑟·李的代表的时候却出现了纰漏。阿瑟·李是一名医生,同时还是一位律师,作为一个好律师、好医生,他当然是沉着冷静、德才兼备的人,这是毋庸置疑的。据说正是因为他的一个提案才有了《独立宣言》的问世,他是弗吉尼亚人的杰出代表,是理查德·亨利·李的兄弟,还是大陆会议的秘密通讯员。因此他的疑心病很重,总是认为那些和自己套近乎的人都目的不纯。在他看来,博马舍并不清楚人民自由的真正意义,所以他对殖民地人民的资助不是出自真心,他不过是想从中获益而已。为了革命事业,迪恩倾其所有,人们都称赞他是一个无欲无求的爱国主义人士。不过李却说那根本就是胡说八道,其实迪恩是一个彻彻底底的贪官,当他在巴黎享受生活时,我们的同胞们却在福吉谷里面忍饥挨饿、受苦受难,迪恩的贪婪表现在很多事上,说来说去,李才是这个世上最善良正直的人。

就像那些特意爆料丑闻的"调查报告"一样,大陆会议也需要增添一些趣闻,来供成员们讨论。当李的那份控诉报告交给他们之后,他们极其严肃地让迪恩马上交一份财务报表上来。可是这几年中,迪恩做的事情数不胜数,花的钱财更是无法计算,就连几个月之前的事情和钱财都记不清了,财务报表从何做起呢?

不过法官们肯定不会接受这样的答案,所以他被美洲召回。由于富兰克林对他的信任,很快他就洗脱了嫌疑,不过他还是恳求将他流放到英国。当他离开这个世界的时候,李还活着,那时是美国宪法的对立派。对美国人民来说,他的存在让美国和美国人民通向幸福美好生活的道路更加艰难。

来到巴黎的富兰克林听说了关于李的各种罪行,他任性、自负、愚蠢、极爱制造矛盾。经历过大风大浪的富兰克林清楚地知道做事情时要想不落下把柄,一定要谨慎小心,不留一丝破绽。出手阔绰是堂吉诃德和博马舍的特点,他们倾其所有帮助的民族都将他们视为强盗和骗子,他们丧失了为富兰克林效命的热情。

不过此时的富兰克林仍然还有帮手,这位来自北美的人很得人心,他身上的人格魅力让法国人为之倾倒。法国宫廷从上一代人和英军的较量中吸取了经验、教训,变得更加睿智了,他们想找到一个借口向美洲靠拢。不久之后,波士顿的一个年轻人悄悄跨过大西洋,带来了好消息:伯戈因的全部英军被北美人所俘虏。事实上此时整个北部地区都被革命者占领了。

当这个振奋人心的好消息传到巴黎还不到四天,富兰克林就收到了法国外交官的愿意会见的信函,法国在两个月之后终于认可了美利坚合众国的地位。英国收到这个消息后就做出了宣战的决定。

富兰克林在凡尔赛宫看故乡的消息

富兰克林的工作并未因此结束,这以后的 7 年他都在繁忙中度过,他要调节部下们的各种矛盾,要负责从欧洲采办军火,还要谈贷款,战争时需要的船只也归他管,还要游走于许多国家之间,说服他们参加政治同盟或商业同盟。他用他的智慧和声望,为需要壮大的革命事业增添了更多的辉煌。

晚年的他对自身已经无欲无求了。伟大的伏尔泰当着很多法国名流的面亲切地拥抱富兰克林的场面让法国人民记忆犹新。作为一个名副其实的哲学家,这应该是对富兰克林最大的肯定了。

第二十九章
卢梭有一本书出版,拉斐德到了北美荒原

玛丽·拉斐德是法国最尊贵、历史最为悠久的名字,可是从 13 岁的时候开始,这个人就变得无依无靠了。他的钱太多,以致都不知道要如何花了。

这一章还有一个叫让－雅克·卢梭的主要人物。在他还很小的时候,他的父母亲就过世了。当他还是一个孩子时,就做了男仆、学徒和流浪人,早早就看破了生活。15 岁时,他的生活依然是这样,时常是吃了上顿没下顿。

这两个人所生活的世界截然不同,所受的教育、社会地位以及出身都不同,可是相同的国家利益,让两个人之间有了紧密的联系。

后来,卢梭成了预言家、哲学家和作家,他提出了一个非常新奇的观点:真正有价值的东西在遭到白人迫害的土著人那里,而现在的文明都是恶毒的。人们只有回到自然,才能真正拯救自己。

这时的法国人已经习惯了骄奢淫逸的生活,连追求都变得茫然,长期的奢靡生活已经让他们腻烦了,所以,法国人一定会喜欢这种理论。即便要把自己收入的 75% 都花掉,才能得到新的精神感受,他们也会毫不犹豫地这样做。出于好奇,他们看了卢梭的作品,可是他们也会有新的刺激感。

紧接着,整个法国又重新开始过先辈们那种纯朴的生活。王后亲自动手挤奶;公爵夫人开始管理奶牛场;国王开始打铁;人们把粉红色的丝带系在小绵羊的脖子上,小绵羊温柔地叫着,扑到小女孩怀中,大画家笔下的生活就是这样的。

法国当时最大的地产继承人就是拉斐德,在如此美好的时尚生活里,他甘

愿把自己的一切都贡献出去，这事一点都不奇怪。这时，法国新闻界处处充斥着北美争取自由的报道，听到这个消息以后，巴黎各个阶层都激动不已。法国的平民百姓觉得，无论是当时还是现在，那些在法国之外的土地上发生的事情对于他们来说都太遥远了。在他们看来，爱斯基摩人所在的斯德哥尔摩是人类最遥不可及的地方，那里只有漫长的黑夜。他们觉得费城就是去火星路上的最后一个站点。

可是，在那片神奇的土地上，竟然发生了很不可思议的事情，让人们都大吃一惊。那就是当地土生土长的人竟然把武器拿在手上，毫不畏惧地和英国军队进行了一场战斗，要知道，英国军队的实力可比他们强大几百倍，最后的结果竟然是他们胜利了。对于人们来说，这也太匪夷所思了，可是它却真实发生了。

那些英雄们很早就不再过欧洲那种奢靡的生活了，所以才让这一切变成了现实。否则，是绝对不可能发生这样的事情的。

法国人在吃惊之余，也懂得了卢梭这位新的哲学家所说的天堂就在人世间的这个道理。他们所说的天堂就叫"亚美利加"，位于萨斯奎汉纳河和詹姆斯河岸边。所以，法国人这时似乎突然醒悟了一样，明白自己应该采取什么行动了——他们应该乔装打扮成"宾夕法尼亚森林里的土老帽"，把"亚美利加人的衣服"穿在自己身上，吃和"亚美利加人"同样的食物。

当时，拉斐德正处于风华正茂的年龄，对于龙骑营中日复一日的生活，他早就厌烦不已。所以，在这件事情上，他比任何军官都热情，表现得最积极。国王明确指示他在国内多住一段时间，但他胆大地没有理会，而是跑到了西班牙，后来又到南卡罗来纳了。

当时他的英文水平一般，在去费城的路上他遇到了不少人，而且和他们有过密切的接触，这样一位看上去很绅士、出身尊贵的人为什么要不辞劳苦，到这片荒芜的荒原上来，这些人都觉得很费解。同样地，大陆会议也是一样。

塞拉斯·迪恩写过一封详细介绍这个年轻人的信，内容是这样的：他是一个很亲切的人，他的家族源远流长，可以追溯到恺撒时期。如果他的名字在华盛顿总部出现了，那么他的影响力已经超越了法国，遍及整个大陆地区。

第二十九章　卢梭有一本书出版，拉斐德到了北美荒原看上去，这个选择很不错。可是在当时，几乎只要有船抵达北美港口，都可以在上面看到一群饥肠辘辘的欧洲军官。他们把自己国家君主赏赐的勋章拿在手上，四处显摆，大肆夸耀自己在战场上的表现。他们还想以自己曾经的勇敢表现为筹码，在北美大陆上得到自己想要的海军或陆军将军的官职，以及对应的薪资。

一开始，大陆会议聘用了这样的几个人，可是时间一长，大陆会议也发现这些人除了会吹牛，一无是处。所以，只要有人把自己国家的国王赏赐的金鼻烟盒或宝剑拿在手上，然后滔滔不绝地开始说自己曾经建立的功绩，那么他的能力必定会遭到人们的质疑。

然而年轻的拉斐德有办法证明自己的能力，他的目的很单纯。他无偿在大陆会议做事，就直接证明了自己是一个志愿者，大陆会议很是感动。所以，1777年7月31日，拉斐德侯爵被赐予合众国部队的陆军少将官衔，理由就是"因为他充满活力而且家族和社会关系都非常出色"。

第二天一到，他就去找华盛顿报到了。

这位19岁的年轻少将要如何安排才好呢？这可让总司令一开始伤透了脑筋。这个孩子不可能一开始就受到那些武夫们的重视，可是这位法国贵族身上的优良品质却让总司令动心了。慢慢地，他发现这个孩子很有志向，绝对不是一个普通人，为了追求自己的理想，他宁愿放弃自己的妻子和孩子，以及自己的百万财产。

事实上，对这个刚从欧洲的一个小兵营出来的龙骑兵少尉抱太高的期望根本没有必要，他也不可能快速成长为统率荒原上的大军的将才，这是不切实际的。拉斐德最为宝贵的品质就是讲道义，法国上层社会之所以对这项事业持支持态度，就是因为拉斐德的功劳。那时在旧大陆上，最为尊贵的阶层就是贵族。欧洲贵族们觉得革命已经"来了"。

自此以后，对于发生在世界另一端的实力悬殊的战斗，才得到另外一些出色的外国人，也就是那些曾经浴血战场多年的真正懂得军事的人的重视。腓特烈大帝时期有位叫冯·施托依本的将军，他是普鲁士的一位男爵，做了北美大军的总训练长官的他，把一群原本没有任何凝聚力的士兵，训练成了一支纪律严明的正规军。

和拉斐德一起来的，还有一个德国人，名叫约翰·卡尔布（即让·德·卡尔布男爵），他被授予少将军衔。这个人很有组织才能，他把自己的生命都搭进去了，就为了这项工作。他带领着一群新招的士兵们撤退时，被这些人交给了康瓦利的正规军队。

从波兰的科苏兹科河赶来的普拉斯基伯爵参加了萨凡纳河边和纽约附近的几场战争，他那至高无上的精神，使得战争也变得更加有色彩。

为了这份崇高的事业，还有很多其他的战友也贡献了自己的光和热，狄德罗和他的战友共同写了一本书，就是那本知名的《百科全书》，书中对自由平等思想大谈特谈，就是在这个思想的帮助下，卢梭的新鲜理论才得以那么快的速度传播到了欧洲的各个角落。

荷兰的一个新党派就是受到这样的思想的促进才诞生的，这个党派怒斥政府的专制，要求政府民主化。这时英国国王乔治向荷兰共和国提出，希望把在荷兰服役的苏格兰兵团租借过去，早在西班牙革命时期，这个兵团就在荷兰服役了，这个提案遭到了反对派的激烈反对，于是荷兰只得回绝了英国国王的要求。

一段时间以后，有人把《常识》这本小册子翻译成了荷兰语。这个小册子的作者是英国人，名叫托马斯·潘恩，并不是很有名，他之所以发行这个小册子，就是为了给北美革命的正义性辩护。英国驻海牙的大使看到荷兰公开对美国的动作表示支持，是既难过又吃惊。

就在这时，大陆会议的代表们开始和阿姆斯特丹的商人们密切接触，小心翼翼地劝说他们拿一笔钱出来，而且达成商业同盟。这样的事情，商人们当然很感兴趣，可是因为他们的国家保持着中立，所以他们只能秘密进行这些活动，在国外对这件事进行秘密洽谈。他们的请求很容易就得到了北美代表们的同意，很快就拟定了一份协议，而且以最快的速度送到费城等待批准。可遗憾的是，英国人拿到了这份文件，因为亨利·劳伦斯在出发至阿姆斯特丹时，半道上被他们抓住了。这个人并没有妥善保管这份文件，而只是用随身携带的包装着。

这些事情被伦敦方面知晓以后，很是恼火。而且在美国革命之前，约翰·保罗·琼斯还曾经以英国船长的身份堂而皇之地进入了一个荷兰港口，可是如今他却成为一名卓越的美国海军上尉，他把自己的战利品"塞拉皮斯"号带上，进入了荷兰的泰瑟尔港。荷兰接到英国驻海牙大使的指令，要他们把这个"海盗"抓起来，可是荷兰人不但没有这么做，反倒视这个琼斯为英雄。无论他和他的水手们（他手下的船员中，水手有227名，其中北美人只有70个）到哪里去，都会受到人们的热捧。

荷兰没有按照英国的指示，把"塞拉皮斯"号归还给它的主人，不久以后，英国还发现荷兰正偷偷地给北美提供贷款。英国人很是生气，只能给荷兰下发了挑战书。

这场战争荷兰人并没有直接参与，也没有派士兵从大洋穿过去和北美人并肩作战，只是几支英军舰队在北海受到了他们的海军的制约。美国革命取得胜利的一个极其重要的原因就是：在合众国刚成立，财政上遇到难题时，荷兰这个历史悠久的共和国给他提供了数额不菲的贷款，支配权完全在他手上。

当时，北美没有一个强有力的中央政府，所以革命要想延续下去的制度也就不存在了。不久以后，13个联邦基本上就走向了倒台的境地，美元贬值很快。一旦生活必需品供应不上，军队就极易产生动乱。法国很想给他提供帮助，无奈自身国库都很空虚，无力渡过难关。国王路易的大臣们想的办法倒不少，可是都只能暂时渡过难关，到最后两边都没顾上。尽管富兰克林和之后的亚当斯也尽力弄了一些贷款过来，可是这些贷款并不能变现，只能用汇票的方式购买法国土地上的物资。所以，他从荷兰得到的700万美元的硬币，无异于天降甘霖，让人喜不自禁。

银行家们作为商人，当然要把利益放在首位，所以他们做这次交易并不是冲着对北美事业的热爱，也不是相信人的品质有多么崇高。他们是有自己的打算的，他们希望北美在得到和平以后，他们曾经的帮助可以得到政府相应的政策回报，使得自己可以从中获益。他们最后可能要对这一点失望了，这在当时是出乎所有人意料的。这一批黄金好不容易才到了乔治·华盛顿的手里（这钱不是给大陆会议的）。大陆会议在最后 4 年间毫无作为，也没有认认真真做事，所以时常会出现一些动乱。华盛顿也对这样的事情忧心不已，他担心自己会成为光杆司令，可是为了独立事业，自己却必须奋斗下去。

第三十章
边境上的人与宗主国的较量

从表面上来看，事情好像僵持不下，不过事实也的确如此。在欧洲大陆上，英国将荷兰、法国以及西班牙（西班牙加入战争的目的是为了收回直布罗陀，还有曾经占据过的地中海岛屿）都视为对手。此种将中立国在公海的权利视为儿戏的做法，导致"武装中立"同盟在几个强大的对手之间形成。表面上这个同盟是具有保护性的，事实上是想在国际法不太完善的道德标准下守护各自的利益。

在这样的状态之下，战争持续了三年，有一个伙伴帮助北美的消息已经传遍了全世界，他的加入让灾难更多，我们可以用"距离"来诠释。在世人眼里，若要打败对手，除了古罗马人，谁都没有这样的能力。

中世纪时，一位凶猛的武士有两个很有能力的副将，他们是"英里"和"公里"上尉，所到之处，无坚不摧。不过此时的华盛顿也受到了"距离"老人的眷顾。此时无论英国人多么英勇，多么善战，每场战争开场之前都让敌人获得有利时机，最后士兵们常常是疲于奔命，力不从心。曾经海军在战争中是核心力量，但是遇到北美的阿勒格尼山脉就失去了作用，任何一个军人都妄想坐船穿越伊利诺斯这片"海洋"，步行是这场战争胜利的唯一要素。在这样的形势下，战争持续了三年，步行的方式让这支训练有素的军队几近瓦解。

军队中有一个人极其乐观，他就是诺思爵士，他开始正视这件事情，他认为必须退一步，让离家的游子们和宗主国不计前嫌，改换一种更为适当的方式来开启新的合作模式，坦诚来讲，人们也察觉到了某些事情的变化。商业活动足足停止了三年，北美人已经感觉到了事情的严重性，他们的经济情况会因此更加艰难，必须将这个国家的各种力量联合起来，共同抗敌，才有可能获得胜利，但是大陆会议已经无法办到了。

主张和平、善良是英国政府欺骗人民的手段，保皇派（居民之中他们的数量庞大）对政府说的话深信不疑，幻想政府能够带来他们渴望的幸福生活。总而言之，全国上下都沉浸在"失败主义"的氛围之下。

一位北美将军马上会被授予英雄的称号（作为奖励），他打算利用一次"突击"来让这场革命名正言顺地退出人民的视线，协助乔治国王让北美获得重生是他的唯一目标。老天似乎非常眷顾他，一伙随军人员竟然俘获了前来讲和的英国军官，他们认为军官靴子里的文件应该隐藏了很大的秘密，所以将他交给了正规军的军官。

所以，一场波及面很广的阴谋败露了，按照常理最终的结果是安德烈少校被处以绞刑，想当卖国贼的西点要塞的首领阿诺德少将最终溜之大吉，后来还被授予英国准将的头衔，而且衣食无忧地度过了后半生。

美国的历史因为这件让所有人都震撼的事而发生了重大的转折。以后的日子里，"距离"将军的威力渐渐显露了出来。英军在大西洋沿岸举步维艰，大量的难民跟在军队后面，他们的出现让军队陷入了危机。此时的保皇派突然清醒，意识到已经无力回天，就好像狮子和老鹰的战争中，那只野兽正在酝酿如何逃走，可是他们都将宝压在狮子身上，毫无胜算。只要可以带走值钱的东西他们都没放过，都被送往新斯科或不伦瑞克，那些东西足足装了一大车。不过那些农场、庄园以及老祖宗传下来的各种不动产，是没有可能弄走的，它们是在西部贫困地区取得胜利时获得的奖励。在1775年至1787年之间，那些来自偏远山区的穷苦民众成为了几个州的大部分不动产的新主人。他们一夜暴富，也大大增强了民主派的实力，由于保皇派的退却，贵族的势力也渐渐衰弱下来。

这个时期民主派也想尽一切办法来巩固自身对国家的掌控力。此时是处理西部边疆大面积荒原归属的最好时机。法国人离开了，不过不可能带走防御工事，英国人掌控了它们。要解决这件事并不简单，那些投身革命的无论是新英格兰人、纽约人、弗吉尼亚人或是宾夕法尼亚人，都不会去在意那些偏远山区的农民,很显然他们之后一定会碰到英国驻军。对于他们是没有多少情感可言的,和我们现在对爱达荷人或怀俄明人的态度相近。我们若是从报刊上获悉他们的各种遭遇时,可能会略表同情地说"我们是不是应该帮帮他们",或许还会心存善念地资助一点钱财,除了这些,我们能做的好像很有限,他们离我们生活的地方遥不可及。

这个道理开荒者们都明白。

曾经的他们一直被耶稣会牧师、英国军队和法国官员欺压,现在他们都陆续从这儿离开了,剩下的只有乔治国王的军队了。战争即将结束的时候,随之撤离的还有偏远山区的所有哨所,偏远山区的人们终于可以大展拳脚了。

接下来土著人们即将遭受苦难,很久之前生活在这片荒地上的他们为了保全自己,稀里糊涂地站在英国一队,英国人送给他们朗姆酒,之后那些弱不禁风的北美农民遭到了他们的大肆虐杀。

现在他们必须为曾经做过的事付出代价。

印第安人的部落陆续遭到了攻击,有的被杀害了,有的被赶离了家园。纽约北边的印第安人思想前卫、文明极高,他们组建了属于自己的联盟政府。在大陆会议上富兰克林给予他们很高的评价,说他们是合众国的标杆。来自新罕布什尔的约翰·沙利文带领的美国军队让原本准备反击的印第安人彻底失败了。为了让战争获得绝对的胜利,沙利文将自己的果园和田地都毁坏了,这样就算有人活着也撑不了多久。如此残暴的做法受到很多人的质疑,不过大陆会议却授予他英雄的称号,他的胜利回归让无数人激动万分,还特地通过了一项感谢他的决议。

印第安人的威胁在合众国的圈子里销声匿迹,之后再也不用为此担惊受怕。东边的美国人也连连获得胜利。德国军官、法国士兵、波兰志愿者以及荷兰美元的救助,再加上"距离"将军的眷顾,大家齐心协力,将乔治国王的正规军渐渐瓦解了。

英国人在1781年进行了最后的抵抗,由于在北方战场上节节败退,他们在波士顿没有了立足之地。由于伯戈因在萨拉托加战场的失利,彻底毁灭了他们原本打算占领哈得逊河,将美国从中切断的计划。

后来他们又盘算着将军队先向南部转移，再继续往北而去。但是这次远征的结果让人大失所望，下场很悲惨。1781 年 10 月 19 日，康华利勋爵和他的部下们在约克镇全体投降。

很快伦敦就收到了这个坏消息，不过乔治国王却说："这没什么大不了的。"之后还说，这次的失利并不会对任何一位英国人之前的所有原则有所影响。不过当这个消息传到诺思勋爵耳中，他思索了许久，才心灰意懒地说了句："我们完蛋了。"后来他就将所有的职务都辞掉了，罗金汉侯爵以及前些年被他赶下台的辉格党人接替了他和谈判相关的一切事务。

谈判于 1782 年的春天在巴黎正式启动，足足谈了有两年，这次谈判渐渐地演变成了对地理和经济的抢夺。在谈判期间，本杰明·富兰克林和约翰·亚当斯表现得很睿智，让他们的对手惭愧不已。

亚当斯于两年之后担任了驻英国大使。

人们感到，这位新的共和国代表在与英国国王举行会晤时的所作所为太差劲了，毫无礼节可言，不过在他的国家，如此野蛮无礼的行为却是真性情的体现，会受到很多人的敬仰。

不过此时必须在这里说一说国王发表的一段言论。他说："先生，我说的话请你务必放在心上，还要让你的同胞们也知道。在那次刚刚结束的战争中，做出的所有事情都是本着对自己的人民负责的态度进行的。我诚恳地跟你说，我是最后一个主张分离的，这个时候分离是我们最好的选择，就如同我此时说的，赞成合众国作为一个独立国家并传达友谊的人，我应该排在首位。"

最终这个无法改变的事实也让宗主国慢慢接受。

第三十一章
折中方案使一个国家得以建立

美国获得了自由。用鲁布·戈德堡———一周赚 15 美元而且拥有深刻的思想的哲学天才的话来说就是:"美利坚合众国的人民已经得到了他们一直想要的自由,那么接下来他们有什么打算呢?"

这样的问题我觉得对于华盛顿和亚当斯来说,光凭一句笑话是不能解决的,亚当斯发现,在不久的将来,美国将进入无政府状态。华盛顿也意识到他现在要扮演警察的角色,做警察应该做的事情。他要拯救这个处于暴动边缘的国家,当然这些都需要他的追随者们提供帮助。

无须我多言,你们一定知道,革命就意味着否定。有时候它是必不可少的,可是有时人们又希望看到它。无论如何,革命的终极目标就好像把一个毫无价值的古老建筑物拆掉,或者进行一次外科手术一样,是否定的。

美国那些革命者们因为一个共同的理想汇聚到了一起。这个理想中包括他们不得不接受的现实,虽然这个事实他们极其不想面对。举例来说,国王命令他们"不许到那些印第安人所在的区域去",他们就

堡垒

极其不想遵从；来自于英国的主教，他们也不想接受；他们更不想给英国政府缴纳税款；尽管他们有茶叶、燃料和玻璃，可是他们不想让国会把它们纳入征税范围。总而言之，有太多东西是他们不乐意的。

站在如今的角度来看，已经不是那个人们可以拒绝的年代了，到了"做事"的平静年代。只是这些起义者在获胜以后，发现事情的变化之快已经远远出乎他们的意料了。

他们现在是共和国的公民，不再受外国国王的管辖。可是这个共和国应该如何管理呢？这个共和国是什么样的呢？它要如何才能拥有更多的财富来让国家保持独立呢？此外，还要解决很多不计其数的问题。

美国之前并不清楚"赤字"是什么意思，可是英国政府早就做好了精细的准备。举例来说，让法国人臣服在自己脚下，让土著人从白人的农场离开，维持好法律和秩序，而且把所有的补给都提供给军队等。如今，那些美好的日子已经一去不复返了。这时，美国人都开始（并不是用一种特别隆重的形式）自问，然后又向彼此发问："要建立一个什么样的政府才对呢？"

一夜过后，原本就在农村和城市、内陆边界和沿河之间存在的冲突愈发激烈了。民主派的托恩斯·潘恩想把那些独立的小邦联合起来，组建一个名副其实的"共和国"，一个可以用"人类的避难营地"称呼的共和国。他的想法得到了民主派的支持。

可是在贵族派看来，这样的建议的可操作性并不强。在他们看来，成立一个联邦，把那些小联邦联合起来无异于痴人说梦。这个世界已经够糟了，如果一个民族的力量不够强大，那又能有什么作为呢？假如这个强大的力量不是说政府，那么又是指什么？现在，为了和世界上其他的力量相对抗，保护自己的合法权益，那些各自为政的殖民地不是一直深受其扰吗？

当时还有一个事情很棘手，那就是英国的关税问题。巴黎合约签订以后，宗主国在对待他以前的子民时，已经像对待其他国家一样了。所有进口美国的货物想要进入英国，就一定要纳税。美国人也想着以其人之道还治其人之身，可是他们要怎么样才能做到这一点呢？难道用 13 张税单，就可以解决 13 个小邦的关税问题吗？这样的想法未免太荒谬了。

每一个联邦议会都发行了好几百万的纸币，而且在全国范围内流通起来，这就使得很多邦之间在生意和信贷上的问题频发。根本不可能让邦议会把那些已经贬值的纸币收回来，也不可能恢复殖民地金银本位制度。要知道这也给很多小政客带来了很大的经济利益。

此外，很多士兵和军官在战争期间，因为物质供应不上，于是就给农民打了欠条或向商人借了东西。这些令人同情的商人和农民们要让谁来偿还这些欠条呢？去找特拉华或者宾夕法尼亚政府吗？这些可不是一笔小数目。而且几年前，这些政府就已经宣告破产了。他们之前所发的债券已经被人们当成了废纸。

邦与邦之间的贸易往来也有很多障碍。对于从新泽西来的所有商品，纽约都要征税，这样合理吗？或者是反过来，对于纽约的所有商品，新泽西都要征税，合理吗？

联邦条例于1777年出台以后，使得每个联邦共同组成了一个联盟。欧洲各国（也有少部分其他国家）都认可这只是一个普通的国家。可是，这些国家不像之前一样支持美国了。战争的炮火平息下来以后，那些外国的债权人纷纷叫嚣着把到期的欠款收回来，最起码也要先收回利息。《巴黎合约》规定，对于西部的广阔地区，美国人有随意支配的权利，以后，这些土地会成为新的邦（这也是每个人都想看到的）。假如可以把这部分土地卖掉的话，就会有很大的一笔收入。

可是这笔钱到手以后要如何分配呢？一下子涌过来众多棘手的事情，那些强烈拥护民主制的激进派已开始察觉到有些事情已经刻不容缓了，必须马上做。

在安纳波利斯召开的第一次会议调解了弗吉尼亚和马里兰之间因为关税问题所导致的冲突，可是却以失败告终了。只有5个不厌其烦的邦派代表参加了此次会议。这几个代表讨论了组建一个强大的中央政府的想法以后就离开了。这次会议的参与者还有华盛顿的前助手汉密尔顿，他态度坚决地声称要组建一个贵族政府。这人非常机智，他知道是时候来个彻底的变革了，如果错过了这次机会，就不可能再有这样的机会了。

所以，这些极为小心的绅士们要么在一些非常隐蔽的旅馆密室里集合进行探讨，要么写信沟通。最后他们商定第二年 5 月份在费城召开首次正式会议。

一开始只有 7 个联邦的代表来了，可是后来其他的邦派代表也一个接一个地来了（除了罗德岛）。会议终于在 6 月的第一天开始了。这时（这个国家已经差不多十几年处于无政府状态了），每个邦都暂时搁置之前的纷争，把自己最出色的公民派作代表，也没有严加管束他们的一言一行。

这一次会议并没有公开举行。可是，从 1872 年的印刷报告里或是后来发表的私人回忆录里面，我们依然可以知道当我们国家处于最艰难的四个月时，都发生了什么事情。这次会议的参与者既没有极端贵族派的代表，也没有极端民主派的代表。会议中，共有 55 个代表陈述了自己的主张，他们基本上都是律师、战士和商人，在艰难的岁月里兢兢业业地做着自己的工作，所陈述的观点也非常平和。他们都希望自己的国家能够切合实际，不希望其成为什么独特政策的试验品。

和很多精明的商人一样，他们也知道委员会其实并不能有什么实质性的行动。除非这个委员会包括三个人，一个人因为有事不能出席，另一个因为生病不能出席。所以，所有拟订文件的实质性工作几乎都是由来自于弗吉尼亚乔治县的詹姆斯·麦迪逊一人完成的。他之前出过一本名叫《合众国政治体制的弊病》的宣传册。这位麦迪逊先生在安纳波利斯会议期间发挥了很大的作用。他把一份非常切合实际的宪法方案拿到费城，所以，他被那些将所有中央集权思想都视为侵犯自身权利的小邦代表们视为眼中钉。

后来，这些人也把他们自己制定的"新泽西方案"交了上去，遭到了大邦代表们的否决，因为它让小省份的利益当前，关键性的省份要妥协。所以，危机不可避免地发生了。小邦的代表们都不愿意出席这次会议了。

可是，这次会议的主持者是受人敬仰的华盛顿将军。只要会议的主持者是他，就没有人会缺席。是的，没有人缺席！

年事已高，可是却依然闪耀着睿智光芒的富兰克林博士也出席了这次会议。当所有事情都进展顺利时，他就会一脸兴奋；当争论到了白热化状态时，他就会讲几个特别有意思的小故事。有时候，他还会把那些气愤的代表们请到他的小休息室里，等到他们气消了为止，以确保制宪工作的顺利进行。

自始至终，会议都没有被打断过，这是最为关键的。康涅狄格代表团提出的折中方案在会议上通过了。美利坚合众国宪法于1789年9月制定结束以后，交由公众审核。每个邦的批准工作都进展缓慢，制宪会议历经重重险阻，才终于到达成功的彼岸。

"出身卑微"的人觉得"出身高贵"的人给自己强加了一些东西；事实上，共和国的总统就是一个新的君主；宪法中规定的国会就和英国议会一样，到最后肯定会提出统一的要求，并不会对这些小邦的利益予以关注；"出身尊贵"的人反复强调，这所有的质疑只是廉价地表现出了暴民政治，新政府采取的都是非常精致的做法，让立法部门、法院和行政部门都只能在自己的权力范围内做事情。他们还发表了一些文章，最后汇聚成《联邦党人文集》一书。

在一些邦中，贵族派和民主派原本就存在矛盾，这些矛盾在这些邦批准的过程中再次被挑了起来。在这些邦里面，支持者和反对者的数量几乎是对等的（马萨诸塞是187票对168票）。可是所有邦都表示，对于宪法，他们是持支持态度的。罗德岛虽然之前在费城会议上缺席了，可是也表示很懊悔自己之前的行为，并表示不想自成一体，想继续做合众国的一分子。

当那个让人刻骨铭心的时代过去以后，针对这个问题，很多知识渊博的人都写过不少著作，也进行了多次讲话。在我看来，这些人所做的事情就如同一个小孩给弗里茨·克莱斯讲述小提琴的演奏方法一样。可是，假如有人想出版一本和美国有关的书籍，却必须提到这些问题。

在我看来，和但丁的《神曲》、弥尔顿的《失乐园》以及歌德的《浮士德》一样，美国的宪法也是拥有越少的读者，所享有的声誉反而越高。

时常会听到人们发出这样的惊叹之声："啊，宪法！"可是却很少有这样的赞美之人花时间来对它进行研究。当然不包括学校里面的学生，因为他们都是被强制性要求的，他们最后都变得非常讨厌这本书，而且还把它归到索然无味的那类物件中——随便抽一篇出来，就足以媲美那让人退避三舍的很多烦冗资料。可是很无奈，因为大学和中学都必须读它。

在过去300年中，其实它是最有意思的文件之一。他是妥协的产物，里面并没有说所有权利都是与生俱来的，可以说它是一份和政府规则有关的文件。过去140年，政治、经济和科学上的巨大变革，它都经历了，它在1927年与它在1787年一样重要。这是一部生命力特别强的政治文献，把它视为一份稀松平常的政府文件是绝对不可以的。

1787年在费城聚集的人是最大的功臣，正是因为他们理性的思想和现实相结合的态度，才有了如此美好的结果。

假如把这个国家比作一艘船，那么它才刚刚踏上征程，就和党派之争的礁石撞了个正着，如同翻滚的巨浪的无政府主义会一举吞噬它。就在这个千钧一发的时刻，麦迪逊和他的伙伴们大无畏地跳了出来，开始拯救这艘船。他们对罗盘进行了重新调整，把精准的航海图交给船员们，而且指挥着这艘小船躲过惊涛骇浪，高昂着头前行在茫茫无际的大海中。

根据新规则，第一届国会会议于1789年3月4日在纽约召开。3个星期以后，在联邦大厦的台阶上，华盛顿将军在全国人民的拥护下登上美利坚合众国的总统宝座。

几个星期以后，在凡尔赛的宴会厅中，仁慈的法国国王路易非常不安地站在那里，一群沉默的忠诚的子民站在他的面前。他告诉法国国民代表们，他想要拯救自己危难的祖国。

这个世界真是太奇妙了，它让不同的人来推动历史的前进，像亚当斯、富兰克林、拉斐德、华盛顿、汉密尔顿、卢梭、杰斐逊、琼斯、波旁家族阿代马尔的子孙后代，在命运的安排下，他们都火急火燎地冲到了历史的舞台上，表演了自己的戏份，然后只听"啪"的一声，历史女神克利俄[1]就把他们统统收到了她那古老而保险的箱子里。

之后，这位女神就悄悄地开始对下一幕的舞台进行布置，让我们见证一场喜剧或悲剧。当我们看到这些表演时，有时会笑个不停，有时会激动地流泪。我一直都相信，只有我们才能看到如此精彩绝伦的演出。

---

[1] 克利俄，古希腊神话中负责对历史进行掌控的女神。——译者注

第三十二章
华盛顿退出历史舞台，汉密尔顿坚持发展商业

"Aristos"在希腊语中是"最好"的意思，"Kratia"是"政府"的意思。因此，人们就觉得贵族政体（Aristocracy）是"杰出者的统治"。亚历山大·汉密尔顿是这么说的，"贵族政体就意味着这个政府的管理者是一个有钱人、高尚者和贤达者"。他的这一观点也得到了他的政治伙伴们的认可。

一直以来，贵族政体都是一个非常宝贵的思想。这话说得没错，比"杰出者的统治"更好的办法的确很难找出来。只是有这样一个棘手的问题，那就是无论在什么样的社会里生活，你都难以辨别最崇高或最贤达的人是谁（最有钱的人却很好辨认）。可是，当生存变得艰难时，人们通常都会有非常情绪化的表现，在很短的时间内，那些优美的语句就可以让最理性的人也变得疯狂。在这样的情况下，对于这种宣传（又或者是相反的宣传），人们就会轻信，进而使其成为伦理道德的一部分。

可是生活在现代的我们，已经非常清楚民主是各种政治举措中最好的方法，所以我们在对这段历史进行追忆时并不会显得非常兴奋，而且我们还可以非常冷静地对当时的各种事件进行分析。现在已经很清楚了：把我们的宪法制定出来的那些人，已经挖空心思想出来一套非常类似于君主制的选举制度，而且他们还做了不少防范举措，以防那些根本没有资格坐在那个神圣的临时君主位置上的人坐上那个宝座。

此外，从理论的角度来看，他们对自己的民众充满了热情，可是当付诸行动时，他们就会对民众的态度表示质疑，甚至还会表示厌弃。他们做事非常小心

谨慎，不会让民众直接接触行政首脑的选举。他们不敢公开这样的想法，于是就交由各州的立法机构来完成，他们让这些机构挖空心思，务必确保公民选出的选举成员只是少数的，这就使得穷人无法掌控大权。选举团的成员们都打扮得很体面，当他们聚在一起时，没有选民可以约束他们。他们时常挂在嘴边的一句话就是："在我们看来，在某地被人们敬仰的某位先生，就是最好的总统人选。于是，我们建议未来4年我们的领导人就由他来担任。"

  人们在1789年进行总统选举时，意见非常统一，喊出的都是同一个名字——乔治·华盛顿。可是单凭他一己之力，怎么可能把400万人民各式各样的行政事务都处理完呢？他急需一位帮手。

  从选择自己的部长这件事情上，我们就可以看出华盛顿是一位特别睿智且小心谨慎的人。他并不会在工作中掺杂自己的喜恶。当时的副总统是约翰·亚当斯，所以其他的重要事物他就不能出任了。这时托马斯·杰斐逊在法国的职务期满，刚回国，尽管他对自己的祖国充满了忠诚，可是他和自己那位费尔法克斯县的邻居几乎在所有事情上的意见都不一致，他依然坐上了国务卿的位置。毫无能力的大陆会议把一个很大的残局留给了他们——国库空虚，负责整理的人是亚历山大·汉密尔顿。

  由汉密尔顿来出任这个职务，真是再合适不过了。很小的时候，他就和亲戚们住在一起，少年时期就在一个商铺里干活，只要老板不在，就由他负责处理那些纷乱的生意。他做事很有自己的特色，所以他受到了很多并不太了解他的人的关注。他们给他资助了一笔钱，让他拿着这笔钱到纽约哥伦比亚大学学习，假如不是有这样的好运气，真不知道他会走上哪条道路。他的母亲是法国后裔，一开始和一位圣克罗伊岛上的丹麦种植园主结婚了，后来又离开他，和一位名叫詹姆士·汉密尔顿的苏格兰人悄无声息地结婚了，之后就共同生活在尼斯维岛上，那里也是亚历山大和他的弟弟詹姆士的出生地。

  1768年，经历了母亲去世、父亲破产的他独自去谋生了。他来到哥伦比亚大学，没过多久就爆发了革命。于是他主动成为革命的一分子，迅速在军事上表现出自己的才能，后来成为华盛顿将军的参谋部中校。他又在接下来的4年时间里成了华盛顿的主要助手和重要秘书。

1780 年,他以婚姻的形式成为纽约部的一个历史悠久的荷兰家族的一员。从那以后,他就开始做一些和律师相关的工作,过上了安定的生活。他一直在和极端民主派所声称的无政府主义相抗争,这项工作非常适合他,主要是因为他自己就是一个移民,所以他所忠诚的不只是哪一个邦。这片土地上生活着他的大部分同胞,因此他们要先对田纳西或罗德岛忠诚,然后才对美国表示忠诚。根据当时人们的说法,对于西印度群岛上的一个小火山岛屿,他应该是"本能的效忠",可是年仅 15 岁,他就从那个地方离开了,而且他还有很多理由讨厌那个地方。因此那种"地方主义"在他身上根本找不到,他很愿意把美国看作一个国家,而不是一个自负的、自以为强过其他独立小公国的、没有任何凝聚力的联盟。

不仅如此,在某些方面,汉密尔顿的眼光也很独到。他的法语很流利,华盛顿之所以选中他,这也是其中一个原因。他在国际贸易上的经验也非常丰富,所以,他知道在所有商业合作中,最基本的前提就是彼此信任,也就是说信任度非常关键。

农民议员在很多邦的立法机构中都占据了很大的比例,他们习惯于以物换物,很难理解那些茫然的现象。他们从孩提时代就开始接受一种教育,使得他们对城里的放贷人充满了怀疑,甚至讨厌他们,因为那些放贷人随时都有可能把抵押品的赎回权废掉,这样会导致一个家庭的灭亡。他们觉得那些汇票、支票和货币的运作就像一个谜团,太不值得相信了,是魔鬼才会玩的伎俩。毫无疑问,他们也喜欢钱,而且多多益善。有钱了才能把自己喜欢的东西买回来,没钱连战争都打不下去。可是当美国得到荷兰的弗罗林、法国的法郎,成为一部分外债,用来给付海军和陆军的工资以后,它们就不会产生利息了。原本外国的银行家是可以拿到利息的,可是如今却亏得一团糟。只要这些出现在他们的脑海里,他们就会非常恼火那个残忍的"风险",并感到十分痛苦。

那些财神爷们就应该也吃吃苦,让他们好好懊悔一段时间。

当汉密尔顿出任财政部长时,这个国家当时欠着 7700 万美元的债,这无异于一笔巨款。其中大部分是美国公民手中的各种票据,然后是欠外国银行和外国政府的外债，以及欠各个州的钱。

在这几种债务中，最不好处理的就是欠美国公民的钱，原因是手里有票据的老百姓对现金有十分迫切的需求，所以无可奈何的他们，只好把这些票据低价贱卖给投机商。假如政府可以把这些票据还上（当时的想法就是这样的），投机商们就会赚得盆满钵满，那些票据的原有持有人（这些人当时把自己的血汗钱借给大陆会议时是充满热忱的）的生活依然会非常穷困。

当时有两个派别。一派对汉密尔顿的方法表示支持，对所有债务负责；而拥护杰斐逊的一派则对这样的做法表示反对。最终，双方都做出了退步。杰斐逊对汉密尔顿的还债计划表示支持，汉密尔顿也对杰斐逊所提出的组建新首都的计划表示支持。新首都将会在波托马克河沿岸成立，这里远离东部的邪恶势力。

只是汉密尔顿还想扩大胜利的战果。如果合众国的财政建立的基础不符合实际，新的国家不能成为一个自食其力的经济组织，共和国的独立就只是纸上谈兵。汉密尔顿无法想象，一个国家如果连自己的银行都没有，会是什么样子。英格兰银行帮助英国政府渡过了所有危机；丽都银行是威尼斯繁荣的主要支持力量；阿姆斯特丹银行参与了荷兰所有的商业活动；瑞克斯银行于17世纪中期就在瑞典成立了。只是，合众国却没有自己的银行。对于那些比杂货铺还要复杂的机制，农场主们一脸茫然，他们之所以抵制银行，就是因为他们也觉得"把所有钱都放在一个地方"太不靠谱了。

很显然，这样的行为太傻了。所以，作为华盛顿内阁智囊，汉密尔顿于1792年在费城建立了银行，尽管当时资本不足，但应付各种事情还是足够了。

只是，仅有一个银行是不行的。联邦政府必须有一定的收入渠道才能保持财政平衡。这时，联邦政府把很多之前英国议会所负责的事情都揽过来了，因此现金的使用途径就多了。

对外国商品征收税款已经不是什么新鲜事了。关税（Tariff）这个词语是从阿拉伯来的，这个制度可以一直追溯到中世纪初。

鉴于当时所有国家基本上都有关税。所以，汉密尔顿建议合众国也要征收关税。

银行

西部和南部的农业地区都不同意这么做，种植园主和农场主们都一致认为，虽然沿海地区的制造商们会因为保护性关税获益，可是农场主却因此要缴纳更多的税。汉密尔顿没有理会这些质疑的声音，而是继续按照自己的想法行动，征收了威士忌酒的税款。当时，宾夕法尼亚偏远地区的人们都喜欢酿造美酒，也刚好开始喜欢喝威士忌。所以，征税引发了很多战争，还导致了一场动乱，后来在华盛顿总统派出的 15000 人的民兵部队的制止下，这场动乱才得以平息。

所有"理智的人"（华盛顿对这个说法很是喜欢）都觉得合众国已经称得上是一个体面的国家了。可是有一些人却开始担心自己的未来，因为他们眼睁睁地看着一个独联体变成了一个高度集权的准君主国家，至于别人叫自己什么，他们反倒不在意了。

所以，借贷人和放贷人、边关和沿海、民主派和贵族、城市和乡村之间过去的恩恩怨怨又重新被激发了。不同于以往的是，这次有两个明确的纲领和新名字的党派。和华盛顿、亚当斯以及汉密尔顿一个阵营的人都想成立一个实力雄厚的中央政府，而且这个政府要由一个素质高、富有、出身好的人来领导，他们有联邦党人之称。在另外一些人眼里，杰斐逊则是他们的精神灯塔，他们反对所有州都把独立权交给才成立的联邦政府。这些人认为在品质方面，出身卑微的人更占优势。他们有反联邦党人之称。如果人们觉得联邦党人想要回到从前温和的君主制，那么反联邦党人为了站在其对立面，则会以共和党人自称。

1975 年，杰斐逊退出了内阁，就此点燃了两个派别之间的战火。接下来，华盛顿政府的每一步都如履薄冰，而且在争斗的过程中，双方都将文明社会的基本礼仪

国外的商人

抛到了一边。

像在费城、纽约、哈特福德、波士顿和查尔斯顿等一些大城市中，人们都希望合众国能够站在世界上制造业的最前列，所以他们都对杰斐逊大肆贬损，说他是一个空想家、只会说大话的专家，容易冲动，还说因为他在法国待的时间比较长，深受法国思想的影响，是一个很不理智的爱国者。

对于东部所说的这种上帝赐予的福报，偏远地区的人们很是厌恶，因为这些极易勾起他们努力想要挣脱的欧洲的旧东西。他们给华盛顿起了很多粗鲁卑鄙的外号。

这一切都太悲惨了，可是厄运才刚刚开始。

几年前，法国的一些青年穿过大西洋，到这里来参加美国革命，可是如今，他们却要参加一场和他们自己有关的革命。他们的国王被人杀了，君主制也被共和国所取代。假如这些人侥幸活了下来，也只能去国外流浪，做糕点师、礼仪师或法语老师来维持生计。对于那些在他们看来是苦难的始作俑者，那些生活在水深火热中的人们绝对不会手软。对于这一切，英国君主心生怨怼，身为美国殖民者的老朋友的爱德蒙·伯克是个手段更狠的角色，他把人们都召集起来，讨伐那些反叛合法君主的人和想要把所有中世纪与封建主义思想都清除掉的人。

两国之间的冲突已到了白热化的阶段，战争一触即发。1793年，英法两国之间爆发了激烈的纷争。

在这种情况下，大部分法国人都觉得美国人自然知道怎么做。法国非常崇高地在10年前资助了当时处境恶劣的美国人民，为了帮助美国人民争取独立，他们付出了金钱和生命的代价。

毫无疑问，美国应该帮助现在处境非常糟糕的法国。可是法国人最后却大失所望。他们毫无反应。纽约只做了一件事，那就是由华盛顿亲自签署了一份中立的文件，这份文件明确表明了美国的态度：在法国总督政府和英国乔治国王的问题上，美国人民保持"完完全全的中立态度"，不能偏向任何一方。

这样的决定好像和之前的那份严肃的条约是不相符的。在那份条约中，不但说美国和法国是同盟国，还说美国有责任保护法国在西印度群岛的领地，法国海盗船可以带着自己的战利品到美国的所有港口去，而且这些港口不允许法国的敌对船只进入。

这样一份保持中立的文件在普通法国人眼里，明显和之前非常崇高的行为准则是不相符的。可是从新任命的外交代表带回来的报告中，他们很快就得知了一件事情，这样的做法在那片土地上就是准则。

这位年轻的外交代表就是爱德蒙·夏尔·爱德华·热内，他非常亲切。刚抵达美国时，他一门心思想成为下一个富兰克林，像那位有名的印刷工在塞纳河畔得到的重视一样，他也想在哈得逊河畔得到人们的重视。之前，富兰克林不仅可以从法国借债，还可以自由地在法国行走，还可以让美国得到法国人民的同情，装备军用的船只。

热内毕竟太年轻了，他的个人魅力不可能比得上那位温婉可亲的老人。可是法国政府曾经借给美国政府好几百万美元的钱倒是不争的事实。当时，热内觉得法国使者很快就可以把这笔钱拿回来，这样就可以和西班牙、英国的一些小规模战争相对抗，就像10年前美国在欧洲海域作战时，法国是其供应基地一样，法国西半球上的供应基地就是美国。

一开始，一些事情发展得很顺利。

过去，查尔斯顿的人民一直遭受着英国侵略者的压迫，在查尔斯顿上岸以后的热内受到了当地人民的热烈欢迎。对于法国人的帮助，他们表示万分感谢，因此特别欢迎这位法国人的到来。

在去往费城的路上，热内一路上听到的几乎都是欢呼声，就如同一场盛大的庆典仪式一样。他很快就在这个首都安定下来，然后就开始遇到各种各样的麻烦。

中立的条约一直都存在。当他向美国人提到法国和美国曾经签署的那份条约时，对方则回答道，当时和美国签署条约的是法国国王，而法国国王如今已经不在世了，那么这项条约也就跟着失效了。于是他要求美国把曾经找法国借的一部分钱还回来，"用这些钱抚恤在西印度群岛一次奴隶起义中牺牲的人"时，遭到了汉密尔顿的回绝。

当他们的战船带着战利品驶入一个美国港口时，英国公使马上把律师找来，告诉他们不允许拍卖。他觉得眼前一片黑暗，只能求助于美国参议院和众议院（他觉得这些议员就代表着民意），可是最后他只得到了美国国务卿答复给他的一封敷衍又专制的信件。不久这件事情就传到了巴黎，民众们都一致恳求督政府遣回他们的这位使者。

这些还不是最糟糕的。美国政府不仅没有对英国履行合约的规定（这位法国人说的），还把首席法官约翰·杰伊派到伦敦去了，商议怎么和英国签署一份两国间和平相处、航海事宜以及贸易往来的条约，自此以后，这对曾经的死对头就化敌为友了。

欧洲的报纸刊登了美国的行为，巴黎的咖啡馆里处处都是谩骂美国的声音，这在美国掀起了惊涛骇浪，这是革命一开始从来没有过的现象。据说，众议院提出对几个月以前在伦敦拟定的文件进行审核，可是他们却得到了这样的回复：议会没有权利签署条约，只有需要讨论具体的问题时，议员们才有权利看条约的内容。

汉密尔顿（有一次暴怒的群众几乎把他打死）和总统的其他助手们尽力告诉公众们，《杰伊条约》有多么重要，并尽力让他们相信，欧洲大战中不稳定的因素还有很多，将来英美之间必然会起纷争。可是他们的努力却没有收到任何成效——对于这些解释，共和党人一概不理，继续高喊着反对，持续到1796年新的大选。

虽然人们都强烈呼吁美国的第三届总统由华盛顿担任，可是却遭到了华盛顿本人的拒绝，原因主要是他觉得太累了，他想回到故乡，和家人们待在一起，而并不是因为他觉得一个公民没有权利连任三届总统。

如今的他已经64岁了，过去的20年，他一直都是忙忙碌碌的，每天都要面对争论、误会，以及谩骂声。在他从四个高级职务上卸任时，他向公众做了一次告别演讲。这份演讲词就是他献给他最热爱的祖国的一份政治遗嘱。他为这个国家贡献了自己所有的能力，牺牲不小。

他时常告诉自己的朋友们，要多考虑这个国家的利益，少考虑自己的利益。

他劝诫他们不要因为纯粹的党派利益而影响到自己的决定。

他还告诉他们,对于欧洲大陆的每一个国家,都要小心防范,这些国家他无论如何都不会相信,更不用说美国会因为他们而得益。他说:欧洲各国之间的利益冲突不断,这些冲突和我们毫不相关,或者离我们十万八千里远。从本质上来说,并不会影响到我们的利益。所以,假如我们因为一种人为的关系就卷进欧洲的政治风暴中,那实在是太不明智了。所以,我们尽力不要和外界的世界建立任何长期的联盟关系才是对的。

芒特弗农

1797年3月4日,马萨诸塞的约翰·亚当斯就职总统,举行庆典仪式时,华盛顿也来了。之后,华盛顿就在新总统和副总统的目送下,坐着一轮马车前往芒特弗农。两年以后,他安静地离开了人世,似乎这就是他提前规划好的一样。

华盛顿

第三十三章
亚当斯总统发现革命之间的不同

"革命"一词在《牛津简明词典》里面的意思是:"倾覆;完全改变;本质上的变化,尤其是说人民通过残酷的方式变更朝代;社会大的变革。"

假如这个定义我们是认可的(它似乎很全面也很客观),那么美国在1775年到1783年间、法国在1789年至1795年间,都有过这样一场名副其实的革命。原因是,这两个国家都发生了翻天覆地的变化,社会有了很大的改变,这都是人们通过暴力的方式做到的。如此来看,人们都盼望两个兄弟共和国成为最亲密的朋友也说得过去。

两个国家一个位于世界的一端,一个位于另一端。从严格意义上来说,它们并不是生意对手。而且,当美国急需帮助时,法国伸出了援手。可是最后的结果却大大出乎人们的意料。

大洋两端的领导对这样一件事情应该是心知肚明的,那就是一场革命也许是革命,也许不是革命,而是其他的什么东西。当发生什么事情时,旁观的人们总是很难明白个中原因。他们就如同身处在硝烟弥漫的战场上的战士,枪声不断地在他们耳边回响,场面极度混乱,到处是哭喊声。假如他们的寿命可以再延长50年至100年,从一些可靠的历史学家那里,也许他们可以明白这次战争究竟是为什么而引发。

这些事件是150年以前发生的。那么法国和美国之间为什么有这么多冲突呢?当时,很多诚挚的法国人和美国人都对这个问题感到很疑惑,可是现在,这个谜团已经揭开了。

在美国，革命意味着民主派、上流社会和资产阶级，将把新国家的政权接过去，是一种政权更迭的形式。

在法国，革命意味着民主派、贫穷的老百姓和无产阶级，将接过新国家的政权，这是另一种政权更迭的形式。

在美国，新政府的组成人员包括华盛顿、亚当斯和汉密尔顿等年高德劭、名声斐然的公民。

可是在法国，掌握着大权的都是那些生活在文明程度低下的地中海小岛上的公证人家庭、出身于没落贵族的冒险家、一贫如洗的工兵队长和所有在经济和政治方面都毫无背景的政治家。反正他们已经够穷了，也没什么可怕的了。

法国革命

而且，从方式上来说，这两次革命的悬殊有点大。

美国人被 3000 海里的水域保护着。

法国的土地和他们的敌人离得很近。

美国人在战争一开始赢了几场以后，就消除了后患。原本保皇派就没有什么军事实力，只好往新斯科舍或英国这些偏僻的地方逃，之后就没有什么可以对美国造成威胁了。

法国却刚好是另一番场景，因为农民、教士、贵族和王室不停地开展秘密行动，引发了强烈的恐慌。而因为害怕的源头一直没有找到，所以民众之间产生了非常恐怖的屠杀。

当这两个国家最后都声称把房屋打扫干净了以后，他们之间产生了巨大的罅隙，导致双方都误解了对方。

美国新政府迁移到了一栋寓所前厅，这栋建筑有着明显的殖民地时期风格。而法国掌权的人却已经累得要命，所以和民众一起搬到了一座破败的王宫里。

约翰·亚当斯和他的夫人每天早上都是边喝咖啡，边读美国驻巴黎大使莫里斯寄过来的信件。他们了解到在莫里斯的帮助下，国王和王后想逃脱巴黎郊外的流氓混混的魔爪，可是却没能成功，现在他们已经和普通的囚犯无异了，以前的臣民们将会对他们进行审判。这些人大肆宣扬着让人恐惧的"平等""博爱"的思想（令人同情的杰斐逊一直夸夸其谈的东西也正是这里所谓的"平等"），他们扯掉假发、穿最新潮的裤子（长及脚踝）。一把闪闪发光的刺刀插在长枪上面，整个欧洲的文明都遭到了这些人无情的摧残。亚当斯和他的夫人对于信中所提到的事情，只是摇了摇头，不由得感叹道，曾经那个让人敬仰的民族到哪儿去了，为什么竟没落到如今的境地，他们就是一群卑鄙无耻的暴民。尽管人们很是瞧不起丹尼尔·谢斯上尉，可是却对他的起义表示支持。

亚当斯刚进入总统府，就发现那些饱受摧残的法国杀人犯和强盗们也得到了自己数以百万计的同胞们的拥护；共和党专栏的作家们不断有大作发表，大肆宣扬法国宪法有多么优秀，还说法国的士兵和妇女们是多么具有大公无私的奉献精神。从这些事情中，亚当斯看懂了一件事，那就是美国已经离爆发内战不远了。根据报纸上的说法就是：是时候做点什么了。

做点什么好呢？总统和他的参谋们都没有发表什么意见，可是他们却利用了一个很好的机会。

两个国家因为热内在美国的自负和莫里斯明目张胆地同情波旁家族而出现外交危机。约翰·亚当斯这时已经非常清楚，合众国在独立战争中已经消耗了太多的元气，如今需要养精蓄锐。所以，他的态度就是"哦，可以，过去的事情就不要再提了吧"，而且还让埃尔布里奇、查尔斯·平克尼和约翰·马歇尔就这样到巴黎去，以此释放自己的善意。他没有将所有希望都寄托在这几个人身上，可是这样一来，最起码可以暂时把这两个国家半敌对和小冲突不断的状态解决掉，这是有益于两个国家的做法。

当这三个人抵达巴黎时，法国正痛心于自己海军的全军覆没，也正气恼于美国港口的官员准备让那些带着法国战利品的英国军舰进入。此外，就如同法国人向那些跨海过来的客人所说的那样：在对待英国人和法国人的问题上，美国的标准是不一样的。这是因为驶往英国或者是英国殖民地的美国船只会遭到法国人的侵袭，华盛顿会写反对信。而无论英国人抓走多少美国商人，美国政府都不会表示反对。美国驻伦敦大使和英国的外交官的关系一直都非常密切，而且还会和那位高高在上的大臣彼此敬酒。

美国使节原本是可以说明这个问题的。他们可以说：因为美国政府没有海军，所以要仰仗英国人，而法国人却不能给他们提供什么帮助；虽然美国的驻伦敦大使会和英国的外交官们共进晚餐，可是他也时常说到英国海军的不合法行为。只是，他们之所以到这里来，是想要得到和平，所以，他们表现得很机智，对于那些也许会带来纷争的毫无意义的解释会保持沉默，马上把一套可以解燃眉之急的方案甩给督政府。

他们也许有很大可能会获得成功，如果在这个不太合时宜的时刻，他们可以让法国人时常挂在嘴边的"上层金融界"不将目光放在他们身上。

"上层金融界"不同于其他普通的银行和典当行的是，他们基本上都是通过战争聚敛的财富。假如一个政府急需一笔数额巨大的款项，那么这时在这个国家的首都，就会马上涌现出很多国际骗子，他们会挖空心思地欺骗大臣们，而且还会给官员们挖各种坑，而只有那些非常机智和非常笃定的人才可以避免上当受骗。

这时，三位美国代表遭到了四个"上层金融家"的围攻。他们信誓旦旦地告诉美国代表，一定会将有利于美国人的情报弄过来。这件事情的确很让人心动，18世纪下半叶的外交活动准则也是如此，那时非常流行给外交大臣送礼的行为。那个年代盛行花边袖口和花边手绢，所以几乎每个人手里都有一个鼻烟盒。如果在一个鼻烟盒里面可以看到一堆金币，一定会让人喜不自禁。有人如果收到了这样的礼物，就可以把上等的"哥本哈克鼻烟"买过来，还可以坐马车。

美国使臣们都非常明白这个道理。他们也想贿赂一下当时手握重权的巴拉斯先生，给他送一些奢华的东西。可是督政府婉转地跟他们说，只给美国政府送这么一点钱是远远达不到目的的，还必须把一笔700万美元的贷款给他们，这个请求遭到了美国使臣们的果断拒绝。美国会因为这样做而偏离原本的中立立场，也会导致英美之间的战争。此外,一个有尊严的政府也是不会允许这样的敲诈出现的。

整个诡计的详细过程,直到现在都还是个谜。可是美国使节和法国中间人的信寄到费城以后,联邦党会都觉得这是一件非常好的政治方案,这也是督政府免费赠送的一份贵重的礼物。他们在发表这些信件时,隐去了法国官员的真实姓名。之后,他们告诉共和党:"看吧,你们所谓的朋友就是这样的!你们一直大力吹捧的人就是这样的!"

此外,国内民愤持续上涨,所以,为了预防共和党人之后把自己的不满宣泄出来,他们趁机通过了很多法律,像《客籍法》就是,这个法案规定,申请入籍的人要等候14年,而不是之前的5年。使总统有权抓捕和驱逐所有不受待见的外国侨民,联邦政府有权抓捕和驱逐所有和美国作战的国家的人。

还有一项《镇压叛乱法》,其中明令禁止"所有会攻击到美国政府、总统或者国会的行为,或是宣扬反国会和总统是合法行为,以及支持美国政府敌对国虚假的险恶言论"。假如有人违背了这些规定,就会被判处监禁或罚款。

这些法律的制定,都是以当时的实际情况为依据的。当时,报纸上刊登了不少爱尔兰流亡者大肆咒骂英国政府的文章,原意是想煽动美国人民一起反英政府,可是他们夸张的态度却让居民们不由得心生恐惧。在长达7年的时间里,这些人都对中央集权政府专制的理论极尽诋毁,最终使之倒台,可是联邦党人似乎根本不把这些放在心上。在这个新的皇室法庭上,乔治国王没有签署所有法令的权力,这个权力掌握在约翰·亚当斯手上,在其他方面基本上也是这样。相比宪法,美国公民没有了言论自由权,也约束了曾经非常自豪的出版自由。

联邦法官实在是太积极了,从来没有放弃过把罪责加到无辜的公民头上。理由基本上都是在一个具有政治意义的聚会上,他们说了一些质疑像上帝一样睿智的政府的话。法官们还会因为一些编辑对总统的某个法令进行斥责而把他们关到监牢里。那些有民主思想的人这时开始反宣传。

反对派的灵魂人物是托马斯·杰斐逊。他从华盛顿的内阁退出来以后,一直安静地居住在弗吉尼亚州夏洛茨维尔附近自己家的庄园里,他对自己严加约束,和自己曾经无比钟情的政治游戏离得远远的。

与 18 世纪的哲学家与科学家一样，这位逻辑严密的老绅士也有写信这个爱好。每天，他都会通过信件的方式和那些极具声望的共和党人交流。他手把手地教导这些人的行为，对共和党报刊的社论产生了非常大的影响。共和党的领导人只要觉得手足无措，就会主动去找杰斐逊沟通，对方则一边啜饮着产自于芒特弗农的马德拉白葡萄酒，一边和他们探讨着如何让他们的贵族派对手让步。

所以，《镇压叛乱法》的无效性决议在弗吉尼亚和肯塔基的州议会上得到通过。从这份极具危险性和说服力的文件中，民众们都了解到杰斐逊的地位有多么重要。这是共和党人的孤注一掷，拯救国家于联合党人一直渴望的中央集权倾向，且把共和党所有家当都押了进去。

难以言说的是，对于即将到来的大选，这两项法律和以州会议抵制行动为核心的争论会产生多么大的影响。

从表面上来看，政治领域也像四季变幻一样，会有周期性的改变。冬去春来，长短裙子交替变换，这一届是富人政权，那么下一届就是穷人政权。政治家也好，服装制造商也好，农民也好，即便花再多的工夫，都无法改变这样的自然规律。

1800 年的美国大选，联邦党人被共和党人打败，后者获胜。

富人阶级预测说，美国马上就要进入无政府状态。

偏远地区的人们围着篝火欢庆"财阀的黑暗统治"终结。

亚当斯先生又回到了波士顿，杰斐逊把自己的行装收拾好以后，就写了一封信给华盛顿一家特别有名的旅店经理，询问明年 3 月初，他们能否给他一个房间。

第三十四章
杰斐逊和拿破仑有过一次地产交易

俗话说得好:"欲速则不达。"

当大权在握以后,无论哪个政党都不可能像大选开始之前那样激情满满。

对于政府对各个州和个人的权利进行干扰的行为,下野后的杰斐逊是持反对态度的。可是等他上任以后,他才明白,只有进行根本上的"统治",不管是哪一届政府,才有可能打好根基。

是坐四轮马车,还是走路到国会大厦去送信,这些都是无关紧要的小事。一个人是更愿意听到别人叫他"阁下",还是更愿意听到别人随意用"嘿,汤姆"称呼他,这只关系到一个人的爱好。

可是,假如合众国的总统站在讲台上告诉民众:"同胞们,我在你们遴选出来的立法机构所制定出来的一项国家法律上庄严地签下了字。"在这种情况下,他不是严格履行自己的意志,就是下台。

现如今,杰斐逊是我们的历任总统中接受教育最多的人,他学识渊博,非常了解历史,还是一位幽默感十足的哲学家。他对美国人民的感情很是了解,就像了解自己的仆人一样。从汉谟拉比[1]开始,之后所有政治家都坚信要竭尽所能拿出来几项明确的法律,而且加以贯彻实行,并不只是把一些毫无意义的法令和规则颁发出来,签完过后这些法令也就失去意义了,这样只会遭到公众和法院的蔑视。杰斐逊上台伊始,就是尽可能把多数联邦党人制定的法律废除掉,把联邦

---

[1] 汉谟拉比,古巴比伦王国(前1894—前1595),曾经采用武力的方式对美索不达米亚地区进行了统一,实行中央集权,颁布了《汉谟拉比法典》。——译者注

党的一些官员处理掉，在做这些事情时，还要尽可能保证商业活动和政治生活的平稳。

毫无疑问，这时废除了《镇压叛乱法》，把海军削减到差不多废除的程度。劝退了一些不是太需要的公务员，让其另谋生路。这样做的目的就在于让国债的负担减轻一点。

总统皮鞋的磨损程度也要减轻。因为他通常待在宾夕法尼亚大街尽头的官邸，假如他需要联系国会，就派一名信童去送信。

只是这所有的行为和弹劾萨廖尔·蔡斯大法官的行为都是具有摧毁性的。蔡斯曾经在《独立宣言》上署名。他患有高血压，脾气很糟糕。他以《客籍法》和《镇压叛乱法》为依靠，让自己负责的法院成了一个小型的刑事法庭。

它们都具有摧毁性，可是杰斐逊是个建设性够强的人，他是不会满足于一项否定性的纲领的。

最后，他开始了重建，这就代表着某一种真理正在被来自于阿尔伯马尔县的不太讲究的绅士（他表面沉静，有着民主的高贵品质，相比联邦党人，更能吸引人）、纯朴的林区人所充分了解。那些想要称霸的野心政治家们是不知道这些真理的。这个真理也让他们明白，假如经济上的发展不同步，那么政治进步也毫无意义，再在这上面伤脑筋也毫无意义。

要吸取法国的教训。

贵族们在大革命爆发以前，出行都是坐四轮马车，农民则是光着脚。两种人之间没有任何纠葛。出身于贵族家庭中的人，从小就会接受他们的祖母和教会的教育，他们的生活中不能缺少四轮马车。而农民的曾祖母（农民通常寿命比较长）和教会从小就会教育农民：他们这样的人从一出生，就只能光脚走路。

人们到了18世纪以后，开始质疑祖母和乡村教士灌输给他们的知识是否正确。伏尔泰、狄德罗和卢梭都在问："为什么让一个阶级可以坐马车出行，而另一个阶级却只能在艰难的道路上行走？"

如果贵族愿意妥协，即使只给农民留一丝机会向上爬，那贵族以后就很有可能避免今后出现的危机，依然可以坐着马车出行，拥有万贯家财。可是他们深受祖母和教士们的教育影响，不愿意直面新生事物。其中少部分贵族阶级还是很优秀的，他们给其他贵族提醒，反倒被当成"下流的激进分子"赶了出去。所以，革命的爆发就变得势在必行了。立法机构颁布了法令，规定农民和贵族享有平等的地位。

后来农民坐上马车了吗？并没有。

法令规定，他们也可以坐马车，国家并没有对可以坐马车的人和不可以坐马车的人加以规定。只是，想要坐马车必须给付车费才行。可怜的农民们只是理论上拥有了这样的权利，他们根本没有支付一辆马车的钱，也没有支付其保养费的钱。

一个光脚前行的阶级和一个可以坐马车的阶级同时消失了。这两个阶级如今都行走在粗糙的路上。一个阶级变得一无所有，另一个阶级仍然没有得到任何好处。

杰斐逊明白了，只有一个办法能让已经有了政治自由的人们真正实现他们才得到的尊严，那就是提高"生产"，直到对所有愿意积极上进的人的所有需求都加以满足。杰斐逊也在现实中践行了这一真理。

毋庸置疑，生产就意味着必须要艰苦奋斗，也意味着普通的人可以得到的生活必需品和奢侈品都要比以前多。

杰斐逊对机器没有好感。他害怕城市会因为制造业而进入到危险和异常的状态。他觉得农民们身上系着国家的未来，这片土地的真正价值在边疆。

无论他的想法是否正确，相比联邦党人，他都更加迫切地需要成立一个强大的中央集权政府，只要他身处和平时期，而且没有受到任何战争的威胁。他对自己的信仰矢志不移，农业计划上承载了共和党的所有力量。

他也受到了外部环境的眷顾，一直以来，他都是个幸运儿。假如他是一个刻板、僵化的基督徒，他就会大加褒奖加尔文的先定论。他其实非常安静地接受了命运的眷顾，而且堂吉诃德和马可·奥勒利乌斯的故事也抚慰了他。

假如我们想要对根本的原因追根溯源（就如同历史学家有时所主张的那样），

我就会告诉你们，1100年前，古老的拿破仑就从佛罗伦萨离开，开始了他的奇妙之旅，一个成员从意大利的萨尔扎纳和法国的阿雅克肖经过，最后抵达了塞纳河畔，成为恺撒和查理曼的后继者。可是如此一来，就要长篇大论地讲述了，我还是假设你们对法国革命战争的过程和1803年欧洲的政治局势很了解吧。

拿破仑在3年前和西班牙国王签署了一项秘密协定，他凭借这个协定把法国殖民地路易斯安那再次占领了过来。18世纪，因为帝国和王国对这片土地展开了激烈的争夺，1762年它被给了西班牙。虽然拿破仑说的法语带点口音，可是他依然是一位

购买路易斯安那

非常地道的法国人，从他无法超越被认可的祖国边疆这一点上，就可以清晰地看出来。

他经受过长久的训练，知道如何使用军事地图，他知道新奥尔良的战略意义非常重大，只需要一根手指，就可以把密西西比的大漏斗堵住，最后就会制止西边内陆奔涌而来的农产品的洪流。可是对于他来说，"路易斯安那"这个词毫无价值，就如同对于路易十四来说，加拿大这个名字毫无意义一样。这个人在早饭以前就可以把一个千年帝国废除掉，在午饭和晚饭间隙就可以使整个欧洲地图发生三次变化，可是为了更好地把他的新领土抢占过来，他却足足花了一年半的时间来思考。

当然，巴黎和马德里之间的地下交易已经公开化了。鲁弗斯·金——英国王室里最受热捧的人，在得知这个消息以后，就给杰斐逊的国务卿麦迪逊写了一封信。麦迪逊跟杰斐逊说了以后，杰斐逊心乱如麻。深受他爱护的拓荒者们把阿勒格尼山脉以西的几百万亩山地据为己有。他们依靠密西西比河把谷物和毛皮输出

第三十四章　杰斐逊和拿破仑有过一次地产交易

去。假如新奥尔良的要塞被西班牙这样势力卑微的小国掌握着,那么以后就会一派和平。即便发生了最坏的情况,边远地区的人也可以直接进来,对那些长久失修的要塞进行攻打,赶跑西班牙的小贵族军官。可是如果这个地方被那个所向披靡的拿破仑占领了,那么整个西部都会受到长久的限制。这件事情确实很严重。在这个时候,根本不可能得到联邦党人的支持,因为西部对于他们来说是可有可无的,他们更感兴趣的是大洋彼岸。在这个问题上,他们的伙伴只是说:"要把决议清晰地做出来,合众国妄想拥有更多的西部领土实在是太荒谬了。"之后在表决时就会收获很多赞同的声音。

当然,杰斐逊作为一个纯朴、正直,且严格意义上的民主派人,对于什么秘密外交一直都是持怀疑态度。可是这个问题实在是太棘手了,他还是小心为妙。所以他把自己的朋友詹姆士·门罗(他也是弗吉尼亚州威斯特摩兰县人)找来,想让他去一趟巴黎,看看能否想办法说服法国出卖他们在美洲的利益,由他们在华盛顿的朋友享有,因为法国的经济一直处于困窘状态,时常和其他好战的国家发生冲突。接到这项指示以后,门罗立刻出发了。

可是当他还在去巴黎的路上时,这项交易就已经达成了。这次,正好有人在这个位置上坐了下来,而且非常合适。

罗伯特·利文斯顿在经纪方面特别擅长,时任美国驻法国的大使。从很早的时候开始,他就劝说法国出卖新奥尔良这块土地,由合众国接手,而且他的成功也得到了当时的闲言碎语的帮助(这里的"闲言碎语"是指在法国沙龙里那种不经过大脑的言论)。这些闲言碎语让法英之间爆发战争成为可能,法国殖民地也最终会因为战争而陷落。

那些自负的传言说:"卖掉这几平方公里的荒野,得到一点金钱,总比以后因为战败而沦落,得不到任何好处要好吧?"

人们时常还把这样的话挂在嘴边,有很多美国的客栈位于新奥尔良,所以,美国人为了得到这个城市,是很乐意挑起一场战争的。法国人是一个非常高傲的民族,这个问题在商业方面所产生的影响是他们更为在意的,而在军事方面所产生的影响却是他们不愿意提及的。在幸运女神的眷顾下,时任拿破仑的财政大臣的是宾夕法尼亚前总统的儿子马尔布瓦，他在美国有过很长一段时间的生活经历，当时，他正因为第二年所需的经费而头疼。听说门罗的船就快要到了，而且同时到的还有一船的金币以后，他马上找到了自己的主人第一执政拿破仑，把自己的计划告诉他了。次日，拿破仑就派外交大臣（就是我们的那位老朋友塔列朗，即亚当斯总统口中的 X 先生）把利文斯顿请过来，就路易斯安那买卖一事进行商议。

所以，利文斯顿应邀来见塔列朗，并发出了这样的疑问："新奥尔良值什么价钱？"

塔列朗反过来问他："利文斯顿先生想以什么价钱买过去呢？"

这个报价让人大吃一惊，连利文斯顿如此聪明的人都大感惊讶，他就让他多思考一会儿。这时门罗到巴黎来了，把华盛顿的最新消息也带过来了。两个美国人就接下来的事宜进行了一番商讨以后，就去吃晚饭了。正当他们快要吃完时，马尔布瓦进来喝咖啡了。看到这位名声显赫的门罗先生，他表示很荣幸和他认识。他非常婉转地告诉这两个美国人，如果他们晚上可以到他的办公室里，他就会跟他们说一则好消息。

到了晚上，他们如约而至。马尔布瓦告诉他们，前一天，他和波拿巴将军待在一起进行了磋商，美国只要出 1 亿法郎，就可以把整个路易斯安那买过去。利文斯顿直言价格太高了。他说了一个低一点的价格。经过反复商议，最后以 6000 万法郎即 1500 万美元成交。

在幸运女神的眷顾下，杰斐逊总统以每英亩平均 4 美分的价格，大大扩充了自己国家的领土。对于美国一个北方佬来说，这笔交易实在是太划算了。可是意志坚韧的北方佬——联邦党人觉得，这次交易将后患无穷。合众国参议院的马萨诸塞州勒姆县的蒂莫西·皮克林先生声称他要从联邦退出来，成立一个新的英格兰联邦，借此和南方民主派的堕落和影响离得远远的。当时，他还建议由合众国的副总统阿伦·伯尔来做新国家的行政首脑。

可是这样的叫嚣一点意义都没有。共和党人已经从他们的老朋友那里知道了，如何才能让这个不受待见的举措在国会上通过。这时，因为伯尔的人格（伯

西北大开发

印第安人的下场

尔确实是一个粗鲁的流氓）遭到了汉密尔顿的指责，一场决斗发生了。汉密尔顿的心脏被伯尔捅了一刀，所以伯尔的名字就出现在了终生流亡书上。

新奥尔良旗杆上的法国三色旗于1803年12月20日降落了。

对于荒原上的传言，弗吉尼亚州夏洛茨维尔城的梅里韦瑟·刘易斯和威廉·克拉克再熟悉不过了。次年春天，他们就开始在这片领地上探险，就如同当年哥伦布深陷"无名大陆"的魔咒一样。他们考察了密苏里河，并从落基山脉穿过，后经过哥伦比亚河抵达太平洋，这次探险耗费了他们两年的时间。这着实让人们大吃一惊，它没有产生多大的损失，这也意味着弗吉尼亚小伙子们很精通自己的工作。国家也对他们的作用表示了赞许，路易斯安那北州的州长由刘易斯出任，现在他必须待在办公室里办公了。可是他依然兢兢业业地工作着，直到老了，没有力气再干下去，才不得已从自己工作的地方离开，到他印第安朋友狩猎的地方度过晚年生活。

当联合国的北边留下刘易斯和克拉克的探险身影时，密西西比河正留下另一位新泽西人泽布伦·蒙哥马利·派克寻找其源头的身影。当时，人们都觉得这片荒原是一块废地，可是他却在这片归西班牙人所有的土地上考察了一番。

对于这样的故事，杰斐逊时代的边疆人从来没有听过。

因为他们自身就是一个神话，所以他们并不会过多关注。

第三十五章
宗主国最后的访问

波拿巴将军做事具有非常强烈的意大利色彩,不久,他就开始使用这笔来自于北美的钱财了。他行走在一条星光大道上,自称是查理曼大帝真正意义上的继承人。他在一个具有超多金丝带的教堂里以法国皇帝自称,而教皇庇护七世再不情愿,也只能出席他的典礼。

没过多长时间,这个消息就传遍了欧洲其他国家,他们忍不住打了个激灵。因为这个怪异的人每次升迁都会引发一场杀戮。北欧和西欧的皇帝与国王们可不敢轻视这一次,他们形成了一个联盟。法国皇帝见此情景,也只是略微惊讶了一下,然后继续发动战争。

美国政府很机智地躲了起来。杰斐逊总统再三告诫自己的同胞,一定要小心谨慎,不要把自己卷进去,以免惹上麻烦。可是这个才成立的国家不久就明白了这样一个事实,我们共同生活的这个第五等的小星球——地球的空间实在是小得可怜,但凡一件事情可以对一个国家产生影响,也一定会对其他的国家产生影响。只有一种情况例外,那就是冲突只存在于卡拉哈里沙漠的两个丛林部落中,他们保持中立的策略才可能免受影响。像这种波及多个国家的战争,一定会产生极其广泛的影响,会从巴芬湾延伸至开普敦的广大区域,从新西兰延伸至哈默弗斯特。

中立的宣言和其他类似的严肃文件,就如同火灾的保险方案。欧洲两大集团在死亡保险金上展开了激烈的竞争,而秉持中立态度的船员们就只能仰仗上天了。

因为英国在特拉法尔加把法国海军打败了,可是拿破仑又在奥斯特里兹把反法同盟的陆军打败了,所以相比以往,这次的情况还要复杂一些。

狮子和大象的寓言变成了现实。海洋和陆地分别被英国和法国控制着。法国水手站在布洛涅的岩石上,在遥远的多佛尔峭壁面前暗暗发誓。英国水手站在旗舰的船尾上,和巴夫勒尔海滩上嬉戏的小孩子开着玩笑。只是他们中的任何一方都抓不住对方,拿破仑必须站在陆地上,英国人必须立于海洋。鉴于此,他们只有改换战术,遵守大国之间的旧传统:置小国的利益于不顾。

1806年5月,英国率先把整个西欧封锁了。11月,拿破仑通过了一项决议,封锁大不列颠群岛,算是做出了回应。所以,像之前的欧洲大战一样,中立国必须在法国或英国中选择一个。

法国和英国为了打压全世界的水手们,争相以高价把美国的东西买过去,像粮食和军用品。美国的船长们都是平凡人,经历过独立战争后的他们并不在意什么封锁。可是双方都封锁的情况他们还是头一次遇到,所以还是非常谨慎。如果没有海外的支持,英国的人民就活不下去,于是英国想到了一个妥协之计,那就是美国可以带着所谓的禁运品到法国,可是一定要从英国的一个港口经过,而且还要交税,获得与其敌人进行生意往来的同意才可以。

拿破仑做出的答复是:"可以啊,可是这些得到的允许船只会被我视为敌方的船只。"

相互之间都采取着非常激烈的行动。不管是本本分分做生意的美国商人,还是不老老实实做生意的美国商人,都亏了好几百万。有人提议应该马上向英国宣战,也有人提议应该马上向法国宣战。他们都跑到华盛顿来,并在杰斐逊总统面前叫嚣道:"宣战,马上出兵!"

可是杰斐逊想离这些事情远远的。一直以来,他都是保持和平的观念。在他看来,战争再荒谬不过了。特里波利的海盗船时常勒索美国政府,也许有必要派一两艘炮船给他们一点教训。可是为了获利、满足自己的虚荣心,就让原本有着美好将来的人民去付出血的代价,这样的想法对于一个有着较高文明素养的民族来说不具有可操作性。所以,这位总统并不想发动战争,而是私底下告诫陆军和海军都不要张扬,让法国和英国都不要把美国当作敌手,而是把他们的美国朋友视为斯堪的纳维亚小国的公民,如此不会引起任何人的注意,可以肆意掠夺。

可是假如他们认为这样做就不会引发大洋彼岸的质疑时,那他们就错得太离谱了。托马斯·杰斐逊是一位哲人,不是一个胆小鬼。

他不想卷入这场战争,于是,他挖空心思,想要和各种凌厉的手段相对抗,因为公平的决斗一旦开始,他的两个彼此对立的集团就会因为这个办法而低下头。

截止到现在,英国和法国是所有的干涉来源。1807年,合众国忽然宣布小范围内封锁自己。杰斐逊和他的部长们都再清楚不过了,美国的粮食对于法国和英国来说都是刚需。所以,1807年12月,他们命令所有的美国船只都停靠在国内,直到接到下一个命令。他们还让巴黎和伦敦知道了这个消息,只有当两个政府许诺不再对美国商人的活动进行干扰,美国才会把粮食和棉花运到欧洲去。

可是杰斐逊禁运的做法并没有达到预期的成效。老实做生意的商人濒临倒台,大部分商人都开始从走私中赚取巨额利润,可是大部分钱都流入了中间商的口袋。而且,西部的农民和伐木工人,以及沿海的船员都生活在水深火热中,面临着前所未有的艰难处境。

眼看着自己就要倒台,很多商人都坐不住了,强烈要求政府撤销禁运法令,采用"不通商法令",即禁止和英国、法国进行贸易,美国商人可以和欧洲的"中立国"进行贸易。可是这个方案却有失偏颇,因为杰斐逊并不太了解当时的情况。事实上,所谓的"中立国"根本没有一个独立国家的权力,只是表面上如此而已。所以,美国人的商业活动依然障碍重重。和以前一样,美国船只依然被强制性拖到港口里面,然后就不允许出去了。

美国人感觉商业活动即将带来战争,而且这种感觉愈来愈清晰。在公海一派宁静期间,有好几次,美国的船只都和法国或是英国的武装人员发生了冲突。外交人员可以说是不厌其烦,费尽了口舌。

即便好时机已经被三个国家错过了,可是他们的外交家依然可以把这些问题解决掉,假如不是受到英国历史悠久的"抓壮丁"制度的影响。强制征兵制度是指强制性要求别人服兵役的行为。这样的征兵制度在欧洲大陆上随处可见，直到我们所有的男人都被科西嘉朋友拿破仑变成战士，所有的国家都变成了军营。

根据中世纪的法律理念，君主有权发动战争，所以君主为了成为战争的赢家，有权进行战前准备，即准备军队。因为那些聪明人都不愿意去冒险，都想好好活着，除非有人对他直接发动了攻击，所以征兵并不容易。那些被关到监牢里的犯人时常会被英国君主拖出来上战场，酒馆里的人也会忽然被抓到附近的军舰上成为水手，开始过上船员的痛苦生活，直到战争结束。

试想一下，那些强盗和窃贼怎么可能成为好水手，那些过惯了宁静日子的小裁缝和小职员就更不用说了。也许他们还分不清后牵索和吊扬索是哪个，就被敌人一颗子弹击中，或者患病死去。也许这些疾病是被哪一个囚犯携带到船上，之后传染给全船的人。所以，真正的水手是至关重要的，即便数量不多，也许只有在商人中才能找到这样的人。于是所有返回的商船都遭到袭击，大部分船员被掠走。当英国官员几乎抓完了英国商船的官员时（桅帆能升起来的船只屈指可数），就开始把焦点放在外国船只身上，给所有年轻人都扣上逃犯的罪名，然后给他们扣上锁链和镣铐送到部队，对战有着专制主义的恶毒大国。

美国船主们对这种做法气恼至极。如果一个船长是荷兰的或丹麦的，他可以轻松辨别出哪个是英国人，哪个是本国人，可是假如换作一位查尔斯顿的船长，要怎么区分是牙买加的塞勒姆还是马萨诸塞的塞勒姆到他那里工作呢？

他是有证件的。可是出生证或护照这样的小东西是水手最为讨厌的，这是尽人皆知的事实。通常情况下，无奈的美国船长只能凭借运气。当英国的子弹击中他的船舷时，他只能拼命逃跑，要不然等待他的就是命运的安排了。

当航行充满危险时，杰斐逊也要准备从首都离开了。和华盛顿一样，合众国的这位第三任总统也喜欢纵情于马和狗。过去的40年，他一直为国家服务，如今他已经年过花甲了。也就是说，这位有勇有谋的老绅士为这个新国家做出了不少的贡献，没有人能跟他相提并论（可能除了华盛顿以外），因为所谓的不足之处就遭到世人的诽谤。杰斐逊的朋友都希望他能连任三届总统，可是遭到了他的拒绝。自此以后，他就静静地站在一旁。之后他到蒙蒂塞洛创建了弗吉尼亚大学,一心一意地宣扬他的个性独立和通俗理论,而国家大事则交由他的好朋友詹姆士·麦迪逊去处理。当他在位时,麦迪逊是国务卿,而且连任了8年之久,所以他是对外交事务再熟悉不过的人。

相比之下,我们的第四位总统詹姆士·麦迪逊就少了一些理想主义。因为他做了很久的国务卿,所以对于人类仁慈,他没有过多的幻想。之前,他被英国大使们居高临下地侮辱(英国驻这个新共和国的第一位外交大使属于北美保皇派,是个非常狡猾的人),他也厌烦他们友善的承诺。他曾亲眼看到拿破仑外交官的油嘴滑舌,厌烦他们在追悼伟大的富兰克林博士时所说的冠冕堂皇的话。对于美国人在贸易权上的牢骚,他知道这两个国家根本都不会理睬,更不会改变他们的霸权方案,除非他们遭到美国强大军舰的逼迫。

惨痛的事实告诉麦迪逊,仅凭书面通牒根本不会起到任何作用。美国的"切萨皮克"号才刚到水里,还没有装好火炮,就遭到英国军舰"列奥波德"号好几门火炮的进攻,使得美国死伤了21名船员,还有4名他们口中的逃兵被抓走,之后和英国舰队会合到一处。当然伦敦不久就知道了这个事情,英国外交部也就此事道歉了。他们通过使节告诉美国人,他们的英国朋友对这种有损中立的行为致以深深的歉意。可是这项工作是由一个非常倨傲的使节来完成的。从我们独立伊始,英国的很多倨傲使节就被派到华盛顿来,一直没有得到器重的他们就千方百计制造两个国家之间的冲突。

4年边谈判边战争的日子就这样过去了。中间还发生过印第安人的暴动(一直以来,人们都认为这些暴动的挑起者是英国间谍)、美国船长和英国征兵队之间的战争,还有美国国内的政治变动。这场动乱过后,一个新的极富激情的"青年共和党"成立了。最后爆发了宗主国和前殖民地之间的战争。很多还清楚地记得约克镇和萨拉托加的光荣时期的人,都非常气恼这场战争。

各个州之间也发生了激烈的矛盾。乔治·华盛顿在带领军队时,他时常挂在嘴边的话就有新英格兰人"利益至上""一点都不爱国"。新英格兰人此刻又彰显出了另一面。

禁运令和不通商法令对于他们根本不起作用。普利茅斯殖民地才刚成立时,他们的走私生涯就开始了。所以,他们要想躲开国会所实行的禁止和英国、法国通商的政策简直是易如反掌。假如战争爆发,他们就会聚焦于国内,放弃非法活动。他们时常对自己的南方和西部的邻居严加指责,说他们无缘无故就把国家拖入到一场战争中。他们时常在报纸上声称要保持中立,在哈特福德举行的一次会议上,新英格兰每个州的代表准备共同成立一个独立的新英格兰邦联,并制定了详尽的方案。

面对此情此景,根本不可能在军事上获得成功,也不可能严重打击魁北克的军事要塞,更不可能在蒙特利尔再上演一个军事传奇。

一连十几年,美国商船的水手们都在海上和敌人打斗。最近几次战斗过后,这场战争以美国的告捷而结束。可是陆战方面却遭遇了严重失败。

当一位叫亨利·克莱的肯塔基年轻人声称肯塔基的民兵可以快速拿下加拿大时,人们都非常自豪。可是不久人们就得知,民兵根本不想打仗,更不想离开自己的家乡去追逐敌人,服役期一满,他们就想回到自己的家乡(这些事情都发生在实际生活中)。如此一来,即便有再多激情的年轻勇士,到最后都会变得垂头丧气。

此外,美国的重要关口几乎是没做任何反抗就在敌人面前举起了白旗(像1812年8月发生在底特律的事情),美国的首都遭到英国侵略者的肆意践踏(他们摧毁了这座城,其中有白宫和其他建筑,理由就是"市民用枪对士兵发动攻击"),当英国肆意侵略马里兰的财产时,人们再也无法忍受这个不负责任的总统了,终于起来抗争,哪怕是赢了大湖区佩里一战,总统的共和党依然被赶下了台。

这时,害怕遭到更多屈辱的欧洲对美国施以了援手,而且是通过一种非常奇怪

1812年

第三十五章 宗主国最后的访问 | 193

的方式。拿破仑战争历时太久了,以致英国都觉得再也坚持不下去了。1813年10月,拿破仑在莱比锡战役中失败,他自愿流亡到厄尔巴岛去。英国政府就有时间在蒙特利尔和魁北克组织一支作战经验丰富的军队,准备把北美叛乱的省份重新收回来。只是当英国正准备开始一场大战时,科西嘉的怪物——拿破仑又回来了,英国只能重新把军队派出来,和联军一起抗战。

因为连年战争,滑铁卢大捷和巴黎合约签订以后,英国有七分之一的人生活很潦倒。假如再决定投入到一场毫无意义的战争中是非常冲动的行为。此外,拿破仑已经到圣海伦娜岛去了,英国的大部分海军就派不上用场了,也不需要强制性把外国水手拖来为国王效劳了。已经没有了主要的阻碍,英美两国都希望停止战争。

那时,靠近英吉利海峡,离法国也很近的佛兰德的根特城是外交活动的核心,波旁王朝的后代们也正是在那里对两国进行防守,行动起来也很方便。美国使团到了根特城以后,先是开展了常规的拖延,反复思考以后签署了一项条约。这事发生于1814年12月24日,这项条约并没有起到任何作用,只是延续了4年前的情况。两周以后,大洋另一端还不知道签署合约的消息,想要对新奥尔良发动进攻的英军就被丛林将军老希克利·杰克逊打败了。所以,最后一队英军也在南方地区没有了立锥之地。

根特使节的最后决定并没有因为这场战争而发生任何变化。可是这个国家的人们在经历了之前的连续战败以后,看到了一线曙光。

在这个欢呼雀跃的时刻,人们忘记了那些以前阻止这个国家被卷入战争的领导。一时之间,这位来自于田纳西山区的英雄受到众人的敬仰。这也意味着美国人民的思想在战争的最后几年发生了改变。

当年在这里生活的老一辈人,他们的身份是某个欧洲大国殖民地的居民,一直都习惯于站在宗主国的立场上想问题。如今他们已经是独立的美国人了,可是他们是被逼到这条路上的,对于环境的改变,他们并不能完全接受。

只是新一代人的拘束就少多了,他们没有那样微妙的忠诚于两方的心理。

他们出生在美国,接受教育也在美国。他们没有到欧洲去过,也不在意自己有没有看到过欧洲人。

因为某些欧洲国家和一个法国将军（也许是意大利将军，在乎他是什么人有什么意义呢）在欧洲领导权的问题上爆发了激烈的战争，他们因此遭受了不少磨难。

所以在美国的年轻人眼里，法国人、英国人、俄国人和他们的王室贵族们都病入膏肓了。可是因为这些大人物们可以对3000英里以外的地方都起到威慑作用，所以美国人民一方面轻视他们，另一方面又对他们充满了畏惧。美国人就是在这种奇怪且错综复杂的感情下有了反叛心理。最明显表现出这一点的就是，对于欧洲大陆上的所有事情，他们都不插手。这表现出美国早期的法西斯主义，也表现了新芬党精神。

普通的美国人到了1814年依然觉得自己是被解放的殖民地人，宗主国遭到英军的最后一次侵犯之后，他们才变成真正独立的公民。

他们选择忽视那些给他们带来诸多困扰的东方，坚定地面对西方的高山和草原，因为这些地方意味着一种他们没有涉足过的可能性，也带给他们新生活的曙光。

第三十六章
门罗总统向神圣同盟致意,玻利瓦尔打造新世界

杰斐逊总统于1809年卸任,时年一位26岁的青年访问了美国,他叫西蒙·玻利瓦尔,出身于委内瑞拉加拉加斯的一个富裕家庭,他的妻子已经死了。最重要的一点是,这个人的求知欲特别强。

当他在巴黎读书时,革命中美好和丑恶的事物,他都亲眼见证了。这时的他特别想知道美国革命者组建的政治体是什么性质的。一番了解过后,他仍然会回到自己的故乡,看一下自己能不能为国家出一份力。当时他的殖民地家乡遭到很多人的腹诽,到处流传着牢骚的话语。可是当路易十六被杀了以后,这种牢骚的话语在全世界开始流传。这时就需要站在自己的立场上,对那些与独立、自治有关的东西里面包括什么东西进行探究。

我们要在这里说一个有点复杂,但却非常有趣的故事。这个故事将对我在上一章所提到的某个理论——我们都是这个第五等小星球上的过客,所有人都会被自己邻居的命运所影响进行证实。

18世纪时,作为宗主国的西班牙和法国在南美洲占据着广阔的领地,他们形成了亲密的联盟,间接地帮助了美国的解放

西蒙·玻利瓦尔离开海地

事业。这样的做法让英国产生了敌意，在英国人眼里，他们就是自己的死对头。在特拉法尔纳尔，当西班牙和法国的舰队几乎全军覆没以后，战争的胜利者也就显而易见了。

之后，西班牙和美洲殖民地彻底（有时会有一艘邮船）没有了联系。假如英国人很想趁机让殖民地宣布独立的话，那他们就要大失所望了。新西班牙和新英格兰是两回事。它的忠诚没有受到压迫。在拿破仑的强迫下，费尔南多七世退位，还被送到瓦朗塞织毛裙（这位国王的编织毛裙技术很好），殖民地的人们对他们的新君主（拿破仑的哥哥）都不认可。他们选择忽视新总督的命令（因为他们觉得新总督就是约瑟夫·波拿巴的代表），之后出现了很多自治政府，等待他们被流亡的国王回来，那时的他们就可以无比自豪地说自己是最忠诚的臣民。

在他们中间有一位合法的葡萄牙君主。这个人1807年逃离欧洲的领地，在里约热内卢建造了自己的宫殿。如此一来，巴西的地位就急剧上升，之前还是殖民地，如今则摇身一变成了一个王国，之后又发展成一个帝国。南美人的自尊因为这些事情有了很大的提升。这样的事情在之前受到总督的压抑统治时是他们从来不敢想的。

拿破仑战争结束以后，如果西班牙的统治者是一个能力稍强的人，那么殖民地也许就会被宗主国变成自治地，总督则由几个波旁王朝的王子担任。可是如果所有的统治者都很精明的话，我们的历史也就乏善可陈了。

西班牙刚和南美的领地取得联系，就马上准备恢复17世纪的那套东西。可是随着时代的变幻，这个世界发生了翻天覆地的变化，新的社会影响开始产生作用。似乎很多年以前，世界上的那个地区就处于南卡罗来纳的查尔斯顿的地位。

我准备要说的是和克里奥尔人有关的事情。克里奥尔多年以前，或者是几个世纪以前，是白人后裔，他定居在殖民地。他们是白种人，可是他们出生于殖民地。旧世界的官员们太精明了，以至他们觉得这是一种极难挣脱的微妙的屈辱。因为他们是白人，所以从法律或其他角度，都应该类似于从卡斯蒂尔或加泰罗尼亚的西班牙首领。可是在实际政治生活中，他们却被他们家乡省份的政府驱逐出去了。即，他们是纳税人，就是通过压榨他们，很多总督才过上富裕的生活,可是他们只是站在一旁谄媚的人。

毫无疑问,他们根本不愿意这样。可是他们从来没有经过政治上的训练,也没有政治组织。他们分散成不少小团体,相互争斗,也没有为了改变现状,而采取任何行动。所以,在英国朋友们眼里,他们依然是"殖民地人"。

青年玻利瓦尔就来自于这样一个家庭,这也把他的各种优缺点都表现出来了。他是个非常英勇的人,身体上的痛苦他都可以忍受,即便是遭到暴击,也不会被打倒,可是他并没有能力领导复杂的起义。此外,他曾经所接受的外省贵族子弟教育也使得他对率领一支被驯化的印第安人部队作战习以为常。这使得他对生活的方方面面都存在偏见,所以,他并不太适合在战场上指挥军队。

从一定程度上来说,北美弗吉尼亚的乡绅、波士顿的商人的利益和大部分农民与手工业者的利益是相同的。所以,乔治·华盛顿和约翰·亚当斯(分别代表着各自的阶级)可以效力于共同的事业。可是在南美,克里奥尔人、西班牙官员、土著人和混血种族是不可能在一起生活的。只有在极其巧合的情况下,才能让平等、自由和博爱的理想生根落地,就如同芥籽在格陵兰根本活不下去一样。

即便障碍重重,为了争取政治独立,北方的玻利瓦尔和南方的圣马丁还是进行了最后一场运动。这场运动把整个南美大陆都卷了进来,政权因此落到了当地显赫的家族手中。

总而言之,1811年,开始于委内瑞拉起义的运动,最后解放了墨西哥。

这是一段漫长的历史。西班牙政府也不会等邪恶的人改邪归正。波旁王朝把方法都想尽了,只为了收复失地。可是在和拿破仑战斗期间,他们的战船损失惨重,国库也出现了亏空,法国和西班牙之间的游击战使这个国家损失了大量的人口。

在这样的情况下,当所有东西(也包括荣誉在内)都消失时,他们得到了一个从来没有想过的朋友的援助。

欧洲已经历了30年的战争,每天都在打斗中度过,他们早就厌倦不已。侥幸活下来的人在滑铁卢战役中坚信要"付出一切代价获得和平与秩序"。必须付出一定的代价,才能获得和平与秩序。把自治和由职业警察取代的议会牺牲掉都是无谓的代价。可是在商业发展停滞、社会动荡不安的情况下，大部分社会阶级通常都愿意付出代价。1815年的情况就是这样的。

诸侯、国王和皇帝随随便便都可以把政府掌控住，罗伯斯庇尔的画像曾经被过去的激进派挂在厅堂，他们尽力想把这样的事忘掉，为了表现自己的忠诚，他们付出了实际行动，以使得自己可以更好地在由保守派组成的上流社会中出现。

这样的情况带有诙谐的意味。这样的喜剧角色在拿破仑垮台以后的反动时期就由俄国来出演。

保罗有个叫亚历山大的儿子。他也是莫斯科的王位可以如此璀璨的原因所在。这个年轻人的父亲死亡以后，他就如同人们所说的"心里有鬼"一样，受到了无尽的折磨。这时的他因为心里有愧，对一位中年条顿男爵夫人的话选择了相信，这个人说自己很了解"新思想"，可以看到幽灵。1815年的"新思想"完全不同于1927年的"新思想"，可是也极不清晰。像亚历山大·罗曼诺夫这样的二流人才却深以为然，让自己忍受了数不尽的心灵折磨。最后，这位俄国君主说自己是上帝意愿的仆人。他凭借着自己有能力做救世主，成了神圣同盟的精神领袖，这个政治现象也太奇怪了。

这项协定既严肃又动听，其中提到俄国和奥地利的皇帝与普鲁士国王因为自己的国家得到了上帝的奖赏，信心十足，不仅在治理国家时可以遵循基督教仁爱、和平的神圣教义，还会彼此扶持。他们自诩是臣民和军队的父亲，还把其他王公也请过来，和他们一起光耀这个真正的生命世界。

假如这些胡言乱语只是得到一个中学联谊会或一个三K党组织的地下会议的信任，那么后果就不会太严重。当俄国沙皇掌握着300万步兵、骑兵和近卫军、哥萨克兵的总司令开始甜蜜轰炸时，所有正直人士都必须把武器准备好。

当时意识到这样的皇帝也许会带来危险的政府只有一个（英国政府）。其他国家的人民被自己国家政治上的条条框框所约束，而英国并没有这样的约束，所以，很多其他国家不能做的事情，英国人可以做。比如说，英国人会让某一个家族来管理外交事务，这些人在处理外交事务方面很是熟练，尤其擅长拖延和掩盖。所以，相比其他国家争夺这种外交事务的生手，这样的工作交给他们来做是最合适的。

我的意思并不是，英国外交事务官都是特别出色的外交家和政治家。可是，不管这些人的口才和地理知识多么普通，对于过去500年里英国所获得的商业成功所依据的是哪几条对外和对内政策，他们都会表示理解。而且（或者并不包括克里米亚战争）他们都不会把任何感情因素倾注到每份财富上。

所以，唐宁街英明人士会因为神圣同盟高调且愚昧的做法而气愤至极。当对方催促他们成为其中一员时，他们口述了一封道歉信，并让摄政王签署后发了出去。这封信让亚历山大知道，英王非常认可陛下的神圣信条，可是甘愿自己一个人做。

至于沙皇是否愿意寄一份文件的副本给华盛顿，美国并不知情。要知道，美国人可都是革命者，或者是革命者的后代。亚历山大是一位自尊心非常强的君主，并不是很乐意让他们加入到自己的阵营中。

我们必须要提一下的是，这样的态度也是推此及彼的。可能会有少部分的美国人对神圣同盟的事情略有耳闻，可是这顶多只会激发一时的好奇心，最后会被理解为欧洲的愚蠢行为。

可是可怕的日子到来了。南美内陆的各个地方都没有了西班牙国王军队的立锥之地，他们只好在沿海十几个要塞中躲来躲去。更加糟糕的是，西班牙的天主教皇帝被那些经历了重重磨难的臣民赶出了首都。神圣同盟是不可能坐视不理这种胆敢破坏上帝日常安排的行为的。法国国王受到他的好兄弟的邀请，从比利牛斯山脉跨过，来帮助他恢复他祖传的王位。之后，有传言声称法国国王接到邀请，从大洋跨

猎人

过，帮忙把南美、中美和北美叛乱的殖民地都收回来了。

这个小方案本身就会引发轩然大波，可是这才开了个头，俄国人早在17世纪就在阿拉斯加建立了自己的殖民地。他们对大西洋的西岸进行了逐步勘察。他们在旧金山湾附近的费拉隆群岛建立了自己的大本营，在和金门海峡相距几英里的地方又成立了一个小要塞。当时这个地方一个人也没有，尽管有的地图显示它属于墨西哥。从严格意义上来说，莫斯科进行的这些殖民地活动和华盛顿政府无关。可是沙皇忽然下令，禁止所有外国船只（美国船只也包括在内）从他在美洲的领地通过，费城和纽约很多人都觉得这个玩笑开得太过分了，要么对这样的事情选择无视，要么发动进攻，他们更倾向于后者。

不久就有文件声称，对于这件事，英国人的看法是一致的。英国在智利和秘鲁发动了暴乱，最后取代西班牙成为所有供应日常必需品的国家。叛乱分子们把黄绿紫的三色小旗升了起来。假如宗主国再次征服了这些国家，英国就会损失惨重。因此，从英国的角度来说，他们一定很想让人反对神圣同盟的缔造者，使其停下来，这样才对英国有好处。可是站在国家利益的角度上来说，最好不要由伦敦发出这些警告。国务秘书乔治·坎宁小声地对大洋彼岸说："你们放心大胆地去做吧，尽力不要让西班牙收复失地，我们会给你们提供最大的支持。"

最后（和内阁成员商量过了），美国总统詹姆士·门罗给国会写了一封信，"正式"对所有欧洲国家提出了警告：搜捕心怀不满的美国臣民的时期已经结束；对于美国势力来说，就代表着永远结束。

这是一步险棋。合众国并没有什么办法，来确保这个激烈的"禁令"得到实施。假如俄国或者法国以武力的方式向这个警告发起挑战，很难说最后会有什么样的

门罗主义

结果。

可是相比那些很想做总统的人，举例来说，华盛顿非常信赖的一个军官或者是在杰斐逊政府中的豪斯上校，在担任这个总统职务上，最合适的人选是门罗。

在自己的职业生涯中，他早就明白了自己那张高冷的面孔会让自己获得什么益处。

第三十七章
新信仰

如果我是一个忠诚又富有逻辑的编年史学家，那么我应该会重点描述一下 19 世纪最初 12 年所发生的重要事情，而不是选择无视它们。

我应该把那个干劲十足的联邦党的悲痛消亡史告诉你们。之前因为它，革命的可怜遗产成了一个完善而有自尊的国家，当最后一次和英国发生冲突时，它一再声称政府拥有拒绝执行国会法令和退出联邦的权力，这就使得它自毁价值了。

我不得不提到一个弗吉尼亚人，他的名字叫约翰·马歇尔，身为合众国首席法官的他提高了法院的尊严，使之和神职机构几乎位于同一水平线上。他特别希望废掉和神圣条款的宪法似乎不相符的国会立法，并一直做着这样的准备。我们应该对青年共和党的活动进行一下回顾。他们跟在杰斐逊后面，成为他的继承者，相比之前的共和党人，他们更加积极地提倡成立一个强大的中央集权的全国政府。只是在华盛顿将军卸任，杰斐逊将军上台前的 24 年间，不管是在生活方式方面，还是在思维方式方面，国内人民都发生了翻天覆地的变化，相比这些，上述事件就不值一提了。

步行者

东部的人不会特别明显地意识到这些变化，这是很多人都知道的事实。它们发生在这个国家的西部和南部，来自于边疆，就像现代历史学家所说的那样。

之前当这些被人们提及时，通常都会充满溢美之词，对那些拓荒者们的冒险进取精神大加赞赏——他们拥有独立的行动和思想，他们野蛮、反应快，可是特别积极，他们的观点是平等的，他们大无畏，他们拥有一种坚韧的言论自由理念，不管是对邻居，还是对朋友，他们都很慷慨。

毫无疑问，从某种程度上来说，这些品质都是实事求是地说的，没有夸大其词。这些定居者们极富冒险精神、充满热情、信仰坚定、做事勤恳，至于别人怎么看自己，并没有特别放在心上。可是这些品质特点在其他搬迁至这片荒原上的人的身上也可以找到，这些人并没有开创出特别明晰的生活哲学，而且这种哲学还被世界其他地方视为"美国式"的生活哲学。

那么，有什么差别呢？

我会推测一番，但我的推测也许会有偏差。

最先来到非洲、婆罗洲、印度、西伯利亚荒无人烟的地方的是荷兰、法国、俄国和英国的殖民者们，可是从本质上来说，他们仍然是荷兰人、法国人、俄国人、英国人。在由黄种人、黑种人和深色皮肤人所组成的社会中，他们是仅有的一种白种人。他们也会觉得孤单、没有希望，他们在大海中仅有的一条生命线就是他们和宗主国的联系（尽管有点片面）。他们甘愿付出一切，只希望把这条生命线保住。因为他们心下了然，如果这条生命线不存在了，他们就变成了真正的漂泊者，再也没有什么可以依傍的了。

美国的拓荒者经历了另一种社会经济发展。那些贫苦的边疆人让新阿姆斯特丹或者是费城的快乐的居民流下了同情的泪水，可是边疆人自己并没有觉得多么难过。尽管他们的生活充满艰辛，很难把大树根挖出来，蚊子肆虐，还有很多讨人厌的石头要整理，也有极易遭到病魔折磨的牛羊，兽医都拿它们没办法。可是他们觉得孤独太不值一提了。对于那种意义上的孤独，他们完全不懂，因为他们的共同体是以这个世界上还没有出现的一种东西为基础建立起来的。这种东西还没有一个清晰的表达方式，就暂且先用"集体孤独"称呼它吧。

严格来说,"孤独"就是指"和世界上的其他人保持距离",这样看来,西部的拓荒者们还真的是孤独的。可是在同样的时间里,很多思想相同的人做着相同的事情,就是"和世界上的其他人保持距离",一起从阿巴拉契亚山脉翻过去,让荒原变得有生机,让森林不再被寂静包围。

所以,这些拓荒者们将之前的各种胆战心惊先抛到一边,大胆朝前走,打定主意要扔掉关联着他们青年时期所接受的文化生命线。他们把斧头举起来,一边把这条生命线切断,一边说:"真好啊。"接下来,他们开始思考以后的生存方式。在思

河上蒸汽船

考中表现出了他们的精神需求和经济志向。长久以后,这样的原始共同纲领在这片广大区域就成了约定俗成的规定。这些文明的先驱者们凭借自己的耐心和行动让这些地方臣服在自己脚下。

假如对于这样的有关边疆精神(实际上是美国精神)发展过程的解释,你的观点也是一致的,你就会明白缘何如此多奇怪而且粗鲁的偏见破坏会降临到那么多的美德的哲学头上。这些偏见正在世界的其他地方快速消亡,而这些拓荒者们却在自己的思想和行为上又重新加诸了这样的偏见,可是自愿流浪生活就必须面临这样的危险。

所有出版商和图书馆工作人员都特别了解那些病态的手稿。这些手稿是从草原的某个遥远的山村来的。乍一看去,这是作者一生努力的结晶,只是里面所说的东西太过时了,早在两三百年前就有人说了。这样的情况损失并不会太大。出版商秘书会委婉地写一封回绝的信寄过去。那遥远的乡村和大城市相距三四天的路程,作者对金钱和荣誉都寄予了太大的希望,这时已经开始准备结束自己的生命了。

可是，如果那些拥有所有木材、所有粮食、所有铜矿、大部分煤矿和石油的人是新时代的预言家，他们笃定流行在一个独立社区的思想行为法则，以后会成为历经不同发展阶段的世界的基本法则，这样就会引发更加严重的问题。

边疆的人以前也追随着华盛顿战斗的脚步，也是杰斐逊的朋友，也曾经努力把13个小殖民地建设成为一个强大的国家。他们觉得自己属于整个世界文化典型的一个组成部分。

就像我在前面所说的，二三十年代的新拓荒者在看待自己时，是站在另一个视角上的。他们也特别想变成出色且忠诚的农民。可是他们所恪守的"出色"和"忠诚"信念风靡于宁愿使用动物油灯也不愿意使用煤油灯的那部分地区，是这个国家主动离开世界的其他地方的。

他们坚信自己的福音具有很强的优越性，他们特别期望终有一天，自己的好风气可以传播到他们的北部和东部的邻居那里去。

只是要想更好地传播新的预言，一位积极的提倡者是必不可少的。

迄今为止，为了这样的新信仰，只有几个不值一提的先知努力过，而且所做的努力都不值一提。现在已经是一个名副其实的民主的预言家的时代了。

他叫安德鲁·杰克逊，是新奥尔良的英雄，也是我们的老朋友，他于1824年初露锋芒。他凭借自己有过森林地区生活经历而参与了合众国的总统竞选。

第三十八章
专制的人

杰克逊首次参加竞选以失败告终。他只得到了少得可怜的票数。这使得这位新救世主的追随者们大骂选民们忘恩负义。

因为他们的候选人来源于人民的选举,人民的大多数票在表述自己的意愿时,都是采用的耶和华语言,因此,无论是谁,只要有打倒他们的想法,都被视为侵犯了全能上帝。杰克逊1824年竞选失败以后,一场气愤和谩骂的冲突随之发生,主要原因是,政治这种职业在过去25年间变得愈发上得了台面。

合众国前面的6位总统都是从名牌大学毕业的,都是高雅的绅士,可以非常优雅地与人对话。共和国的创立和宪法的制定,都要归功于这些老绅士们。

他们中没有人是因受到强迫而弄脏自己双手的。

由于他们的经济背景和个人爱好各不相同,他们中有人想依靠农民,有人想依靠银行家、制造商和沿海的商人。可是无论他们是拥有贵族生活的志向,还是代表着民主生活理想,他们都想效力于自己的祖国,视自己的职位和君主几乎一样的荣誉。他们之所以会被选择担任这个职位(谦卑地来说),原因是他们的人民觉得他们能够胜任这个临时君主的工作。他们中有人喜欢奢靡,有人对自己的形象不太在乎。这不但是个人的爱好问题,也是政治上的表演。我想象不出来,一个莽撞的年轻人拍着杰斐逊总统的背以示友好会怎么样。

我之所以在这里提到礼节性的问题,原因是假如我不是太了解我国早期官场礼仪方面的问题,那么我就体会不到约翰·昆西·亚当斯总统(具有革命威信的约翰·亚当斯的儿子)对于自己的那位后继者有多么担心。

秃鹫

对于很多有政治细胞和眼光毒辣的人来说,杰克逊当选为总统是板上钉钉的事。这不单单是因为经济活动的重心已经转移到了西部,杰克逊自己也是那个渴望权力的政党中的合适人选。他的人格尊严特别伟大(毋庸置疑,在我们见过的所有总统中,他是最谦卑的那一个)。从出身和教养的角度来看,他只是一个平凡的边疆之子,即便他成为国家统治者,他的趣味依然如故。

杰克逊的父母于1765年从爱尔兰搬到了北卡罗来纳。杰克逊就于两年后降生在这个世界上。14年以后,这个身体强健的孩子成为革命的一员,之后参与了一些小规模的战争,曾经是英国的战俘。对于这段经历,杰克逊一直记忆犹新,直到他去世时,他依然无比仇视英国。

当时,这个年轻人立志要远离田纳西农村的乏味生活。新西部有个准则,就是坚信所有孩子(无论男女)都拥有无限的潜力。所以,年轻的杰克逊不再醉心于玩乐中,而是开始学习法律,准备将来在政治上大展拳脚。

1788年,他得到了做北卡罗来纳西部的检察官的职务,这是他的首个职务。不久以后,他就升职了,成为联邦众议员,之后又升为参议员。在这期间,他并不是很突出,人们对他的关注焦点落在对于可以让他想到君主制时代的东西,他都特别厌恶。这主要表现为对于华盛顿将军的所有政策,他都持强烈的反对态度,而对于饱受人们质疑的副总统阿伦·伯尔,他则非常支持。

可是假如他从华盛顿和其他欣欣向荣的地方离开,生活就会变得忙碌起来。在他的帮助下,他所在的州(前几年,他都是田纳西最高法院的法官)制定了宪法。在人们眼里,他是美国下一代领导人之一,他在司法和行政国务领域里面做着和平事宜,可是身为一个公民的他却有着暴脾气,和人发生过好几次决斗。这些危险冲突为什么会发生,我们不得而知,可是当时的社会,酒气四处弥漫,有时激烈的冲突就是因一句话而起。1800年，一场纷争最后会演变成"手枪决斗"。

在这些冲突的过程中，有时候杰克逊会杀死对方。可是幸运并不总是眷顾他，1806年，他受伤了，他的一生都没能摆脱那场决斗所带来的后遗症。

接下来是对英国的最后一次战争，佐治亚和阿拉巴马的印第安人奋起反抗。当时的一支民兵小分队的总指挥是杰克逊，他带领这支队伍进入荒原，对克里克人（印第安人的一支）穷追不舍。在霍斯舒本德战役中，他们被他打得落花流水，使得他们不会再威胁到南部各州。

拓荒者

战争的胜利让他得到了正规军中的一个职位，所以他留在了南方。他对那里的地理形势很是了解，带着军队占领了佛罗里达地区，而这一地区是英国人想当成供应基地的。由帕克南带领的英国远征军也被他打败了，新奥尔良因此被解放。

之后，他成为新奥尔良的军事指挥官，他对所有民法都视而不见，赶走了一个和他唱反调的联邦法官，让他成为一场鄙视法官的官司的当事人，这个官司一共打了将近30年的时间。接下来又和印第安人起了冲突。从表面上来看，佛罗里达半岛属于西班牙，可是波旁王朝不但没有把这个地方治理好，而且基本上是撒手不管。这使得大部分当地人和混血人都把这里当作抢劫地。

最后，1818年，森密诺尔人（一部分印第安人）和南佐治亚的居民之间爆发了一场常规战。森密诺尔人把自己的老方法搬了出来。他们退出了合众国的辖区，跨过边界，来到了西班牙的地盘。杰克逊觉得地图上的边境线是旧世界外交的遗留，是不应该存在的，会让人生气。于是，他从西班牙人的边界跨过去，对森密诺尔人紧追不舍，把佛罗里达占领过来了（虽然当时美国和西班牙的关系还不错)。据说有两个英国人鼓动森密诺尔人叛乱,他毫不留情地把这两人杀死了。他知道对于他进攻友善邻居的行为,华盛顿的老板们是持质疑态度的,东部一些颇具影响力的公民对他的仇视更甚,都打算把他扭送到军事法庭去了。他很气愤人们控诉他是杀害阿巴斯诺特和安布里斯特的"凶手"。

这件事情最后没有任何结果,人们不再指控杰克逊,或者是人们忘记了这件事。美国把佛罗里达买了过去,支付了 500 万美元。他成为这片新领土的军事指挥者。上任以后的他和在新奥尔良一样,和联邦法官以及那些有时只单纯为自己考虑的下属们爆发了激烈的冲突。

田纳西州议会于 1822 年推选这位脾气暴躁的老人竞选总统之位。他看到自己得到了很多正直的民主党人的支持。他得到了选举团的大部分选票,比他的对手多 99 票。约翰·昆西·亚当斯是 84 票、威廉·哈里斯·克劳福德是 41 票、亨利·克莱是 37 票。

人们无法理解的是,那些认为大部分人有权统治、压榨、欺侮几次少数人的人觉得,单凭一份文件或一段文件就能剥夺他的总统之位。可是因为只有他得到了绝对多的票数,所以最后的决定权交给了众议院。

这时,亚当斯先生得到了他的朋友亨利·克莱的支持者的票数,最后成功入住白宫。杰克逊将军接受了这一失败。可是当他从华盛顿离开时,他非常清晰地感觉到自己上当受骗了。平民又一次上了邪恶的东部贵族的当,他们的代表没有得到应有的职位,假如遵循多数票者当选的原则,而不是遵照一个已经淘汰的法律文件上的规定,那么他才是应该坐上这个位置的人。

这位老绅士的偏见因为东部一些聪明的政客们而加重了,他觉得所有和他的观点有分歧的人都是堕落的、恶毒的。在这些人的怂恿下,杰克逊又来到了自己的"隐居地",准备参与 1828 年的总统竞选。

在这次选举中,他征服了马里兰以南和阿巴拉契亚山脉以西的所有州。此外,当地支持他的人还使用了一点小伎俩,让他得到了费城的所有选票,纽约的大部分选票也投给他了。最后,他的票数比亚当斯高出了一倍,之后,他以他仅有的一个合适的身份——独裁者,留在了华盛顿。

1829年3月4日，凯旋归来的民主大军挺进首都。超过15000名的民众赶来听这位总统的就职演说，之后很多人都聚到白宫的一个小房间里，热情地欢呼着，借此表示他们对心目中的英雄的支持和拥戴。

杰克逊在扮演他的新角色时，依然秉承着从前的风度。他微笑着面对自己纯朴的朋友们，耐心十足地聆听他们说话，并任由他们使用他的毛毯和家具。可是当喧闹声过去以后，他就一门心思地扑在了工作上。在这以后的8年里，他把古代和现代专制主义作为样本，凭借自己的毅力，管理着这个国家。

从内心深处来说，他是一个保守派。可是新英格兰人时常挂在嘴边的保守派却不包括他，他是一个有着孤独的边疆人真正精神的保守派。边疆人拒绝接受所有不能对自己的需求提供直接满足的东西，在他们看来，这些都是以前的阴柔文明的遗留物，是毫无意义的、邪恶的。他们想把那些经过训练的贵族政体淘汰掉，用一套全新的没有得到验证的民主政体取而代之。

假如有人觉得杰克逊的胜利可以让州权比联邦还高，回到美好的过去，那么他们一定会失望，因为当安德鲁·杰克逊身为总统时，更像帝国首都的则是华盛顿。

假如有人因为杰克逊曾经对合众国银行开展过大肆的抨击，就认为他是不相信这个有用机构的，便推测资本主义早晚会走向灭亡，那么他们就大错特错了。后来，只是对关税进行了一点点修改，并没有完全撤销。有些农业州很想以权力为仰仗，把关税废掉，借此清除让人厌恶不已的重负，可是不久他们就遭到了联邦军队的恐吓，所以对于杰克逊的准则，他们也只能严格遵照履行了。

假如一些思想单纯的人觉得从此以后，管理国家大事的工作会由一种单纯的民主交给最合适的人，那么他们无疑会遭到重击。因为整个联邦的体制都变了，成了政治奖赏体制，国家首脑这时已经开始把"战利品是胜利者的"理论正式派上用场。

相比杰克逊独裁为美国做出的重大贡献，这些都不值一提。

很多生活在将军那个时代的人，会对比他们的新主人专制的处事方法和之前的尊贵方式，所以会带着怨气讲话。对于托马斯·杰斐逊所说的"这是一位粗鲁、残暴、不理智的新奥尔良英雄"这个观点，他们是认可的。

此外，对于那些暴发户表现在公众面前的愚蠢，他们觉得特别吃惊。这些人在白宫任意抽烟（一个最让人惊讶的改变），而且一次和妇女有关的历史争论也因为他们转变成了一场猛烈的个人比武，最后因为这件事，内阁一半成员都离开了自己的工作岗位，而且还导致总统和副总统之间出现了无法修补的裂痕。

可是这些都只是事情不太重要的一部分。本章的内容始终秉承这样一个准则：只有当我们把一个小集团或者几个集团的共同利益考虑在内，才能持续进步。

历史学家注意到，在解放黑人时，爆发了一场惨痛的战争。通常白人的解放并不会受到人们的关注，因为刽子手和绞刑架并没有出现。这位独裁者在白人挣脱了长期的农奴制的最后约束以后起到了重要的作用，也许他并不想这么做，可是他所发挥的这个作用的确非常重要。

荒凉的空地

对于自己是否了解欧洲的情况，边疆的居民并不是很在乎，可是他们的情况时常会传到欧洲人的耳朵里。欧洲人受到美国平民政府开展的伟大实验成功所激励，想要把无法再容忍的锁链挣脱掉。

第一，大局依然被英国封建制度所掌控；第二，法国的波旁王朝恢复了让人憎恶的中世纪专制主义；第三是奥地利、德国和遥远的俄国，这些国家的人们试着把专制制度撤销，用代议制政府代替。经过努力，法国和英国在这方面获得了成功，可是俄国却没能成功，奥地利和德国取得了部分成功。不管这样的努力能否获得成功，在复兴各地民主力量方面，它们都功不可没。它们之所以可以取得成功，一定程度上是因为美国有着一个欧洲精英们梦寐以求的政府模式。

这并不意味着新主人就一定是智慧和道德的楷模。上天也不会允许出现这样的情况。假如民主思想在不合适的人那里出现，那么就会很快带来其他政府形式的伤害，完全超出人们的想象。最为糟糕的是，以前（而且现在依然如此）它就有一种可怕的倾向——激励平凡、无知和低效率。

可是一些专制统治、财团统治和受到神权统治压迫的才华、激情却能被它轻轻松松地解放。

杰克逊不管是在行为方面，还是在决断方面，都是一个特别轻率的人。假如有人惹恼了他，或者有人怀疑他，他就会坚决执行能让这个繁荣昌盛的国家遭殃的政策。可是同时，他也会让美国和世界都吸取到一个非常重要的现实的政治教训。

他让新旧大陆知道，和组织优良的贵族政府一样，平民政府也可以把一个帝国管理好。可能规律性不是很强，做事的时候效率也不是很高，可是它让行政管理变成了一件非常受人爱戴的事情，也能带给那些投资在自尊和独立方面的人更多的幸福回馈，远超过当时其他政府。

在这样的问题上，想要得到精准的统计数字和蓝图的准确结论都是不可能的。可是那时的来访者却带来了很多具有建设性的意见。

之前，特罗洛普夫人被强制性要求把套鞋和发夹卖给辛辛那提粗鲁的乡巴佬。她只要回想起那段难过的经历，就会说："让人无法容忍。"她在西方这个伟大的民主政府中没有看到任何美好的东西。

可是阿列西斯·德·托克维尔的想法却不同，尽管他所站的立场不是债务人，也不是法国布鲁日臭气熏天的寄宿处。他向他的朋友们发出这样的警告："人们应该关注一下这个奇怪的政治实验中的一部分东西。"他说得没错。

第三十九章
轻佻的杂耍演员和一无是处的吹笛人

杂耍演员真让人同情!他们的生活并不是充满欢声笑语,其实他们根本不能带给人快乐。

同时期的人对他们一点都不尊敬。在看过他们的表演以后,人们只会一脸无奈地说:"太单调了,很类似于我们国家思想发展史上的一个章节,勉强可以看。"

可是我们只有追溯到300年以前的情况,才能对新共和国的文学艺术情况有所了解。

在我的另一本书中,我曾经提到过社会和精神上的巨大变革就如同上帝往人类平和的池塘里扔了一块大石头。把物体抛下来就会引发波纹,波纹就会扩散至池塘的各个角落。越是远离中心的地方,波纹就越弱,可是并不是什么都看不见。也许它们不会引发什么大的动荡,可是从一定程度上来说,它们破坏了池塘表面的平静,即便这个动荡非常小。

文艺复兴所带来的动荡就是这样的。因为文艺复兴,人们开始把关注的目光放在这个实际的地球上可以得到的幸福上,不再把目光放在不可知天堂里的不可知快乐上。

它是意大利出产的,之后从阿尔卑斯山翻了过去,它影响了越来越广大的区域,直到这种讴歌人性的新福音被传播到旧大陆上的所有国家。

英国和大陆被北海与英吉利海峡隔开,因此受到新福音影响的最后一个获益者是它。在伟大的伊丽莎白女王时代,正当一切都顺顺当当地进行时,当音乐家、流浪艺人、演员、剧作家和画家正尽力打造他们的小岛，想建设成为一个西方世界的乐园时，马丁·路德和约翰·加尔文博士陆续登上了历史舞台，他们把一吨颇具争议的石头扔到了人类幸福的池塘中，引发了一场思想大动乱，直到现在都还没有消散。

简而言之，宗教改革的大浪潮吞噬了文艺复兴，在它有可能把不列颠岛拿下来以前，死后的不可知快乐再一次取代了活着时候的实际满足。

有一个阶层没有被美好人生的新理想所打动，所以这个阶层基本上都被宗教改革的魔咒所约束。而这个阶层因为历史上一个奇特的转折，而转移到了新大陆，而且在他们强制性让自己的道德准则和兴趣、行为标准被北美殖民地社会所接纳。

法国革命中的一个小事件，也许你还有印象。恐怖主义者抓捕了知名化学家拉瓦锡，并准备杀了他。他的朋友英勇地向法庭庭长求情，说看在他是当时最伟大的化学家的分上，饶他不死。

那位大人物说："哼，共和国并不需要什么科学家。把他给杀了！"

加尔文牧师对清教王国进行管理时，也是如此对待那些艺术工作者、那些工作在一家不算优雅而且惧怕上帝的工厂或事务上的人的。他们并没有杀了画家、雕塑家和作家，他们没有必要那么做。

那些令人同情的魔鬼已经失去了自由意志。在艺术范围内，新英格兰的荒芜程度堪比犹太国。在马萨诸塞圣地的创造者们眼里，他们的思想就是古代犹太国，这使得他们的心灵被唯一的一种没有被视为精神轻佻和灵魂腐化表现的热情所填满。

并不包括一些手工业者。谦卑的木匠和石匠依然兢兢业业地完成自己手里的工作。可是建筑样式一直遭到加尔文教的偏见的约束。尽管所罗门一座神庙都没有，可是它依然声名远扬，使得它在阿比西尼亚也尽人皆知。《出埃及记》中详尽规定了木板、柱子、栅栏和门的修建方式。

最后，伐木工拥有了一种自由，侥幸活下来的极少数铜器和银器工人，还保留着他们在旧世界时的行业中的独有技术。可是这并不是所有的东西，所有视

《圣经》为高级文字的权威人士认为,广义上的文学根本没有必要存在。

音乐类似于世俗的剧院、舞厅,所以容忍程度为零。大部分移民都是在朴素的房子里出生的,绘画艺术对于他们来说是未曾见过的事物,他们曾经旅居在低地国家,画室的故事他们倒是听说过,可是他们觉得是魔鬼把画笔和调色板创造出来的,对待它们一定要如履薄冰,包括舞台。对于舞台,那些不愿意玷污自己灵魂的人是极其憎恶的。他们会在别人跟他们提到莎士比亚时颤抖不已,他们是不屑于提到伊丽莎白时期的其他伟大的大剧作家的。毫无疑问,当面临着艰苦的工作条件时,生活中没有美的享受就太枯燥了。可是在安息日的上午,普通人把一直压抑的情感宣泄了出去,因为人们听到了恐怖的说辞,女人因为其中所描述的伟大且荣耀的彼岸世界的形象而痛哭流涕,孩子也跟着狂叫。有时迫害行动也会出现,通常会有一些癫狂和施虐的想法如影随形。社区里的人因此得到了安慰,因为他们对某种东西的感受很强烈,并不只是和所多玛、蛾摩拉有关的传说。

对于 17 和 18 世纪的艺术,美国基本上贡献廖廖,只有少数识字课本、自己国家编纂的赞美诗集和低廉的牧师布道选集。

情况总会发生变化的。想把演员关押起来,想清除圣徒社区的异端分子,想把教友派教徒吊死,都太容易做到了。可是国内的年轻人叛变以后,这一切都发生了变化,之前人们的心灵都被独裁者们掌控着,如今他们开始进行毁灭性的抗争。直到今天,这样的行为都还没有消失。

遗憾的是,当人们的心灵不再被束缚时,我们原本位于东部的文明中心转移到了西部。拓荒者们主动退出了不能对他们的自由独立加以满足的那种文明。他们有充分的理由把艺术视为毫无意义的残留,是掌控在富家子弟、贵妇人手里的那个世界的残留物。

因此,多年以后,才有敢在书籍和杂志上倾诉自己思想的人出现。而且,早些时候,很多作者都对自己卑微的社会地位心知肚明,都不敢形成自己独树一帜的风格。(至少在文字领域方面)他们对于自己移居的英国人身份是很满足的。他们的小说里有时也会有美国因素出现,可是他们在创作时,似乎也免不了被他们的宗主国所影响。尽管他们反复强调自己有一种很单纯的爱国主义，可是相比有着乱蓬蓬头发的边疆人，他们更明白自己的美国遗产。他们在诗歌中对边疆人单纯的美德极尽赞颂，可是假如在他们的城市和社会中出现了边疆人，他们就会对未来感到失望。

早期阶段的确有了一些非常出色的文章问世。《独立宣言》的确理解了语言价值。《联邦党人文集》的作者解释说他们的语言不是来自于新英格兰课本。可是这些书更多的是一种政治智慧的表达，并没有意愿想要对文学宝库做出一些贡献。直到一代人以后，当遭到悉尼·史密斯这样的嘲笑——"谁愿意去看一本美国书？"霍桑、欧文、洛威尔、库柏和朗费罗尽力给出了一个满意的答复。

一无是处的三流作家

即便在那时，仅靠写作生活也是不行的，必须掌握一种谋生方式才能生存下去。人们之所以会敬重欧文、库柏和洛威尔这样的人，不但是因为对他们的作品有所了解，而且因为他们良好的社会地位会引起人们的艳羡。最后出现了一位名叫爱伦·坡的艺术家，因为他独特的风格完全源于他自己的创作，他随意变幻的个性，所有的一切都注定了他一生将在贫苦中度过，低劣的文人中极少出现他那样的生活。

当然，如果没有一个地方可供每个具有多个创造能手的种族把其丰富的思想和艺术热情发泄出去，那么其就无法一直生存下去，这些人在西部探险时，就看到了自我表达的机会；还有一部分人在铁路建设或者自己祖宗的事业中投入了自己所有的精力。可是如果没有找到这么优雅的逃避方式，他们一定只会干一种和文学相关的工作。对于当时激情满满的年轻人来说，这个职业还是留了一扇窗的。

毋庸置疑,我得提一下新闻业。

自从出现第一份报纸以后,人们就很想看到伟大又荣耀的报道,像普通人是如何走上文明之路的,边疆是如何让所有人变成一个巨大的共和国并持续扩充的,民主是如何战胜无知和偏见的。只是这样的幻想终究只是幻想,极少会成真。最后报纸变成了使民众昏睡的工具,变成了所有理智探讨的人都无比憎恨的东西,而没有起到提升民众的作用。

可是在发生这样的情况以前,人们还是因为报纸得到了一些好处——一些人想把自己的观点表达出来,以免自己的意见没办法表达出来。

单靠文字是活不下去的,所以,像有的年轻人不愿意到账房、工厂去干活,而想做一些发明性的工作,还可以去做老师。

普通学校依然很糟糕。学院仍然有神学院,也就是其前身的标记。因此,这些学院想找的教学人士,并不是那些具有独立思想而且遭到批判的人,爱默生和他同时代最杰出的人会把他们的悲惨过往告诉你。

早期的殖民地和共和国文学艺术并没有呈现出欣欣向荣的状态。有一些人很想把金钱买不来的东西据为己有,在他们眼里,相比次日的果酱和面包,有一些思想要重要得多。对于他们来说,生活太艰难了,也太残忍了,可是这种让人极其不快的情况是通过一种赐福的假象表现出来的。

那些可以借助乞讨、借贷,或者是偷盗获得船费的人,基本上都到这里来了。他们在这里看到了其他不同的文明,这些文明没有被加尔文教浸染过。

很多流浪的人因为太思念自己的家乡又回来了。他们中最真诚的那部分人一回到家乡,就持续进行斗争,和教会的专制唱反调,以得到言论权、写作权和思想权,尽可能把这片繁盛的新大陆打造成一个可以让名副其实的文明人在此安家的国家。不难想象,这些有才能的人们并没有因为自己做出的牺牲而得到相应的回报。他们这一生不可避免地都要在精神上的孤独中度过,他们中的很多人因此整日与酒为伴、半生穷困,甚至有的人不堪忍受还自尽了。活下来的只有少数意志坚定的人。在我国成千上万的开拓者之中,说他们是最没有价值的人是不对的。他们的确没有砍倒过一棵大树,也没有开垦过一片荒地,可是他们却在这片荒芜的土地上撒下了自己思想的种子,过去那片土地上全是神学偏见和高傲教条,而种子本身和果实并不是一回事。

第四十章
墨西哥总统明白了一条准则:真空地带是虚无的

这里有一道很简单的算术题,是关系到历史的。如果甲国有 5000 万英亩土地处于未开垦状态,它的邻国乙国急需这 5000 英亩的土地。假如乙国的实力远大于甲国,那么乙国要想把甲国的这 5000 英亩土地抢占过去,需要多长时间?

想要知道这道题如何作答,就要先了解一下墨西哥战争。

在我们国家的发展过程中,这是一个很怪异的片段!北方人非常不乐意看到这样的事情,这使得他们再次把脱离联邦这个威胁论抛了出来。而在南方人眼里,这却是一次神圣的进攻。

阿拉莫

在我看来,这样的事情已经传到很多墨西哥人的耳畔。他们可能已经看到了少数的武装分子,可是并不觉得这有多么新鲜。小枪战在这个不幸的国家频繁发生。墨西哥是这个星球上众多怪异国家中最独树一帜的一个。因为欧洲人的殖民地很是厌恶他们宗主国的行为,所以都成为了独立的国家。可是墨西哥并没有这么做。当南美的西班牙统治者遭到玻利瓦尔和圣马丁的进攻时,墨西哥的克里奥尔人也没有袖手旁观,他们也想要获得自由。可是这些并没有形成多大的规模,所以最后都惨遭镇压。

1814 年，当智商平平的国王费尔南多七世从法国回来后，所做的头一件事就是对宗教裁判所进行重建，杀了所有和他唱反调的人。因为有一次起义让他倍感压力，他只能让气势汹汹的臣民重新拥有他在 7 年前剥夺的自由宪法。当墨西哥官员和有着大部分墨西哥地产的教会人得知这一消息以后，都吃惊不小。

自由主义也意味着反教权主义，也显示出对于官员阶层和教会的宗教是不容忍的，并堂而皇之地和他们成为敌人。尽管墨西哥的统治阶层很希望宗主国可以把反对压迫制度维持下去，可是另一方面，他们又和教会领袖一起宣布自己的国家独立。他们对有关政治形式的问题进行了一番探讨以后，决定由一位年轻的名叫奥古斯丁·德·伊图尔维德的克里奥尔人戴上王冠。1822 年，他成了墨西哥皇帝。两年以后，他像所有其他的墨西哥统治者一样，也被一枪结束了生命。

可是我们的国家并没有因为这所有的事情而受到什么影响。墨西哥经历了反动大变革以后，依然是一个独立的国家，把西班牙在北美的领地夺过来了，这部分领土以东以加勒比海附近的一个位置为界，以西以无人知道的遥远的西部平原和山区为界，只能通过猜才能知道那里有多少居民，其中在一大片富饶的土地上可以看到印第安人和野狼。那个喧嚣的共和国的领土和这片土地紧紧相连，位于雷德河的另一边。那里的人们都认为所有公民都有自己的一片土地，这种权利也是得到宪法保障的。

墨西哥人很难拒绝美国人，因为边境线实在是太长了，边境卫兵又少得可怜。可是墨西哥人原本不想实行这样的政策。他们反倒希望能够在这里看到遭受过苦难的移民，并把一些土地分给那些投机商们，只因他们许诺可以带来一定数量的白人定居者。

所有这一切在以后的十几年都顺利进行着。这时，墨西哥政府在了解了自己的局势以后意识到，自己不得不面临一个国中之国的问题。当遇到这样的情况时，通常会有一场漫长而且变化不断的谈判。而安东尼奥·德·圣安纳将军并不能对这样的危机进行很好的处理。恐怖把他吓得腿软，于是他采取了一些行动。这些行动给美国人敞开了大门，可是并没有从根本上解决问题。把之前的土地授予权废除,不允许新移民越过边界,把奴隶制废除。农具的禁运和对土地的授权都撤销了,这给正打算启程的移民的利益造成了损害。当他们准备出发到遥远的西南部去时,他们的同胞摩西·奥斯丁劝他们卖掉自己在东部的旧农场。这时废除奴隶制严重地打击了南方人。原本他们想让这一片领土归合众国所有,以此加强奴隶主在众议院和参议院的势力。

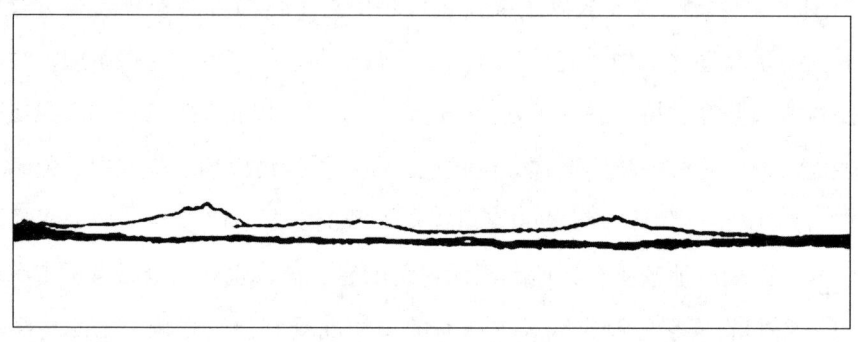

真空

这些农民一时间不知如何是好,可是他们像美国人一样,做出了达成联盟的举措。通过了一个决议,并发表了一个《独立宣言》,把志愿者召集起来。

那时,边境那边在无数双眼睛的监视下,想着何时才能从萨宾河跨过去,加入到他们朋友的队伍中。数以百万计的人都渴望最近可以在得克萨斯拥有一块自己的土地。几千万烟草和棉花的种植者非常认真地浏览着报纸,并赌最后的赢家会是谁,是吉姆·鲍伊,还是戴维·克罗克特。

几个月以后,这两位英雄都身中数刀,不幸离世。还有几百名美国人也一起死去了,圣安纳的军队把圣安东尼奥占领了以后,就无情地杀死了他们。这件事情太可怕了,它让活下来的人都难以忘怀。为此,很多人都想打一场复仇战。

官方还没有来得及出面,边疆人就已经解决好了这个问题。优秀的边疆人、田纳西前州长、切罗基人部落杰出的一员萨姆·休斯顿带领着他们,战胜了墨西哥军队,并俘虏了圣安纳,之后宣布得克萨斯主权共和国成立。之后,他们请求成为美利坚合众国(其实除了名字以外,其他早就是了)的一员。

南方人非常欢迎他们的到来，可是北方却提出了反对，因为他们担心又会出现一个蓄奴州。对于这个决议，新英格兰各州也是反对的。直到1845年，在得克萨斯成为联邦的一部分的文件上，泰勒总统才签上了自己的大名。毫无疑问，这也意味着墨西哥共和国与前得克萨斯共和国之间的矛盾摆在了美国政府的面前，这些事情真的是数不胜数。

之所以会发生这样的事情，主要原因是，有一种非常怪异的距离理念深植在西部遥远的民众心里。当他们需要拥有一块土地时，他们是不会考虑50英亩或者500英亩这样的小地方的。5万英亩是他们的最低标准。测量员的三脚架基本上没有在奥格兰德附近的土地上出现过，所以那片土地的所有者是谁都不太清楚。美国西部的居民因为杰克逊和范布伦总统的独裁统治，而拥有了一种独立的情感，正是因为这样的情感，他们才胆敢一直和那些干涉规规矩矩的美国人履行职责的人抗争。这里所说的美国人的职责是指在大陆的每一个地方都实行他们的慈善统治和原则，或者简单来说，就是把他们想要得到的东西拿到手。

对这一观点（东部这样的数不胜数）持反对态度的人说，如此成立一个得克萨斯的观点就是政治欺骗。之所以会鼓动美国群众，就是想让众议院、参议院的奴隶主们和他们的拥护者们获得更多的好处。可是站在边疆人的角度来看，之前，对于任何人来说，这些土地都是没有意义的，率先把这片土地开发出来的人是美国人，仅有的一种有勇气生活在荒原上的人也是美国人。因此，依据常识来判断，它们当然是属于美国的。

最后，因为得克萨斯被侵吞了，爆发了一场和墨西哥之间的战争，双方都因此气愤至极。因为民兵几乎到了服役期就离开军队了，所以战争的年限被拉长了。可是最后的胜利者是美国。战争结束以后，墨西哥让美国支付了几百万美元以后，就把从里奥格兰德到太平洋，大概和整个路易斯安那的领土差不多大的领土卖给了美国。

与此同时，美国采取和平的方式，把被叫作俄勒冈的那些偏僻的西部地区也拿了过来，因此，我们又一次扩大了遥远的西部领土。如此一来，瓜达卢佩-伊达尔戈条约以后，相比1845年，合众国的地图又大了一倍。自此以后，如果

在荒野上拓荒的人

要评选这个世界上最为重要的国家，美国（由于其领土）可以被视为其中之一了。

我可以笃定，从19世纪40年代这一时代的演说家们口中冒出来的"美国民族的天命"，让美国人都深受触动，这就如同几年前的德国人所唱的"阳光下的地盘"一样。其实，他们是说的同一件事情：都想把属于别人的东西攥到自己手上。

可是美国人在这样的事情上的运气要好过普鲁士人。我们的祖先找寻新领地时，他们可以去填补一大片地理真空。条顿人开始扩张（或者说掠夺）行动时，亚洲、非洲、澳洲和美洲的所有能用的地方都落入了其他大国之手，后来者就得不到什么东西了。因此说，美国获得了成功，而德国却一败涂地。

在政治世界里面做事时，做什么并不是最重要的，什么时候去做才是最重要的。我们的国家在这个问题上一直坚持着"马上行动！"这一简单的原则。

第四十一章
汤姆叔叔与冒烟的比利

距离对任何帝国来说都是永远的敌人,在100年前,道路和运河是对付距离的最好办法。因此,如果国家建立的基础是有限的,那么通信问题就成了政府的重中之重,政府一定会想方设法来寻求既省时又省力的办法,依照国家自身的财力来兴建道路和运河。

不过有很多年间,实际状况却是这样的:一条路开始的时候非常宽阔平坦,慢慢走到终点就成了乡间小道,足以和布鲁斯·比尔斯小说里的林荫道相媲美。旅途中的人们必须依靠自己的摸索才能走向目的地。

在当今社会,即便拥有各种先进的钢铁机械以及威力巨大的炸药等,修建一条道路也是一项十分艰巨的任务,耗费的财力物力也是不计其数。可想而知,一个世纪之前,那些有着愚公移山般精神的人们要修建一条通向公路的小路,要付出多么沉重的代价啊!

因此移民者在很长一段时间里,都唯有顺着河流到西部自由农场去,只有如此才能绕开那些丘林地段。可是随着移民人口的增长,经过哈得逊和莫霍克河流域的道路逐渐变得漫长,他们不得不开辟新的道路,因此他们开始在史前印第安人从东部猎场到西部猎场所要经过的峡谷进行勘察。

那些富裕一点的移民只要通过了阿勒格尼群山就好过多了。他们可以搭上运货的平底船顺流而下,就能平安到达他们的新家园。不过他们若是逆流而上,就困难多了,因为他们就只有步行去了。

这个问题放在这个国家的东部就很简单了。在那里,耗费了几百万美元在沿海的每一个州都修建了运河。不过一大半的移民们都没有从那里经过，而是采用各式各样的办法力争用最少的时间到很远的阿巴拉契亚西边的地方去，在这个过程中出现了很多棘手的问题，一直到詹姆斯·瓦特在认真研究他奶奶的茶壶时说，"我想到办法了"，才让这些问题有了答案。

不过若是要讲求科学依据，我们就应该去对古希腊哲学家海洛、17世纪英国工程师托马斯·萨弗里、16世纪意大利科学家迪拉·波尔塔和17世纪法国史科学家丹尼斯·帕藩的很多发明进行了解，还要能够详细描述。不过我必须先申明，对于机械层面的东西我不是太清楚，还有由于瓦特对蒸汽机进行了改良，才使它的商业价值凸显出来。因此我们必须致敬所有其他的先行者们，和所有18世纪后半期与19世纪前半期的政治家、银行家、将军及政客们相比，詹姆斯·瓦特所做出的贡献甚至大于这些人的贡献之和。

瓦特最初只是一名英国矿工，那些矿主们急需一种可以代替马拉动水泵，还要很节能的机械。

18世纪涌现了许多伟大的发明。固定式发动机刚刚发明出来，就让所有的国家为之疯狂，他们在以前依靠人力或畜力拉动的车上以及船上都安装了这个新奇的小东西。按照常理，很多人都不看好。不过那些敢于冒险的人们都愿意赌一赌，若是以后能够坐在"铁马"后面呼呼响的船上四处航行，该是多么美妙的享受啊。不过他们中有些人也遇到了挫折，比如康涅狄格的约翰·菲克斯。他们制造出了一些不太精细的小船和蒸汽机，将它们组合在一块，让它可以顺着特拉华湾逆流而上，不过这样的做法引起了航运界的不满。东部的航运商人势力庞大，银行拒绝为这些制

蒸汽船

造"蒸汽船"的疯子发放贷款,这些发明者没有了资金支持,有些不得不改行,还有些绝望地自杀了。

也有一部分人,比如罗伯特.R.利文斯顿,他参与了《独立宣言》的起草工作。在他们看来,车不能在马的前面(蒸汽机也应该这样)。他们获得了一部分河流使用蒸汽机的垄断权,慢慢地憧憬这份事业将会带来的巨大收益。

1802年,苏格兰河上一艘名为"夏洛特·丹尼斯"的拖船首次拖着长长的运煤船行驶着,大家梦寐以求的这一天终于到来了,不过令那些制造商们大跌眼镜的是,这件事竟然没有吸引人们的目光,也没有引起什么轩然大波。

我们无法理解公众和推销商们的态度,也许是因为人们对气球的期望过高,最终的结果却让人大失所望吧。

当约瑟夫和雅克·芒戈费埃将动物放到气球上进行首次飞行的时候,他们的长辈们语重心长地说:"今天是一个非常庄严的日子,明天将会迎来伟大时代的诞生。"过了几年,也就是1785年1月,英吉利海峡上空飞过了一艘怪异的"飞船",上面坐着法国人布朗夏和美国医生约翰·杰弗里斯。欧洲人慷慨激昂地说:"和平将会永驻人间,幸福美好的生活属于我们大家。"

所以他们很天真地推测说:"因为我们是这个世上最亲密无间的伙伴,所以边界之争将不会再重演,军队和战舰将不再有用武之地。"

不过人们意想不到的是之后的20年里各种战争竞相上演。气球的用途不再局限于为革命军充当哨所,也被用于各种节日的装饰物。

通过这件事,绝大多数人都开始质疑所有具有科学意义的发明创造。妄想用一艘运煤的拖船在克莱德河上行驶,就让他们相信一艘有蒸汽机的舵船没有桨也能自由航行,那是万万不可能的。

不过有一个人却对夏洛特·丹达斯号的这次航行颇为关注,他来自爱尔兰,在纽约生活,十分贫寒,他就是罗伯特·富尔顿。他起初是一个珠宝销售员,之后做过肖像画家,事实上画得不怎么样。1787年,他带着全部的积蓄去了伦敦,拜在本杰明·威斯特门下为徒。他是宾夕法尼亚为数不多的教友派成员之一,长期做着和艺术有关的工作。

在英格兰学习了工程学之后，富尔顿去了巴黎，还准备给这座历经劫难的城市创作一幅全景画（它们的名字还有人能想起来吗），他随身携带的还有一份制造潜艇的计划书，盼望能够为法国控制海洋提供帮助。

对于富尔顿来说很糟糕（对于英格兰却非常棒），事实上，拿破仑从骨子里来说是一个中世纪的雇佣兵的队长。他跟后来的基钦纳相同，善于运用许多现代战争的策略，在陆战方面获得的成就数不胜数。富尔顿在布雷斯特港口炸掉了一艘小船的水雷，接下来在塞纳河上展示的小汽船，他觉得就只是一个有趣的节目而已。

很明显，对于这两项发明，皇帝根本没有发现它的真正价值。之后富尔顿的设计图纸和预算方案都被退回，皇上还特意准许他回到自己位于哈得逊河畔的家中。

富尔顿回到祖国之后，立马就将在欧洲所做的实验重做了一遍，不过也未引起美国政府的关注。然后他四处寻求合作伙伴，在他见过罗伯特·利文斯以后，便专心致志地工作起来。

他在美国把船身制造了出来，蒸汽机从瓦特公司和英格兰明翰的布尔顿购进，这个小机器的性能特别好，被命名为"克莱芒"号（哈得逊河上的第一艘汽船的名字），它的问世成了商业上的奇迹，短短几个月的时间这艘船就显得太小了，因为用32小时就可以从纽约去到奥尔尼巴，很多的乘客都想要亲自去坐坐那艘奇特的小船。

美国和英国的争斗在"克莱芒"号和它的姐妹船"凤凰"号下水不久就开始了，汽船航运的发展受到了很大的影响，不过航运事业依然在前进。1811年在密西西比河上出现了匹兹堡建造的"新奥尔良"号；1818年，埃里湖上出现了"水中漫步"号。

若是1815年后汽船可以在西部新开发地区的河流上行驶，那么西部之旅就很容易了。它们不仅可以在顺流而下的时候比平底船更快，也可以在逆流而上的时候以每小时4英里的速度行进，平底船是绝对不能比的。

想让大家都接受汽船，这个过程是非常漫长的。由于在最初的时期，那些大的轮船公司只注重"独占权"和"水路垄断权",根本无心发展贸易。轮船运输的兴起始于19世纪中期,它在西部发展的进程中充当了重要角色。

除了这个,蒸汽火车的发明也是缩短距离的一种方式。蒸汽火车和蒸汽船属于同一时期的产物。实际上它应该更早一些。理查德·特里维西克在1801年圣诞节前夜,用制造出的蒸汽机拉着首批乘客在康沃尔的道路上行驶。过了3年,有人为相同的机器安上轮子,将装满煤炭的火车拉着在威尔士的佩尼达兰飞奔。1813年,名叫威廉·海德利的工程师制造出了"冒烟的比利",让全世界都为之震惊。乔治·斯蒂文森在一年后又对它进行改良,在上面安装了一个更先进的铁器,还取了一个非常气派的名字——老爷。

英国的所有矿区在1825年才大量运用蒸汽火车,这个时候,英国的有轨马车公司才明白蒸汽机的优势,于是,世界第一条铁路的创建人就成了斯蒂文森。

有了"旅行机器"的协助,拉近了城市之间的距离,这在我们的新大陆上产生了很大的影响,也引发了各地修建小铁路的热潮,不过必须在阳光充足的时候才能使用,若是下雨,火车就会因打滑而脱轨。这样的危机让董事们退却了,他们扔掉火车,回到之前使用马车的模式上。

比较规范的铁路在1828年才初具规模。在1828年7月4日,卡罗尔敦的查尔斯·卡罗尔——《独立宣言》唯一存活的签署者,参加了位于巴尔的摩到俄亥俄铁路的奠基仪式。10年之后这个国家的铁路达到两千多公里;20年后,东西部的运输难题得到了完美解决。

毫无疑问,詹姆斯·瓦特是成功的。当今社会,就算最底层的人民也可以享受一下旅行的乐趣。那些不敢出门的人们也有了胆量,他们卖掉了英格兰的石头农场,也像他们的亲戚一样去寻找自由的生活了。他们的亲戚早在30年之前就带着行李,提着猎枪到草原或是森林闯荡去了。

处理完交通方面的问题,就要处理思想层面的问题了,要让自己的思想适应环境的需要,这两者同样重要。

让人诧异的是,又有一位画家(一位优秀的画家)自告奋勇地说要帮忙解决这个难题,最后,他果然做到了。

萨缪尔·莫尔斯——来自耶鲁大学的一位毕业生，大学期间的他对电学颇有研究。他的艺术激情很强烈，纵然他的父亲是一名公理会牧师。他奔走于欧洲各国，去到英国和法国学习，学成以后回到美国，为国立设计院的创立做出了巨大贡献。

1832年，他再次从欧洲游学回来。偶然在船上吸烟室的一次谈话，让他萌生出了一个新思路："快速用电传递信息"是具有可操作性的。于是他创造了一种装置出来，只是直到十几年以后，公众才关注到他的发明创造。即便到了那时，他依然多次在失望中度过。他尽可能让国会关注到他，于是这件事情迎来了国会的一个委员，可是最后还是不了了之。之后他就电报一事和银行家们展开探讨，可是银行家们拒绝了给他投资的请求，他们说自己只是负责给别人管钱，责任重大。之后，他到伦敦去了，想在那里试试看，可是在这里，他却成了人们的笑柄。他又到巴黎去了，想在那里得到专利，可是再次遭到了拒绝。他前脚刚走，后脚法国政府就把他的想法偷走了，而且法国政府没有给他一分钱的打算。

他在忍受了多年的焦躁和贫困后，终于等来了两个人的援手，分别是新泽西的电线制造商维尔和纽约教友会的教徒康奈尔（他给这个世界贡献了一所大学和电线杆）。1837年9月2日，莫尔斯借助1700英尺的铜线，在纽约大学的两个房间成功传送了信息。

如此一来，其他的事情也就很好解决了。国会快速通过了一项投资建设华盛顿到巴尔的摩的电话线的决议，毋庸置疑，这个任务交给了莫尔斯。1843年（他申请资金5年以后），莫尔斯把首批电磁记录的机器制造出来了。不久以后，费城就在这批机器的帮助下和旧金山毗邻而居，伦敦因此成了纽约的郊区。

以上就是我们年轻的国家征服距离的故事。

自从上帝规定人们一定要辛苦劳作才能生存下去以后，人们就有了一个如影随形的敌人，抑或说是一个背叛者——饥饿。

在有些人眼里，人类的历史就是找寻食物的过程，这些人极易产生这样的抱怨——在宪法和《独立宣言》的内容里根本找不到什么人们发展各个阶段是由经济精神来决定的内容。他们觉得之所以出现这样的情况，是因为从多个角度来看美国起义,事实上,它是富人的革命;国家的创始者们基本上都是有闲阶级,剥夺很多同胞的公民权就是他们的任务,以保障自己的"财产权",让共和国政府处在"有素养者和英明者"的掌控中。

可是这些说法是不全面的,对于领导13个州在伟大的独立战争中凯旋归来的人来说,是有失偏颇的。其实有很多州都只是那些拥有一定财富(从马萨诸塞的5000美元到南卡罗来纳的5万美元都不相同)的人在对公职进行竞争,投票权也只掌握在纳税人手上,但为了另一个阶级的利益,其中一个阶级不会自尽。从尼布甲尼时代开始,这个世界就由财产掌控着。可是却不可能让弗吉尼亚的少有的几个种植园主和新英格兰的商人们具备建设我们道德律法的摩西都没有的优良品质。

18世纪的后半期,华盛顿、汉密尔顿、亚当斯和杰斐逊是流行经济学派的代表人物。因为所接受过的教育,他们认为假如让那些一无所有的人和那些玩金钱游戏的人享有相同的权利、特权,彼此都遵照自己的意愿做事,那么政府就必定会动荡不安。

除了对他们在学校里有的教训进行了解以外,我们还应该明白,他们那一代人不同于我们这一代人,在看待问题时,他们不会站在得失的角度。1780年时候的生活不同于1880年的生活,没有那么复杂,也没有那么多棘手的问题(1927年就更不用提了),那时的生活特别简单。每个家庭都是一个经济自主的单位。人自己就可以屠杀动物、制作面包和蜡烛。他们也几乎没什么需求,也没有什么休闲娱乐活动。

东部银行家时常会借给西部农场主钱,这样西部农场主就可以购买家畜和住宅基地,他们携带着这些东西到荒野居住,从此与世隔绝。我们一开始建立殖民地时,债权人和债务人之间就已经界限分明。这两个阶级时常谩骂对方。可是这个国家依然很繁荣,可以提供充分的给养给在原野、森林和公海上生活的人,用托马斯·杰斐逊的一句话来说,就是不会有年轻人因为生计而受到行业的中伤。

可是这个国家越来越饱和了,剩下来的人只好成为他们富裕邻居的帮工。

这些邻居都非常富裕，他们可以把蒸汽时代的高昂工具买过来，人们把使用这些工具的地方叫作"工厂"，它慢慢盛行在人民群众中。

这是一个非常怪异的恶性循环的开端，不久以后，整个世界都沦落了，在之后的一个世纪的时间里，对于这样的事情，哲学家们依然疑惑不解。

新奇且复杂的工具（指的"工厂"）可以将生产力大幅度提高。之前几乎生活在史前贫困状态（一间非常简陋的小木屋里面，有一两件最早的家具，木屋上有石头做的烟囱，几件衣服，足够吃的食物）的人，开始拥有过去想都不敢想的东西，因为那些东西只有有钱的君主才拥有。随着岁月的流逝，他们觉得这些奢侈品在自己的生活中变得必不可少了，他们觉得这些东西本来就应该是自己的。可是他们还想要更多的东西，欲望越强烈，他们就要更加辛苦地劳作。因为他们有了更多的需求，所以工厂的数量也越来越多。

同时，少数既有现代工具，又有工厂的有钱人会要求自己的工人不间断地工作，从而给不断增长的利润做保证。同时，他们也在开辟更多新市场，所以，他们在中国、美洲和亚洲寻找利益增加的更多渠道，他们需要使用政治手段，以确保自己的产业毫发无损。

中世纪时期的简单的农业体制（这样的体制在合众国一开始成立的最初10年一直被使用着）现在正演变成一种急速扩充至全球的、非常复杂的全球化经济体制，很多国家的行为习惯和生活方式在这种情况下都发生了翻天覆地的变化。可是生活在美国北方和西部的基本上都是白人，这些人以农业生产活动为主，他们没有被这场革命所吸引。这样的变化是循序渐进的，也是非常缓慢的。可是它没有带来任何血腥事件，也没有对把它视为一部分的文明带来伤害，当然排除几个偶然的情况。

南方就是截然不同的状况了。为了躲避工厂所带来的负面影响，那里的当权者尽可能拒绝所有机械方面的事情。南方为主的依然是农业。拥有田纳西、弗吉尼亚、卡罗莱纳州和肯塔基领导权的乡下贵族们想保持原有的体制。让那些北方佬们去呼吸受到污染的空气吧。而他们只想继续过自己的绅士生活。他们禁止在他们的庄园中出现不得体的工业场面，早在17世纪，这些庄园就属于他们了，当然除轧棉机以外。

可是，必须拥有金钱才能过上贵族生活。当世界上其他地方的东西的价钱越来越高（原因主要是工人罢工、薪水上涨和原材料的价格上涨），南方的绅士们所需要的钱也增加了，这就意味着他们要种植的棉花和烟草也要增加，也意味着需要更多的人在他们的棉田和烟草地上工作，所以他们对奴隶的需求也增加了。国家的命运再次掌控在解决不了的恶性循环中。可是这次的恶性循环独具特色：有白、黑、赭三种颜色。

这就如同我在前面说的，除非到了必要时刻，要不然历史学家是不应该以道德家的身份出现的。可是，我们中间出生在北极光下的人拿着武器，一脸恐惧地看着拥有奴隶的残忍的南方人是不应该的，因为这个世界上存在奴隶，或者奴隶会有其他的叫法。自从人类开始直立行走以后，就有了他们。

十诫中所说的美丽的女仆，事实上就是女奴。某些女奴会产生致命的吸引力，把特洛伊围攻起来的人时常会打赌，目的就是要得到她们。

有一次，恺撒卖掉了63000多名条顿的俘虏，当然是当作奴隶卖掉的。在圣保罗看来，奴隶制这种制度的存在太有必要了。《大宪章》规定奴隶是合法存在的。总而言之，奴隶存在于任何地方、任何时代。在欧洲西部和美洲东部，正在一步步废除奴隶制，其中有这样一个原因，人们不再感兴趣于神学家的思想，反倒对耶稣开始感兴趣，另一个原因是奴隶制没有再带来什么利益，人们觉得很失望，在机器和黑人中，只能择其一。在"汤姆大叔"生活的地方，人们一直都不接受"冒烟的比利"，它也不被社会所容。

就因为如此，在梅森和狄克逊以南的所有州，依然存在着在世界上其他地方早就不能接受的经济体制，而且一直如此。人们会狡辩说："南方人难道不清楚这种始终如一的政策具有风险吗？从几百年前开始，人们就一直对奴隶制度大加指责，他们难道不知道吗？站在长远的角度上，奴隶制度会摧毁他们的繁荣，难道他们也不知情吗？"事实上，没有哪个道理是他们不懂的。

那些没接受过什么教育的一小部分南方人，就像安德鲁·杰克逊这样的，可能觉得奴隶制是半神圣的制度，真正拥有南方理念的领导人却坚决反对它。只是他们觉得这些并没有意义。对于宪法里不再出现"奴隶"和"奴隶制"这样的字眼儿，他们持认可态度，因为他们并不想自己在北方人眼里是奴隶主。

他们不愿意理会这个问题的其他地方，因为它太复杂了，关联着他们平常所生活的社会组织，似乎不可能碰了它又不毁坏自己所喜欢的文明。他们要想和某些经济规律和谐相处，就会继续采取漠视的态度，也不会质疑经济规律的存在，主要原因是和佛蒙特一样，迪克西也有影响力。

为了维持自己工厂的正常运作，他们在北方的邻居宁愿打败或者超越自己的竞争者们，所以他们的工人要干的活就更多了，否则工厂就会倒台。这就类似于他们的邻居，种植园主也觉得自己责任重大，必须尽可能提升产量，使奴隶干更多的活。这就意味着他们要种植更多的棉花和烟草。如此一来，就会造成产量过剩，他们这时才想到别的农作物，像谷物、甜菜和水稻等都可以种植。他们需要找银行家贷款春播的费用，于是他们和银行家就商议贷款的问题进行商讨，可是银行家们都拒绝了。

他们要想让顾客相信自己，就必须保证自己的顾客不会遇到任何风险。这时，他们就一定要知道贷款拿什么来抵押。他们非常了解棉花和烟草，知道其产量最多只有2000包。而谷物、甜菜和水稻则意味着新的试验，而新的试验当然就会有风险。所以，种植园主们只能继续回去种植自己的棉花和烟草，闲得无聊的奴隶的衣食住行一样也不能少，为了让他们有活干，奴隶园主们只能继续把种植面积扩大。

因为它确实太复杂了，所以这样的情况会让人窒息。更糟糕的是，对于南方的情况，北方置之不理。弗吉尼亚和卡罗来纳的有钱人家总是会让自己的孩子到哈佛、耶鲁和普林斯顿去上学。可是那条分界线——英国天文学家查尔斯·梅森和杰里迈亚·狄克森划出的宾夕法尼亚与马里兰的分界线，却只有少数新英格兰人才越过去。现在，奴隶州和自由州已经被这条线分隔开了。

他们得到的信息往往错误连篇，并且有不小的成见。之后我们可以在查尔斯顿和斯普菲尔德的报纸上看到抨击性比较强的文章。有一天，这个话题已经成为消遣文学领域的热门话题。那样的情况被人们视为奴隶州再平常不过的事情。

整个北方似乎已经做好了战争的准备，他们想要摧毁西蒙·莱格里和其他压迫奴隶的人组成的怯懦的民族。

我只能说到这里了。从以上我所说的来看，我似乎是一个给自己所讨厌的制度提供保护的人。这种制度很让我厌恶，其程度甚至堪比最激烈的废奴主义者。

我想就另一个问题发表一下自己的观点。对于南方蓄养奴隶的事情，北方是持反对态度的。尽管北方人都很正直、正义，可是有一个重要的问题他们没有注意到，那就是南方人尽管拥有奴隶，可是这种制度让他们本身也成了奴隶，也是因为那种制度，他们才使用奴隶。

现在这样的情况可以说是非常乱了，没有人知道该如何是好。似乎只剩下一种解决办法了。

很多年以后，对于比之前重要得多的很多问题，我们也了解了，可能这样的毛病我们可以用理智和才智来治愈。可是如今，似乎只有一个办法清除人类（个体或者是集体）所有这样的毛病。在一个人身上，我们可以用"手术"来称呼它，可是换作是一个国家，那么就会提到一个非常恐怖的名字——战争。

第四十二章
招人讨厌的契约

如果有人向我抛出这样一个问题，美国的历史有什么不同于其他国家的历史的，我就会这样回答他："演讲艺术对我们国家的政治和社会发展都产生了很大的影响。"

当美国人做好了为自己而战的准备时，共和国就一点都不稀奇了。我们国家的始创者成立了我们现在的政府，而没有实行单纯的民主制，其实我们政府的代表形式已经有很悠久的历史了，年龄几乎和罗马的山脉相等。联邦共和国已经有1000年的历史了，当13个独立小州最后决定成立防御联盟时。

可是演讲艺术除了昙花一现的希腊共和国关注过以后，没有其他人关注过。相反，人们通常都有哈姆雷特一样的有名偏见，都不相信那些世界上想要用语言来化解难题的人。

美国完全有理由单方面发展这样的文化趣味。两千多年以前，古犹太人作家之乡的好名声就传播出去了，因为他们只能用文学的形式来表现自己。和那些东西方的大城市相比，耶路撒冷只是一个小乡镇，太微不足道了。即便所罗门的庙宇再璀璨，它也不会让人们对它投以关注的目光。所以，古代作家们对那里一无所知。

之后，我们从《圣经》里了解到对其非常精准的描绘，我们明白了那里所有的东西都非常耀眼，而且我们也明白了，希腊人的和谐意识非常强，对简单线条情有独钟，而且他们喜欢到孟菲斯和底比斯去，而不是去名声显赫的大建筑去寻找灵感的原因，我们也知道了。

其实，大卫曾经是一位弹竖琴的乐师。可是那个叮叮响的三弦乐器是不可能把真正富有创造力的人吸引过去的，而且在第二戒律中，他们的祖先是严禁他们画画的，那么这时犹太人就只能进入一个艺术领域了，那就是文学领域。

美国文明在清教徒们手中把持着，他们理所当然成为继承古代希伯来人精神的人。他们严格遵照《圣经·旧约全书》里的《申命记》和《上师记》上面的要求，严格管理自己的妻儿、衣食住行、仇恨、种植、收获，而且非常粗鲁地对待自己的土著邻居。

所以，他们通常会非常鄙视得体的灵魂，并认为它们是异教徒的东西。对于那些演员、画家、音乐家和那些只能为转瞬消失的内在美与表面的快乐加一点东西的毫无实用价值的东西，他们是持怀疑态度的。这个严格的规定是把演说家和艺术排除在外的。第一，因为它是纯正的希伯来血统，所以它不会遭到侮辱。第二，牧师就是通过这个强大的武器掌控普通人的。

巴赫和亨德尔无权再祝福人们了，他们开始发表冗长的演讲，而且都是一些陈芝麻烂谷子的事，因为在这里会解放他们饥饿的灵魂。年轻的时候，他们不管在什么场合下，都会发表这样的演说，因为他们会因此激动万分。所以，一直以来，美国殖民者在表达自己的情感时，都乐意采用演讲艺术这种形式。

西部荒原因为他们的到来出现了演讲艺术。当他们获得独立以后，那些原本忠诚于神学的人被政治宣传所征服。其他的所有历史悠久的共和国在统治国家时，都不是用的语言这种武器，冰岛、威尼斯、瑞士、荷兰在对自己的国家和殖民地进行管理时，都不是采用的特别华美的辞藻，可是新的美利坚联邦就与它们截然不同了，当遇到新奇的事时（不管这件事是多么微不足道），他们都会用充满激情、光辉灿烂的语言来表示庆祝。

和那些尊贵的贵族一样，建国者们在发泄时不会运用演说这样的修辞学方式，他们会耐心地聆听（耐心地聆听对于来自偏僻地区的充满热情的同事们的意见是再好不过的一个办法了），可是当他们专心致志于一件事情时，像起草独立宣言和拟定宪法，他们就会打断别人的演说，旁若无人地说事情。

当森林和原野征服了城市，当合众国的政治形式变成了单纯的民主制（建国者们最害怕的事情就是这件事情了,为了避免这件事情的发生,他们做了很多努力),取代了之前的代议制时,之前长篇大论的演讲就好像瀑布一样奔腾,也如同海上刮起的狂风巨浪。华盛顿、杰斐逊、富兰克林和亚当斯还因为他们危险地漂流在国际政治海洋中。

之后就出现了错觉,而且在杰克逊当政期间受到热捧。很多人都对这样一件事非常笃定——一个人只要在语言上有相当的才能,就可以把国家大事处理好。

革命前辈在那个年代昙花一现,那些接受过良好教育和训练的孩子们,素养都非常好,特别希望可以延续父辈们留下的行为规范。可是这样严肃的管理者已经不受社会的欢迎了。人们会觉得某种工作的合适人选,且一生都在为此做着准备的候选人很"骄傲",人们会用怪异的眼光看着他们,到最后,这样的候选人是不可能获得成功的。

合众国刚成立的前30年,如果站在现代的角度来看,对这个国家进行管理的贵族的工作还存在很多不足之处。那些自豪的绅士们并不是多么关注那些没有得到幸运女神眷顾的人身上的长处,在社会上这些普通的人开始逐步升迁,自豪的绅士们对民主惧怕得要命,于是就通过了很多有利于自己的政策,并不会对合众国的广泛幸福予以关注。

他们中的大部分人的责任心其实还是很强的。毋庸置疑,他们是忠诚的、正直的(除少数人以外)。在成长过程中,当时的宗教观点并没有对他们造成多大的影响,他们渴望最好可以包容,他们非常怀疑华美的言辞,一直以来,他们都是秉承着少说多做的原则。

新的政治领导阶级来自于不一样的社会和地区。不久他们就觉得,假如让那些声称是"普通人"的虚荣心得到了满足,那么他们不仅会得到名望,也将把政治变成利益工具。这所有的一切都只是一个新奇的观点的序言——在我国历史上,安德鲁·杰克逊到亚伯拉罕·林肯期间,一点都不幸福。

第一,不要卷入国外的各种争斗中,我们的第一位总统曾经这样告诫我们,可是我们却忘记了。在国内政治价值中,新的政客们深深了解"赞美美国的大国主义",使得野兽们也为之癫狂,直到人和事都开始遭到野兽的攻击,于是,它就成了被人们唾弃的东西。

范布伦(杰克逊的后继者和仆人)在位以后的20年间,平均每年都会有一起暴力事件在合众国发生,主要原因就是想对他人的事情进行干涉。

在所罗门主义看来,"美洲人是美洲的所有者",而且他还说,合众国和美洲大陆上所有的殖民管理秩序都非常和谐,也不想和它们起什么冲突,美国希望可以和自己的所有邻居都成为好朋友。

可是对杰克逊主义充满激情的人却觉得应该把纯粹的民主福音播撒到世界的各个角落,也不应该出现让怯懦的自己活也让别人活的态度。最后,在所有遥远的地区都看到了美国的战舰,东方国家只想离白人远远的,然而中国、夏威夷群岛、日本和其他考虑到自身利益,想远离白人的国家的大门,却都被美国打开了。

之后,他们直接对敌人的领土发动了进攻。那时,忽然有几个外交官坐在了奥斯坦德赌桌边,共同拟定了一个宣言,声称古巴岛原本就归美国所有,假如西班牙一直抓着不放,不愿意卖给他们,他们将采取武力的方式夺过来。假如这个文件的倡导者是一个让人讨厌的马德里公使,那么这对于外界来说应该是一个误会,让这位阁下回到他的老家路易斯安那,就可以防止这个错误的决定所带来的灾难性后果。

人们通常会愚昧地申辩找不到理由的侵略。这也是我们对外侵略的特点之一,它无法对比国内两党之间的互相抨击。

对于这两个势不两立的,有自己的志向和口号的政党来说,世界上再华丽的语言都无法掩盖蒸汽机的使用这一事实——在我们的经济学家眼里,这场经济革命带来了巨大的影响力,使得每个州之间都有了激烈的矛盾。这些州要么是物品的制造者,要么是以上帝为仰仗,让奴隶"种植"东西的。

北方的州的工厂数量持续上升,对自由身的白种男人和女人就有了更大的需求。南方的每一个州之所以变得富饶,都要归功于非洲奴隶种植出来的农产品。北方的州不允许外国的产品进来,垄断了美国市场。南方的州想要实行自由贸易制度，如此一来，自己生产的棉花、烟草和大米才能销往欧洲。北方的州都有了在西部的森林和土地上建立工厂的想法。南方的州想把边疆变成农业和蓄奴区，以让当地人支持他们。

内部战争

双方互相叫嚣着，尽可能把自己的爱国主义表现出来。可是双方都明白，他们之间只存在一个和道德有关的问题，那就是"奴隶制"，并不存在什么经济问题。

每一次，只要人们的幻想落空（人们的热情也就不复存在了），很多人会说什么"进步"根本就是子虚乌有的事。"文明"只是表现在外面，我们从内心深处来说都是粗鲁的，也会和石器时代的祖先一样，对邻居的利益全然不在意。

我们的社会一直在往好的方向发展，这就意味着社会在不断地进步。其实，在发展过程中，社会也许会有短时间的后退，会有一段时间的衰退，也会有很大的改变——文化思想的中心发生了转移。可是伽利略并不会说（也许说过）："地球依然像以前一样转动！"

在19世纪上半叶，人类的集体认知有了一个很大的提高，于是就想废除奴隶制。二三十年前，我们的建国者们还可以对这个问题视而不见。可是他们心里都很清楚，奴隶制早晚是要消失的。假如他们作为革命的领导者时年轻一点，没有因为7年的辛苦劳动而精力耗尽，他们是很有可能把这个问题解决好的。

他们的继任者们要么是来自于小镇，一脸的胡子，是真正的政治家；要么是一意孤行，不明白如何和他人相处的乡村长者和教区杰出的人。假如由他们来处理这样的问题，必定会出现一场灾难。

1788年到1864年间，欧美国家相继把奴隶制废除了，即便在很多国家，奴隶是极其大的投资，在废除奴隶制的过程中，也从来没有出现过流血事件。处处是呐喊声和反对声，人们把《旧约》拿出来做证，黑人之所以生活在水深火热中，就是因为奴隶制这个枷锁，事实上它是永远存在的半神圣的东西。可是历史的洪流并没有让这些人停下来，人们对平等的呼喊也没人阻止得了。我们的上帝对他的所有孩子都是善良的，不会有肤色歧视。

在之后的战斗中，有很多人都因为热情而把之前文明辩论的准则打破了，像他们的反对者一样执拗，这的确让人觉得可惜。因为人们潜意识里的自我一旦被激发，感性就会凌驾于理性之上，就很难掌控这样的局面了。

争辩一直没有停歇，在允许"自由州"还是"蓄奴州"的问题上，对"自由"和"蓄奴"的界限进行划分的问题上，有关"每个州的主权"和没有执行到位的暂时性问题的问题上，但有一个坚定的原则是不会动摇的：奴隶制终归是要从这个世界上消失的，不管是黄种人、红种人、白人，还是黑人的奴隶制。

真正危险的源头并不是盛怒的奴隶主和盛怒的废奴主义者，而在于那个人口急剧上升的公民阶级。他们觉得共和国只是一个很便捷之处，只想用最短的时间得到更多的利益。因此，他们想要一个稳定的、和谐的环境，即便把民族荣誉牺牲掉，他们也在所不惜。

杰克逊的残暴统治给了他们充分的理由，可以对任何的国家生活都不闻不问。他们在家畜上花掉了几百万美元，不由得感到恐惧，假如奴隶制的问题他们也参与进去，那么就会给自己带来更大的不幸。他们之所以对待问题如此冷淡，是因为那些叫嚣着要求他们提供帮助的人中，没有人可以把他们的想象力激发出来，也没有人可以把这个问题说清楚，而且是用他们能够明白的语言。

所以，一连好多年都骂声不断，有一些北方人说把联盟解散，有一些南方人说要组建自己的联邦合众国，不过双方都只是嘴上说说，不敢付出行动。

如此看来，似乎将来也会风平浪静。可是这时，托马斯·林肯的妻子南希·汉克思的儿子出生了，母亲希望自己的儿子可以照顾好这个家，并不是像他父亲一样卑微地工作在连一头牛都养不出来的农场中。

第四十三章
名不见经传的伊利诺斯乡村律师要把这个案子接下来

有人说:"我们老是觉得自己是驱赶别人前行的人,可是同时别人也在赶着我们前行。"还有人说:"我并不认为我掌控了整个局面,坦白来说,是我被整个局面掌控了。"

在快要行将就木时简单地对自己的一生进行总结的这两个人,是同一时代的人,可是他们却生活在社会地位和地理位置的两极。

其中一个人有一个有钱又有野心的父亲,他非常想通过自己过早成熟的儿子来光耀门楣。另一个人生活在一间破旧的屋子里,屋里的光线很是昏暗,他的父亲只是一个普通的木匠,并没有什么特别优秀的地方,有时候他还会做一些农活,也写不好自己的名字。

年长的那个拥有大学、家教、各国游历和书等用钱可以买到的所有东西。年龄小一些的那个假如想学点什么,就必须挖空心思想办法。他的童年生活很是艰苦,一直在荒野的一个严寒的角落里生活。

这一对真是太奇怪了!

可是谢天谢地,命运之神并不是那么在意血统和出身。她温柔地抚摩着亚伯拉罕·林肯和约翰·沃尔夫冈·冯·歌德的额头,就把别人极难得到的荣耀给了这两个得到命运垂青的孩子——他们成了自己国家最崇高理想的形象,而且留芳百世。

特别是两个人中年龄小的那个(歌德去世时,林肯才23岁)更是被人们津津乐道,他的故事被他声名大振之后诞生的所有孩子视为常识。

林肯原本是英国人,于17世纪上半叶从诺福克的格汉姆离开,来到新英格兰的星格汉姆。刚抵达新世界的他就得了当时盛行的漫游病。他不辞劳苦地从马萨诸塞到达宾夕法尼亚，后来又去了肯塔基。4岁的亚伯拉罕收拾好自己的行装，从贫困潦倒的农场离开，到了黑色的印第安纳土地，那里适合种植玉米。

　　在那里，年仅9岁的他会为母亲的棺材削木钉，他们一脸迷茫地看着别人抬走她，之后就埋葬了她和她的秘密。

　　南希·汉克思原本生活在既脏乱又穷困的边疆，身边都是纺织工、铁匠和愚蠢的农民，她不甘心就过这样的生活。在她不知情时，根据继承权得到了早就属于她的东西。她甚至都不敢想象这件这么美好的事情——50年以后，她的儿子会入主白宫。

　　在实际生活中，是什么改变了这个男人的未来呢？时间匆匆流逝，假如我们的未来还有一丝希望的话，将来总是那么遥远。

　　和其他斯宾塞县的所有孩子一样，年轻时的亚伯拉罕也会在农场里做事。他掌握了一些阅读、书写和算术知识。之后，他的继母萨拉·布什就开始教育他，告诉他彭斯、笛福和莎士比亚所写的东西为什么被人称道。

　　这一切都看上去非常美好，只是这时林肯的爸爸还在世，和以前一样，他会做一些笨重的农活，也时常让林肯搭把手，可是从内心来说，林肯是非常不情愿的。他觉得把时间都浪费在重活上毫无意义，他对这方面一点兴趣都没有。所以他没有再待在家里，而是想方设法去挣钱。

　　他后来做过多种活儿，在一艘船上当过水手。他时常和别人高谈阔论。他会温和地对待所有生物，只要他的双手可以接触到的地方。他把故事讲给别人听，也会认真聆听别人讲话。他时常一脸微笑，然后就去各种商店里干活，多数情况下，他都做着和以前不同的工作。

　　在和印第安人发生冲突时，他去做了军人。可是林肯上尉还没有出战，那些可怜的印第安人就逃之夭夭了。失去了敌人的他就把军装脱下来，继续回去看店了。

　　相比他的军旅生活，这份新工作要失败得多。他的生意非常差劲，一个蠢笨的合伙人喝光了店里的饮料。林肯花了整整15年的时间，才把这笔债还清。

假如在讲述我们的民族英雄时，把这些故事加进去，未免太无趣了。这看上去一点都不闪耀，也显得有些可笑。可是即便发生在破产法庭上的一个小片段，也有它的价值，平常生活中的研究生可以对它进行研究，或者把它当作对人性的投资，之后结出累累硕果。

当这个年轻人20多岁时，他已不会再受到之前环境中的不好条件的影响，为了可以在社会上站稳脚跟并积极向上，他受到了很多事物的影响。

这个瘦高个长得很滑稽，可看上去很聪明。这样的聪明太奇怪了，是荒诞又可笑的，即严肃和了不起的事情，他总可以用可笑的态度来完成，这把他的聪明充分表现出来了。

这种东西极其少见，之后得到了人们的承认，这也是它理应得到的，和它的拥有者一起，他来到了一家事务所，之后进入了州议会，又从那里到华盛顿的国会去了。在当时，人们会怀疑一个有独立思想的人，它反复被要求起到作用。

当墨西哥战争正打得如火如荼时，林肯到了首都。对于那场战争，林肯讨厌至极。于是，他就把自己的态度表现出来了。之后，他把那件专门为了首都之行才买的斗篷穿上。另一场血雨腥风就要来了，这一次，他准备得很充分。

国家不久就进入了无政府的内战状态。原来的政党因为是否要废除奴隶制被分裂成了圣徒和强盗——以理性为主导的政治家和以感性为主导的傻瓜。后者把领导人的命令当作耳旁风，也没有什么政治纲领，他们之所以聚到一起，只是因为信仰和偏见一致。

当对奴隶制持认可态度的南方人聚集在民主党旗帜下时，不认可奴隶制的人组建了自己引以为傲的共和党，在他们看来，联邦一定要统一，而且所有人都要拥有自由。在这种情况下，林肯之前的经历让他大大受益，之后，他就在全国范围内引起了很大的反响。

之前他有过几年蓄奴州的生活经历，也有过自由州的生活经历。对于奴隶制的残酷，他再清楚不过了，对于船上满是被铁链拴上的生灵的情形，他一点都不愿意回想。他的生活经验也让他明白，光凭几个善良的外部人员的指挥，是不可能在短时间内改变全国人民的经济制度的。所以，在看待这个问题时，他秉持着客观的态度。奴隶制的废除是毫无疑问的。它无权出现在这个文明的国度里。国家此刻面临着这样的问题：能否在不损害国家的情况下成功改变？假如做不到的话，那么因为一个抽象的理想，而对一个国家造成损害到底值不值得？

令人同情的约翰·老布朗大肆叫嚣道："不可以！不流血的话怎么可能做到？"他把一面起义大旗树起来。可是这面旗不久以后就毕恭毕敬地盖在了他的棺材板上。

南卡罗来纳州客气地给出了肯定的答案，然后悄无声息地从联邦退了出去。在这之前，还严肃地进行了一次投票，通过了一项决议，公开宣称自己是"世界上的独立自由国家"的一员。

这事发生在 1860 年 12 月。

共和党人于 3 个月后把合众国的总统选了出来，当选人就是亚伯拉罕·林肯，所以他又一次到华盛顿来了，宾夕法尼亚大街尽头的那个白色的大建筑物里装着他的行李。2 天以后，他举行了就职演说。他笨拙地起身，把想要完成的事情说给参加演说的人们听。保护、庇护和护卫联邦，就是他的主要责任。现在，他有很多同胞想把联邦摧毁，把这个他想要保护、庇护和护卫的联邦毁掉。

这是他们最愚不可及的想法。他在上帝面前发誓，他对他们并没有厌恶之情。他希望他们都能过上幸福的生活。对于他们的一些意见，他很愿意倾听并采纳。他愿意竭尽所能去找到快速又和平的处理问题的方法，可是他已经宣誓要保护、庇护和护卫联邦，那么他就一定不会食言。

他只是发表了一篇非常简短的演讲，所以他想要保护的同胞们还听得云里雾里。因此，他们互相拍着对方的肩膀大笑着说："嘿，他戴的那顶帽子好好笑啊，你看到了吗？"

第四十四章
陪审团对这个案件进行审理

南方各州都陆续退出了联邦政府，1787 年的神圣契约就此完结，人们怎么都想不明白为何会出现这样的状况，经过分析，问题应该出在英格兰。

不过有一个词语他们常常挂在嘴边，那就是"废除"（政治家们为了让一份协定失去效用而想出来的官方语言），是由某种神秘的信念所引发的，这个信念是：对他们而言，马萨诸塞和另外两个相邻的州的存在是毫无意义的，因此应该创立一个属于自己的政府，那样就不会因为伯克希尔山与康涅狄格河那边的蛮夷们的无尽纷争而苦恼不堪。

不过发生于 1860 年的事情的性质却不一样，而且看起来更为棘手一些。

如果要说清事情的真正原因，不得不从杰克逊将军的专政时期开始，从那个时候开始南方就不断地欺压各州，还认为他们做得名正言顺。单靠他们自己的力量是无法做到这一点的，因此西部人民那无比忠心的热情为他们提供了机会，让合众国的北部和东部成了政治附属品，若是这个小姐妹共和国的表现还不错的话，那就没什么问题了，否则的话……

"否则怎样？"说话的是一个脾气古怪的老头，他是一个老劈木匠，这时的他正在白宫的地下室里擦自己的靴子。

"那就让他们去玩自己的吧，我们可不奉陪。"那些来自查尔斯顿、新奥尔良、萨凡纳和瑞西芒的充满激情的年轻人叫喊道。

他们说完后就自顾自地去裁缝那儿定做军服了，那些军装跟联邦士兵的大相径庭，但还是很好看的。他们丢弃了老的星条旗，在新的旗帜下列队前行。此时的他们在和那些讨厌的北方佬们一较高下，一想到这个他们就开心得不得了。那些北方佬们正忙着经营他们那破败不堪的工厂、杂货店以及银行，他们忙得抽不开身，哪还有精力扛着枪上战场。

不过他们马上意识到他们的观念是不正确的。从前，人们都随时准备着，说去战场就能立马行动起来。不过最终在他们心里或许会认为，让他们得到胜利的是耶和华，或是太阳神对他们的眷顾，完全不会想到说是因为时刻准备着上战场，这个时期的隐忍和克制也是获得胜利的重要因素。

有时候为了得到自己想要的东西，他们会相互残杀，会疯狂地争斗，直到他们认为局势已经变好了才会停止。然后他们会带着掠夺而来的财产回到自己的家乡，敌人的妻子儿女变成了他们的奴隶。尽管这一切是那么的残暴、血腥和愚钝，可是这样的方式也是最有成效、最直接的，因为残暴、血腥和愚钝才是它真正的含义。

后来这样的状况因为写作艺术而有了改变。不过在这之前 200 年的时间里，若是两方产生了矛盾，那有矛盾的两方都会立马去找他们的历史教授，为了证明自己的清白，会让历史教授为这种带有误会和遗憾的"先例"写一份文字依据，借此来表明他们受到了对方毫无理由的挑衅和欺压，为了维护自身的利益，才不得不做出这种反击的行为。

就好像美国的内战，前前后后用了 5 个月的时间来预先商讨和正式辩解。

1860 年 12 月 20 日，南卡罗来纳正式退出联邦政府。1861 年 1 月，效仿南卡罗来纳陆续退出联邦政府的有密西西比、佐治亚、路易斯安那、阿拉巴马以及北卡罗来纳。2 月，得克萨斯州也加入了退出共和国的阵营。

1861 年 2 月 4 日，这些代表们在阿拉巴马的蒙哥马利城举行了会议，南部联邦政府就此成立，他们推选出的第一位总统就是杰斐逊·戴维斯。

和林肯一样，戴维斯也来自肯塔基州，此前他是皮尔斯总统手下的陆军部长，为军队改革做出了巨大的贡献。当南方各州产生动乱之时，他是联邦议会中的密西西比州参议员。很显然，他既信仰坚定又能力非凡，不过他身上缺少一种像林肯总统般的魄力及品质。合众国需要的总统必须具有准确的判断力、洞察力以及处理问题的精明头脑。最终（在这样的状况下，分析的头脑要如同数学计算般的精准才能获得决定性的胜利），合众国在历史的长河中不断前进，而南方联邦却永远退出了历史舞台，或许只有历史博物馆还有它的一席之地。

接下来我们讲一讲分离运动。过了一段时间，与退出共和国的州为伍的还有弗吉尼亚、田纳西和阿肯色。之后两个共和国就很多问题方面进行了商讨，更准确地来说就是戴维斯总统主张运用一种妥协举措：对于奴隶制的废黜，让各州自由决定，不过对于这件事，华盛顿并不认可，他觉得若要继续讨论这个话题，除非南方同盟重新加入联邦，否则免谈。

后来南方为了稳住局势，不得不退了一步，他们为了防止国会在奴隶制问题上的专制，便要求宪法增加一条修正案。不过北方政府认为这个方案根本没有意义，既不能解决问题，还让联邦政府受制于人，如果奴隶制获得自由就无法掌控，所以这个修正案遭到了拒绝，那么接下来发生的一切也就不言而喻了。

许多南方的陆军和海军军官在这几个月中全部辞职了，他们中的大部分人都穿上了灰白的军装，加入了杰斐逊·戴维斯的阵营。当他们对南方同盟的新兵进行训练时，北方却无动于衷、冷眼旁观。之后由于情况有变，华盛顿方面不得不调整策略，采取措施，来应对即将会持续6周或是4个月的战争。

合众国政府掌控着南方领土的几个重要地域。这些要塞之中要数查尔斯港口的时间最为久远，它的名字来源于华盛顿统治下活着的最后一位将军托马斯·萨姆特。位于一座小岛上的它掌控着阿什河和库伯河入口的三个要塞之一，要塞的指挥官是为人和善的安德森少校，不过此时的他却如坐针毡，因为他没有足够的供给。1月份时，飘扬着合众国旗帜的"西部之星"号试图运送各种军需物资给他，可是却遭到了南卡罗来纳的炮火攻击，不得不退了回去，所以这次行动以失败告终。

直到3月中下旬，这位英勇无比的少校才得到消息，他不用再孤军奋战了，因为布鲁克林海军船坞的一支增援队即将出发。据说当时还有另一支增援队伍，不过那是秘密行动，无人知晓，只是有很多人在说这件事。有许多热烈怜悯者们的北方联邦政府很清楚这件事情，他们急切地盼望着合众国的船只"波瓦坦"号

萨姆特要塞

的现身。在这次公开的战争快要爆发的时候，两方都有些担忧，谁都不想让"先开战"这顶帽子落在自己头上。两方的陆军部长在通话过程中说到了"波瓦坦"号，不过华盛顿这方面说它仅仅是为他们运送一些药品和食物，根本不存在增援萨姆特岛驻军一说。

谁也不明白为何此时的南方联邦会做出如此不理智的行为来。不过说这个决定是出于政治目的的可能还是有些牵强，更确切地说，应该和心理因素有关。这个国家长期被南方人统辖，如今屡屡让他们吃败仗的竟然是一个不值一提的律师，这实在是说不过去。听说这个律师连菜都不会点，却是所有共和党人中最有智慧、最狡诈的一个。

他们十分担心，生怕林肯会出什么幺蛾子，精神高度紧张，然后就开始行动了。此时，查尔斯的博雷加德将军（此前任职于联邦政府，现任南方同盟的将军）收到一封电报：当情况需要时，可以对萨姆特要塞发起进攻。

几个小时之后，戴维斯和他的内阁成员们就开始后悔了，觉得自己实在是太心急、太鲁莽了，然而亡羊补牢为时已晚。安德森说自己的粮食只能坚持两天了，最后要么投降，要么饿死。1861年4月12日早上，他就遭到了同盟军的进攻。直到24小时以后，这场战争才得以平息，让人厌恶的联邦要塞俯首称臣了。

尽管炮火声接连不断，整座岛屿都被烟雾笼罩，不过实际损失并不大，联邦军无一人受伤。但是这件事却让南部联邦军成了上流社会茶余饭后的谈资，他们把10磅重的炮弹朝查尔斯顿的美女们扔过去，这一切居然安然无恙。

可是那些仁慈的人们将合众国的国旗拿下来了，不过他们好像没有意识到——是他们开了第一枪，总而言之，"先开战"

志愿兵

第四十四章　陪审团对这个案件进行审理

的帽子算是扣在他们头上了。

所以,他们在白宫的英明对手最想得到的一个东西,他们慷慨地给了他们,那就是无论他们怎么做,都有一个民族会无条件地站在他们这边。林肯在1861年4月15日征集到了75000名志愿军,首批由北方佬组建的部队在次日挺进华盛顿。

第四十五章
案件宣判

若是我们可以在一个完全属于自己的星球上自由地生活，那该是多么惬意啊！但是在现实世界里，从200多万年前开始，我们都不过是文明世界的一个组成部分。无论我们如何评价自己的邻居，或是我们的邻居对我们的幸福生活有什么样的影响，都无法改变现实。

在北方人人都有一个逃脱不掉的责任——平息战乱，这是无论如何也要担负的不幸的责任。不过在南方，一些拥有主权的州正在为守护自己的独立事业而战斗。

在欧洲人眼里，这次战争不过是两个在美洲大陆上的小国家相互竞争而已，这个让人恐惧的繁荣的合众国有可能因为这场战争而分崩离析或没落。

此刻我需要提醒一下各位读者，在国际关系法则中，略带情感的词语是很难找到的。要是你想为这个神秘的话题找到答案，费尽心思去查阅各种资料时，如果能够找到像"敬重"或"感恩"这样的词语就很不错了。只有在职业宣传家的口中才能够找到有关"两国的爱"的描述，严苛的（因此少了一些虚伪）历史学家和新闻记者绝不会用如此含混不清的文字来描述。

英国早就默许不在任何正式场合提起那场，让自由合众国建立起来的前殖民地起义。毕竟1812年的那场战争对双方来说都不是什么光荣的事，所以被世人遗忘是最好的结果。在19世纪60年代，许多英格兰人都迫切盼望废除奴隶制，所以为帮助北方人获得胜利，他们愿意拼尽全力。

很多英国人都认为美国是影响他们自己国家长久商业霸主地位的绊脚石，

这个看法一点都没错，只不过他们一直都缺少消灭这个令人恐惧的对手的勇气和决心。要是有人想干这件事，他们一定会无条件地支持到底。若是有谁将火药、战船以及枪支出售给这个勇气可嘉的盟友，他们一定会非常愿意将自己的支票或是订单双手奉上，当获得胜利之时他们是绝对不会忘记当初那个倾囊相助的朋友的。

社会因素的确是最为重要的一点。对于欧洲上层社会来说，北方和南方的战争实际上就是清教徒和保王党、乡绅和宫廷、国王和议会斗争的延续。圆颅党的代表是北方的手工业者和商铺老板。就像从前的英国绅士一样，南方的种植园主们为了守护自己的理想，已经亮出了武器，事实上他们的先辈们早已将他们的热血和银制汤匙抛洒在马斯顿的荒野与纳斯比的战场之上了。

除了英国，拿破仑也是联邦的潜在对手，但是此时的拿破仑早已沉睡在老兵休养院的红色石板下了。但是他有一个侄子，那个独特的年轻人有着浓烈的德国口音，在伯父的眷顾下，将波拿巴家族的智慧发挥得淋漓尽致，将这一时代的 800 万人都玩弄于股掌之上，将自己推向了行政首脑的位置。为了巩固自己摇摇欲坠的地位，他用尽了一切手段，最终利用战争带给臣民新鲜感。在他的统领下，人们时常为了虚无缥缈的"荣耀"和"光环"去争斗，破坏欧洲的和平，因此世界各地的人民都因这样毫无理由的争斗而惶惶不可终日。

如今的法国和美国和睦相处，交情很好。不过法国有一位皇后，她的丈夫的脸色一直很难看，思想也一直被牧师操控，说不定哪天这位皇后就会猛然发动一场针对她祖父的同胞们的战争。皇后以及友人们想得到的东西和拿破仑一样，那就是她有了一个想法，那些靠她生存的报刊随声附和，让这个想法一夜之间就成为"所有法兰西人民的意志"。那么英国将会把 50 多万名男儿送去加拿大的队伍中壮大阵营。

若是将这件事情放在 1927 年来看，用疯狂来形容一点都不为过。第一年林肯政府必须直面的现实事件就把这些事包含进去了。后来林肯和他的内阁不断收到南方军队获得胜利的消息，渐渐开始担心起来。

1861 年，之前我就描述过合众国的人民是如何接受"边疆信念"的，就像接受福音一样，人们非常笃定其中的两个信条，要是有人质疑，那么他在社交和经济方面的各种活动将会被邻居强制限定。

所有心理和生理健全的人可以从事任何工作，不过极个别技术含量很高的工作不包括在内，比如治病救人的医生或化学实验这类的工作，这是第一个信条。第二个信条：天生就是美国自由公民的人都崇尚武力。从平常的自吹自擂中，我们就可以发现这是一种信仰。假如发生了什么十万火急的事情，几百万美国人一定会团结在一起，共同保卫正义的民主事业，哪怕他们的武器只有玉米秆和扫帚，照样可以把人数比他们多5至10倍的外国人打得落花流水。

我先否定第二个信仰。志愿兵体制一直都是失败的。华盛顿不止一次在书信中说他很担心民兵们，因为他们没有接受过系统的训练，毫无战斗力，也毫无热情可言。这些民兵怯懦、目无纪律，无视这位将军所说的"真正爱国主义的重要原则"，所以，他们从来没有取得过胜利。如果合众国没有地理上的优势，也没有法国军队和德国军官们的支援，能否独立都还要打个问号。

民兵在1812的战争中的表现让人不忍直视。纽约州的所有军官都想待在美国本土作战。加拿大在听到这个消息以后，当然会欢呼雀跃，可是美国边境上的老百姓听说这个消息以后，却不由得感到非常失望，因为英国人和印第安人总是侵扰他们。在战斗时，民兵不止一次无缘无故地走掉了。一开始，这些人之所以走向战场，是因为想保护自己的祖国不遭到外人的入侵，可是他们却逐个逃之夭夭，和赫赫有名的布莱顿赛跑一样在民间迅速流传开去，而真正的战争却全靠少数有条顿血统的水手们撑起来。

现在来说一说墨西哥战争，司各特将军的民兵连队总共有11支，有7支这样告诉他们的指挥官，他们并不是来打一场持久战的，只在部队待一年。在前往墨西哥的路上，他们都逃跑了，要知道，只需要4天，他们就可以抵达墨西哥了，占领整个重要的要塞因此晚了半年。

在萨姆特要塞遇袭后，很快有75000名志愿兵聚集到林肯麾下，那些真正明白战争有多么严重的人热情地响应了他的号召，为了帮助他，甘愿牺牲自己。只是，没过多久，这份热情就像以前一样消失了。因此，为了征兵，他们想到了这样一个激励的办法,即不管是谁,只要愿意当兵,就给一两百美元的奖金。听闻这个消息的商人们迅速从欧洲的比利时、英国和波兰运来大批量的移民,这些人一踏上这片土地,就成了部队的一员,和他们的经办人分了这笔奖金。之后这件事引起了英国政府的强烈不满,迫于无奈的华盛顿政府只好下令不再召集"合同兵",如此一来,也就不能再继续那种投机的生意了。

外交事件

几个月以后,北方人明白了联邦军要想保持战斗力,必须通过征兵这样的方式。他们迅速把征兵方案拟订出来,并马上获准通过了。法案规定每个州都有责任提供一定数量的士兵给联邦军。如果能在志愿者中征集到士兵,是最好的。可是如果志愿者的数量匮乏,那么就只有通过征兵来把人数补齐。强行征兵并不是美国人的意愿,他们只有一个单纯的目的,那就是打败南方同盟军,而这是仅有的一个办法。所以他们就强行实行了这个制度。

可是征兵法案却不包括富家子弟，这些富家子弟也理所当然地认为自己不需要到前方去冒险，而应该留在大后方。如果他们可以找到一些为了钱，甘愿付出自己生命的可怜人，那么他们就可以让这些人替自己去打仗。那些没钱的人无论愿不愿意，都必须到最前线去。当波士顿和纽约的爱尔兰人不愿意到前线去，说他们对打仗不感兴趣时，就发生了一场声势浩大的暴乱。在暴乱中，暴民们遭到了正规军的枪袭，很多人因此丧生，这才使得发生暴乱的人遵从法律。

这所有的事情无不让人惋惜。那时的情况其实类似于现在，只有让一定数量的人受伤甚至是死亡，战争才能继续下去。那些极其讨厌敌人，积极维护"文明战争"的人因为这件事受到了非常严重的打击，痛苦不堪，和现在的情况是一样的。一直在战壕和炮塔中嘶吼的人毕生所追求的就是那种"文明战争"。

先说这么多有关这场冲突的背景吧。现在我来对第一个信仰，也就是著名的拓荒理论进行一下论述。一个人只要身心健康，就可以做他想要做的事情，而且获得圆满成功。可是北方和南方都将会感到绝望。

杰斐逊·戴维斯也好，亚伯拉罕·林肯也好，都不可能完美解决1861年等着他们的事情，这份职业他们才刚拿到手，必须从零开始学。在过去的人眼里，论智商的话，北方的总统明显要高一些，远远超过那位来自于波托克河边的戴维斯总统，在他的带领下，一半的国家一定会获胜。可是可怕的3年就这样过去了，林肯才把他所从事的职业的基本技巧搞清楚。对于他来说，外交这件事情难度系数太高了。外交是一门高雅又微妙的艺术，它没有得到任何一个优秀的民主党人的重视；外交是把衰落的欧洲大陆上的绅士贵族们吸引过来的化装舞会，可是对于那些热忱满满的武士和他们的妻子来说，这样的游戏却一点都不好玩。

这个国家的人民从这个信仰里面的一些非常极其有好处的特殊情况中明白，在邪恶当道的国家里，一个训练有素的英明的外交官的作用一点都不逊色于10个国内的政治家。可是民众并不会被这样的问题所吸引。因此，就职仅四五个月的两任总统在处理和其他国家的事情时都遇到了棘手的事。

林肯一开始在召集志愿军时，也下发了一道指示：封锁弗吉尼亚到得克萨斯的海岸线，阻拦所有想要进入或退出联邦各个州港口的船，并把他们送到北方港口去。

遗憾的是，林肯这样做，无异于默认了美利坚合众国和南方联盟"正在战争"，这对于他们来说简直糟糕透了。他们在骂南方人是背叛者或暴乱的人的同时，又说自己和南方处于"交战状态"。诺亚·韦伯斯特（就是韦伯斯特词典）说，"交战方"指的是：一个国家、一个党派抑或是一个人所参与的得到国际法承认的战争。

英国法律官员在看到这份文件时一脸疑惑，还说他们要遵守如今的国际条约和协定中的条款。美国总统在1861年4月19日的通告中所说的"交战状态"这个词语，其实想表达的是一种类似于"革命"，而不是"战争"的意思，因此，这个事实不会（最起码在正式场合）得到他们的认可。因此，他们警告英国人，"因为美利坚合众国和一些声称是联邦的州之间是以敌我双方的状态出现的，因为大不列颠在这件事上是保持中立的，因此，他们必须警告所有英国人，不允许支持交战的任何一方，不允许在国内或国际上进行任何援助准备工作，对任何运输船、民船或军舰的船只进行武装"，等等。这只是普普通通的中立告示。

这一公告在公布时，采用的是例行公事的形式，可是当它出现在美国报纸上时，在北方人眼里，南方同盟的"独立"是被英国承认的。其实英国根本没有此意。这根本就是两回事，英国政府只是觉得他们处于"交战状态"。可是，当一个国家惊慌失措时，是不可能去听那些国际术语的讲解的。

当时，这件事情并没有受到华盛顿政府的重视。前线的所有事情都进展不顺。北方部队计划把南部同盟的一个要塞占领过来，可是没能成功。1861年7月21日，北方人在弗吉尼亚州布尔伦河附近遇袭，使得他们原本准备在明年春天之前开展的一次行动没办法按时进行。当这个失败的消息传到欧洲以后，合众国的很多敌人和南方同盟的朋友们都兴奋异常。所以，他们猜测，要不了多久，他的旗帜一定会被插在国会大厦上。之后，一件更加糟糕的事情发生了，国际上出现了一个小意外，事实上，这件事情原本非常微不足道，也有很大的可能让敏感国家产生敌对情绪。

1861年11月初，联邦战舰"圣亚森托"在船长——知名的南海科学考察的代表人物查尔斯·威尔克斯的带领下，把非洲海岸的任务完成以后，就准备打道回府了，于是就先在哈瓦那停了下来。在一份美国报纸上，他看到南方同盟的代表詹姆士·梅森和约翰·斯莱德尔正去往欧洲。哈瓦那的消息显示，他们乘坐的是英国的一艘船，名叫"特伦特"号。

威尔克斯船长妄图通过冒险行为来彰显自己。结果显示，他太成功了，大大出乎他自己的意料。他让战舰离开哈瓦那，等"特伦特"号前来，之后他向这只没有武装过的船只发出威胁，假如不交出叛乱的人，他就不客气了。在得到自己心满意足的答案以后，他就带着"战时禁运品"回到了美国。

一开始，人们对这件事情津津乐道，国会投票通过了一项决议，把一枚金质奖章颁发给这位英勇的船长，可是英国人的想法却截然不同，他们在报纸上对这次给英国船只带来的令人恐惧的、无法容忍的屈辱进行了大肆抨击，使得帕默斯顿这样的守旧和现实主义的政治家也参与到战争中。即便如此，出于无奈，帕默斯顿还是给英国驻华盛顿的代表下令，让美国放了这两名俘虏，如果遭到拒绝就立刻回到祖国。

在康索特亲王的建议下，帕默斯顿写了一封很亲切的信。可是形势不容乐观，加拿大的军队已经开始活动，北海的海军基地也活动起来了。

如果站在北方的角度，应该这么说：南部同盟的独立从来就没有得到过合众国的允许，因此，梅森和斯莱顿尔都属于合众国。威尔克斯船长所做的事情曾经无数次被英国海军军官做过。在过去的100年里，中立国的船只遭到英国军官的入侵，所有可能是英国人的人都被杀了。可是林肯已经懂得了如何开展他的工作，因此他很清醒地知道，现在争论太不合时宜了。于是他就下令将梅林和斯莱德尔一起送到一艘准备出发的英国船只上，并允许他们在英国的庇护下持续前行。两个国家之间的关系并没有因为这件小事而变得剑拔弩张。

只是刚解决了这件事，另一件让人更加紧张的事情又发生了。因为南部同盟被扣上了"交战方"的帽子，所以他们就可以堂而皇之地去购买大炮、枪和其他军需用品。他们也果真这样做了。他们说他们把棉花垄断了，不久以后，谁是北美大陆上真正的掌权人就会见分晓了，显然这种说法有夸海口之嫌。这时他们正在伦敦和巴黎的市场上忙得不可开交，用自己的棉花把对方的野战炮和滑膛枪换过来。假如他们确实做到了这些事情，假如萨凡那和查尔斯顿不久就收到了这些野战炮和滑膛枪，那么合众国还有什么好抱怨的呢。这些货物要么安全抵达目的地，要么落入联邦舰队手中。而戴维斯总统想变换一下花样。他尝试着把不列颠群岛变成南部同盟的一个海军基地。他找英国船厂定制了巡洋舰，还给其配备了来自于英国的水手和英国生产的武器，然后命令他们从格拉斯或南安普敦出发，去对联邦的商船进行拦截，而且英国港口要随时给他们提供补给。

  林肯和他的内阁不久就知道了这些事。这位文雅的绅士义正词严地提出了反对："这样下去怎么可以呢？"只是一直以来都很难对卖给交战双方武器这件事情的性质进行认定，究竟怎样才算是违法的，或者是如何做才算是违背了中立原则。如果国际法规定把10枚炮弹卖给交战方是合法的话，那么卖给它1万枚炮弹也没错。如果一个政府可以花500万美元购买渔叉，那么用这些钱买或者装备一下两艘巡洋舰又有什么不可以呢？

  机会就在这个问题的探讨期间来了，兰开郡和柴郡的棉花加工厂的工人们竟然成了合众国的一员，这时工厂的工人们早就因为原材料不足失去了工作，连温饱都成了问题。他们希望国会对英国政府提出要求，不要再给一个将300万人口当成畜牧使用的政府提供帮助，否则就会让他们生气。更幸运的是，尽管有一些有钱的寡妇会在宴请名单上删掉英国联邦大使的名字，还摆出一副臭脸，可是在他们眼里，自己的国家一点都不丢脸，对于自己国家的人，他们一向都很忠诚。

  之前，查尔斯·法兰西斯·亚当斯的父亲和祖父都是合众国的总统。他并不是一个容易冲动的人。正是因为这个缘故，在腓特烈堡失败以后，他才能如此冷静。看起来腓特烈堡的失败注定了北方会走向失败。威廉·尤尔特·格拉斯（知名神学家）——英国政府的正式成员，发表了非常世故的演讲，向英国提议，让其认可"身为一名伟大的政治家——杰斐逊·戴维斯已经在大洋对岸成立了一个新的国家"，即便遇到这样的情况，亚当斯依然很镇定。这些事情不仅没有打倒他，反倒支撑着他朝上爬，直到抵达自己职业生涯的巅峰。他一直坚持对英国国务大臣进行劝说，他反复强调，阁下一定很清楚，假如让南方同盟的巡洋舰一直停靠在其港口，那么战争就会不可避免地发生了。

这个清晰的意见把重重迷雾拨开了。公开的敌对事件并没有出现。首先，大部分英国人都特别憎恶奴隶制，他们甘愿自己去坐牢，也不愿意和北方的废奴主义者作战。其次，对于自己的那位邻居——拿破仑皇帝，英国一直放心不下。再次，英国还要时刻小心俄国，在几年前的克里木战争中，俄国输得很惨，这时它的很多舰队都停靠在旧金山和纽约港口，这样做并不是表明他们对美国的民主很是热诚，而是觉得假如和英国开战了，那么这些港口就可以当作对英国海军进行攻打的基地。

可是所有这些都不是最关键的。后来因为美国军队的变化，英国政府的态度也发生了转变。这都要归功于尤利西斯·格兰特。他是一位籍籍无名的前常规军军官，在生活中经受了重重磨难，之前曾经在伊利诺斯州加利纳市工作。

这个有过光辉历史的年轻军官在南方战争爆发时，似乎把这一生都过完了。当地的基督教女青年会的女士们都对他直摇头，说道："我们之前就告诉过你，可怜的尤利西斯兄弟！"她们都估计不久就要举行他的葬礼了，以后酗酒和吸烟的反面教材又多了一个。当这个濒临死亡的上尉被委任为伊诺斯团的指挥官，并带领着他们可爱的年轻人们共同作战的消息传到她耳朵里时，她们都非常担心。

事实上格兰特是一个极其内向的人，都不怎么说话。所以他按照自己的思路带领军队攻下了南方联盟在西部的战线，之后继续向田纳西推进，为了守护自己受命保护的西部和南部边疆，李的主力部队只好撤出北方战线。

这个开头非常振奋人心。在接下来的另一场战役中，格兰特出乎意料地获得全胜，这次胜利的意义更为重大。

南方因为北方实行的封锁政策苦不堪言。每年南方的棉花产量都达到500万包，但是要是不能卖去国外，生产的再多也无济于事。事实上，在英国、荷兰、西班牙或丹麦西印度群岛的某些地方，有时也有冲过封锁线运来的棉花，不过这样的事情成功的概率很小，根本起不到什么作用，所以要想方设法攻克联邦舰队组成的堡垒。

封锁线

北方的制造装备很完善，随处可见，但是南方却没有，不过从克里木战争开始，每一个欧洲国家都在制造铁甲轮船，这是南方工程师们都心知肚明的事实。

按照这个思路，他们开始寻找解决之道。南方同盟的第一艘铁甲轮船的图纸是谁画出来的我们已无从知晓。在戴维斯的内阁中有一个人极其熟悉铁甲轮船的理念，他曾做过很多年的参议院海军事务委员会主席。原材料是一个大难题，不过南方同盟想到一个办法，可以对一艘合众国的旧炮舰进行改装，让它变成微型的无敌战舰。它的时速最大可以达到 7 英里，要是它的对手是普通的木船，那获得胜利就没有悬念了。

就这样由联邦海军的"梅里马克"号改装而成的"弗吉尼亚"号就此诞生，当两艘联邦战船首次与南方联邦的这艘战船作战时就全军覆没了。

海上霸主

这仅仅是一个开头，要是斯蒂芬·马洛里有充足的时间制造出更多这样的战船，那么对于南方联邦来说，从查尔斯顿到伦敦的航线将会一路畅通，那时他们的棉花所显示出的力量将会比刀枪更甚。

当南方同盟即将为"梅里马克"号装好盖子和两侧的铁板之时，一个瑞典人也在设计铁甲轮船的图纸，他就是约翰·埃里克，曾任职于瑞典海军，继沃姆兰德的兰板希坦之后,他也变成了能力非凡的发明家。他的发明让南方同盟的海上称霸之梦破灭,那些船只变成破铜烂铁一无是处。

埃里克森曾在英国造出了火车头,还曾与斯蒂芬的"火箭"号一较高下。他发明了战船上的螺旋桨,后来他还突发奇想,将旋转炮台上的大炮装在铁甲船上。他兴冲冲地将他的新发明带到法国,不过却没有引起拿破仑的兴趣,之前富尔顿在塞纳河上为他演示发明时,他也是一副不屑一顾的态度,所以埃里克森的结局也是一样的,他什么也没有得到。

此时南方同盟制造出了新战舰的事情传到了欧洲,所以埃里克森来到了华盛顿,将自己的想法仔细地介绍给合众国的每一位工程师。他们举棋不定,非常愿意倾听一个普通外来者的奇思妙想,也愿意让他来制造"监视者"号。可事实上谁都没有把这件事放在心上,可是埃里克森却非常慎重地去做这件事,他开始埋头苦干。6个月的时间过去了,他的战舰终于上了战场。但是,大海上的风浪挡住了"监视者"号的去路,它没有按时抵达南方,所以南方的"弗吉尼亚"号有了大展拳脚的机会。1862年3月9日发生了一场遭遇战,在这次战役中南方同盟试图冲过最后一道防线的梦想彻底失败,"监视者"号作为毁灭性武器的优点全都显露出来,将作战优势发挥到极致。

北方在"监视者"号船只的协助下增强了封锁力度。南方同盟的棉花不得不在莫比尔和诺福克码头上停滞,眼睁睁地看着它坏掉。眼看着南方没有丝毫获得胜利的希望,欧洲国家也对南方提出的承认和贷款的要求充耳不闻。

为了赢得更充足的时间,杰斐逊和李的军队一直在战场上僵持着,可是老是这样也不是办法,他们打算对敌人的军营发起偷袭。

1863年1月1日,林肯发表了一份宣言:"从今日起,南方同盟领地上的所有奴隶将得到永久的自由。"不过对于支持北方的那些州的奴隶制,这份文件并未提起,林肯想用这个简单易行的战争办法,来拉拢国内外那些废奴主义者。从那个时候开始,这次战争不再是为利益问题而产生的内斗,演变成了解放人类事业的斗争。不过奴隶制的问题并未就此结束(这个问题只是导致内战的一个因素)。宪法的第13次修订是在1865年,由于新的修正案正式实施,这个"特别制度"也被废除了,合众国领土上的奴隶制将不复存在。

我粗略地讲一下战争。如果那个原本是伊利斯诺斯州加利纳市的修鞋工人来做总司令位置的话,那事情就好办多了。海军司令法拉格特攻下了密西西比河之后,热情正盛的他继续向新奥尔良发动进攻。李在葛底斯堡的一支北方军队如果再增加500人,再坚持10分钟,那唾手可得的胜利就属于他们。经过佐治亚州的谢尔曼将军的军队,所到之处哀鸿遍野、惨不忍睹,其野蛮行径令许多北方人深感愧疚。那时南方同盟为了和北方联合起来共同抵抗墨西哥,试图与之和睦相处。可是没有人理会他们的意愿。之后南方首都里士满被偷袭,最终被占领。在佐治亚州荒原上躲藏的戴维斯,企图让这个经过4年战争而造成的失败局面得到逆转。

当所有事情过后,体体面面地投降和以宽容之心对待投降者就是我们唯一能做的了。在阿伯马托克县政府见面的格兰特和李也本着上面的原则做了。

国家的权利永远高于每一个州的权利就是这个案件的最终结果,这4年战争所带来的结果无疑是毁灭性的,是时候修复修复了。

一部分北方人非常愿意帮助曾经的敌

佐治亚

救了国旗

人，那些拥有马加比血液的人们，失败时他们会垂头丧气，胜利之时却非常凶残。一个孤单无助之人掌控着合众国的命运及其他许多东西。在那孤独无助且令人恐惧的4年之中，他慢慢学会了如何在战斗中舍弃仇恨。

1865年3月4日早上，亚伯拉罕·林肯第二次被推举为合众国总统，他讲述的人生哲学观的实用性特别强，而且生动易懂，我们可以说那是善良友爱的美国福音书，是对正直、仁爱、忍让、宽容的宣扬与劝诫。但是很可惜，6个星期之后，他的大脑被一颗子弹击中，永远地离开了这个世界。

第四十六章
最后一位征服者死后回家了

对于自己的不幸,这个可怜的人原本应该想到的。他非常善良,也很亲切,他的兴趣爱好也很广泛,会画画,会弹钢琴,也很喜欢植物学。对于闲谈,他一直都不太擅长,可以这么说,他就没有闲谈过。他留了和哈布斯堡王朝成员一样的连鬓胡须,让人看着就忍俊不禁,虽然他本意是想让自己变得严肃一些。他所谈论的东西都是有关于上帝、祖国和义务的。有那么一刻,他的精神高度和祖先一样高了。其实他根本不知道如何才能活好一点,可是他死得很尊贵,因此我们应该包容他。

他是最后一位征服者,一位命途多舛的王。1832年,他出生于申布伦的皇宫,他的父亲是奥地利的一位大公,哥哥是奥地利皇帝,岳父是比利时的国王。欧洲一半君主都是他的表兄弟们。他会读书,会写字,还会一些不太难的算术,所以在哈布斯堡家族的人眼里,他就是个天才。因此他出任了意大利的总督和奥地利军队总司令。之后,从某种程度上来说,他却把这些人玩弄于股掌之间。没错,他的头脑很正常,工作起来也是兢兢业业的,他还做过几件让家人们大跌眼镜的事情。

他读过的书不少,会通过一些图表、设计和地图来解决问题。一段时间以后,他在海军方面的威望就被大家发现了。大家委派他去做舰队的指挥官。各种独具特色的铁甲战舰都是由他创造出来的。正是凭借这些战船,奥地利在战争以前获得了亚得里亚和地中海地区的主导权。做了伦巴第总督的他提出了非常英明的自由主义改革的建议。假如他的这些意见都被采纳了,那么哈布斯堡家族也许

最后一位征服者

就会一直掌控着意大利。只是，他的话对于别人来说好像是天方夜谭，失望透顶的他只好选择辞去总督的职务，然后在利亚斯特附近建了一座非常好看的住宅。他有收集扇子的喜好，还爱好弹奏舒伯特的奏鸣曲。原本他想做一个温暖的、亲切的、平和的奥地利大公，身边有美丽的妻子，一日三餐由厨艺高超的厨师负责，就这样安逸地生活下去。

这时，一个出生在一所小木屋的印第安人在偏僻的瓦哈卡山区的一个古代的阿兹特克城堡里生活，他就是贝尼托·帕布罗·胡亚雷斯。一位好心的修道士在他身上发现一种希望，于是在他学习法律方面提供了帮助。然后为了开启政治生涯，他开始付出艰辛的努力。后来他当上了州长，再后来，也就是1861年，他当选为墨西哥共和国的总统。申布伦和伊斯特兰离得比较远。纵观历史，总有一些表面上让人觉得不可思议的事情后来变得合乎逻辑了。现在我要对这场悲剧的第三个人物进行一下介绍。

拿破仑三世的祖母是克里奥尔人，在马提尼克岛生活。他的父亲（如果当时最有威望的一种说法得到了我们的信任）是荷兰海军的将军。可是大家眼里的他的父亲是伟大的拿破仑的一个兄弟。他的妻子是一位名叫柯克帕特里克的美国人的孙女。柯克帕特里克之前曾经是美国驻马拉加的领事，那个地方盛产优质葡萄酒。我要讲的历史事件与他有关，他告诉欧洲，他创建的帝国是和平的象征，而新大陆是他一直在努力追寻的目标。

我们要在这里提一下那位印第安朋友。胡亚雷斯是一位公平的爱国主义者，也让人啧啧称奇。他深信他的印第安种族的未来一定非常美好，只要其他国家不横加干涉。他的国家一直都被外界压力所压迫，为了暂时休养，把眼前各种需要钱的问题先解决掉，两年内，他不会给付任何外债的利息。马德里、巴黎和伦敦，即人们时常挂在嘴边的"金融界"听到这个消息以后恐慌不已。西班牙、法兰西和英国的巡洋舰队迅速到维拉克鲁斯去了，而且一再要求对那些受到损失的放贷人的"权益"进行"弥补"。

众所周知，英国政府是个务实主义者，他们很快发现，这个一直以来以谦逊著称的印第安人准备做一次生意，他会用自己好不容易赚来的钱把麻烦处理掉。英国撤走了舰队，西班牙马上对其中的玄机了然于心，于是也撤退了。可是拿破仑还在这儿。他在自己的报纸上鼓吹世界上会再次出现一个高卢天才。他觉得假如就这样一无所有地回去，那就太丢脸了。尽管他的很多士兵都因病死亡了，可是他依然没有放弃，并开始对墨西哥城发动进攻，无奈之下，胡亚雷斯总统只好去了荒原。

接下来又出现了一个关键性问题，政事要交给谁来处理呢？

事实上，在欧洲君主中，拿破仑称得上是一个有钱人。好几个君主都不愿意和他保持友好关系。因此，他提了一个既详尽又让人始料未及的建议，那就是他想由哈布斯堡家族的人来坐皇帝之位。如此一来，世界上自诩为皇帝的人又多了一个。假如奥地利皇帝再次以法国皇帝出身卑微为由说他，他就会回敬道："还说我呢，你那个兄弟不也是这样吗？"

哈布斯堡家族的人作为君主并不是很英明，可是他们却拥有奸诈的政治头脑。要不然他们早就像现在这件事一样，被赶下皇帝之位了。尽管法国大使再三向他说明，可是最后这个提议还是遭到了弗兰西斯·约瑟夫的坚决反对。

相反，这个建议却得到了马克西米利安的认可。他对浪漫主义文学非常有好感，这时他似乎看到了自己身穿快要变成皇帝服装的军装，在古老的阿兹特克宫的历史悠久的柱子上靠着，月光均匀地洒在波波卡佩特火山上，一片银白，身穿棕色衣服的个子不高的人们聚集在一起，数不胜数，开始弹奏贝多芬的曲子，把爱意满满的曲目唱给国王听。

为了把这个悲情的故事变得短一点，他把这个责任揽了过去。对于墨西哥所有民众进行的一次表决，即都认为蒙提祖玛的后继者应该是他的说法，他没有一丁点的怀疑。他那既平凡又务实的哥哥要求他把奥地利王位的所有权利都舍弃掉，他照做了，然后去了维拉克鲁斯。

华盛顿政府怎么可能眼睁睁地看着拿破仑这个法国阴谋家的诡计变成现实呢。欧洲宫廷的几位美国大使都非常谦卑地提出了质疑，询问他们是否听说过几年前门罗总统所发表的一些看法。这些君主和大臣们都直言"听说过啊，可是过去的事情还提它做什么呢，已经不适用于现在了。那是门罗总统代表合众国发表的演讲，只是合众国已经消失了，现在只是两个正处于交战状态的小共和国，看起来它们会灭掉对方"。

站在 1863 年的角度，这一切好像都非常公平。可是一年以后，南部同盟不存在了，合众国有时间派自己的海陆军去把自己信赖的邻居贝尼托解救出来了。

美国先是朝拿破仑施压，给了这位绅士一张报纸，上面是这样写的：普鲁士在丹麦领土上获胜了；俾斯麦特别想通过打败法兰西的方式，恢复历史悠久的德意志帝国。

这是事实，不容拿破仑否认。可是他会将道义先放在一边，不会马上就决定离开墨西哥，让那位可怜的皇帝孤军作战。

假如这时马克西米利安光顾着逃命，那么他还可以从暂时畅通的路上离开。不过，他是一个对自己要求很高的人，责任心也非常强。因此在他看来，自己理应和那些拥护自己做皇帝的人同呼吸，共命运。

当大局已经稳定下来，他很想牺牲在战场上，可是他的心愿并没能实现。最终还是发生了不可避免的事情，他的一个墨西哥部下背叛了他，向胡亚雷斯泄密，胡亚雷斯当即决定处决他。直到临死之前，马克西米利安都没有为自己申辩过一句，而是英勇地要求对那些忠于自己的将军们实行缓刑。

当马克西米利安被枪决的消息传到国外，举世震惊：一个奥地利帝国的亲王，竟然被一个正宗的墨西哥印第安人处死了。因为这件事，合众国的总统还给这位格兰德河对面的朋友写了一封信，请求他宽大处理。可是胡亚雷斯说，对于这件事，他不能从中阻拦，因为是这个国家的法律要处决他，而不是他本人。如此看来，这事已经板上钉钉了。1867 年 6 月 19 日，马克西米利安被处以了枪决。

半年以后，在通往维拉克鲁斯港口的海面上，正行驶着一艘上面写着"意大利"，飘扬着奥地利皇帝和匈牙利国王旗帜的战舰。次日，最后一位征服者在船底的一个箱子里躺着被带回了家。

第四十七章
犹他州攻下了一枚金道钉

在一起的两粒花生还是两粒花生，在一起的两头大象还是两头大象。虽然从数字这个层面来说，上面所说的都是"2"，可是两粒花生和两头大象是一回事吗？当然不是。不需要对如此小的算术问题进行证明，也不需要多费口舌。可是让人惋惜的是，很多人对等式上的东西视而不见，也满不在乎，只看到数字"2"。他们关注的只是"2"，至于对象是大象还是花生，他们并不在意。

内战结束以后，那个想要对墨西哥发动进攻的怪异的人永远沉睡过去了。看上去到了可以对那些被毁于战火的南方的各种社会和经济问题进行梳理的时候了。

清教徒非常正直，这也是北方文明一个极其显著的特点。在他们看来，相比同情，公正要重要得多，这就加大了上面所说的问题的解决难度。

北方在这场战争中损失了35万多有能力的年轻人。北方人觉得这一切的罪责都要归到南方人头上，他们是背叛者，是有罪的人。南方想要整个联邦都接受自己有关奴隶制的理念。当这样的理念被证实无法变成现实时，南方就开始了分裂活动。当南方发现必须通过武力的方式才能实现目标时，他们率先把枪举了起来。这所有的一切发生的根源都在于，南方有一个特别怪异的想法，那就是他们觉得白人天生就比黑人高贵。

而那些叛乱者的观点并不会得到公正的北方人的认可。在他们眼里，"2"就是"2"。黑人也是白人，只是皮肤有点黑，密西西比棉区的两个黑人和弗吉尼亚的两个罗伯特·李是一样的。这个问题无解，一个代价巨大的谬误，对于整个人类关系领域来说，北方的逻辑并不是广泛适用的，当北方人发现这一点时，整个民族已经愤怒到了极点。相比 5 年战争中所付出的，在 10 年和平时期付出的要多得多。

没错，假如林肯还在世的话，情况会好得多！可是这只是我们的希冀而已，林肯已经死了！现在的国家元首是一个没有资格的人，他就是副总统，他当选的主要原因是在几个依然忠诚于联邦事业的南方政治家中，他是少有的几个之一。林肯所在的党想拉拢边疆各州，于是就让共和党候选人名单的关键位置处出现了一个田纳西民主党人。

这个可怜的裁缝学徒因为布思的暗杀活动而坐上了总统的宝座。现在这个来自于边疆地区的专职政治家，安德鲁·杰克逊的信徒，被临危任命为这个国家的总统。在这个人的内心深处，南方一直都很令人同情，本不该受到这种失败的侮辱。他又意识到自己是在被迫同一群新英格兰人形成同盟，那些新英格兰人觉得南方同盟应该庆幸自己还可以活下去。

最终，双方因为这两种截然不同的思想而成了敌我双方，之后开始弹劾总统、进行一场价值不大的审判，但并没有取得什么好结果，也证实不了什么。可是南方的经济活动已经停滞很久了。政府的行政部门和立法部门之间争执不休，最终受苦的还是人民。这就意味着当时的圣人们——残忍的人类奴役制的公平复仇者，他们内心压抑已久的报复心在这时宣泄出来了。

这个世界乱成了一锅粥：得到北方军队支持的黑人，开始对自己过去的白人主人进行卑鄙和愚昧的统治。这些事情把那个社会制度完全摧毁了，虽然这个制度原本有很多不足之处，可是在建立独立的合众国的过程中，也把很多关键性人物培养出来了。

之后想要恢复经济就太难了，南方花了将近两代人的时间才从自己曾经引以为傲的繁荣所带来的重大挫折中走出来。之后，生活中极其常见的情况出现了。北方和南方都竭尽全力对联邦的领导权进行竞争，最终在一旁冷眼旁观的西部不费吹灰之力就取得了最后的胜利。

西部之前就如同舞台上朦胧的背影一样，现在突然成了舞台的核心。来自于边疆的信仰对于沿海人民就是一种新宗教，所以他们表示接受。

19世纪60年代初期，很多军事和政治上用于危急公关的办法对这件事情都非常有用。合众国不但要和中西部边疆的所有州保持友好的关系，而且还要让太平洋岸边的美国居民对联邦忠诚，这件事情也非常关键。遗憾的是，2000英里的高山和草原把这些州和东部分隔开了。假如你想从纽约寄一封信到萨克拉门托去，要从巴拿马地峡经过，收信人要时隔6周以后才会收到这封信。但是1860年，旧金山和密苏里的圣约瑟夫之间新开了小马快递的服务，这就大大缩短了东西部运送物件的时间，八九天时间就足够了，而且不需要花大价钱，每盎司的信物只需要支付5美元就可以了。后来从草原经过的电报线也搭建成功了。

可是仍然有一个不安全的地方，因为小马快递和电报都不能传递士兵或大炮。此外，人们从刘易斯和克拉克开始就非常明白一件事，那就是在这片土地上可以找到很多有价值的东西，农民的真正天堂就在这里。此外，这里的原材料也很丰富。

一个富有责任心又小心的政府一定不会对这片土地置之不理。杰斐逊时期，当人们听说阿伦·伯尔想成立自己的密西西比王国时都非常紧张。现在，整个国家都进入了战争状态，法国人驻扎在墨西哥，英国军队占领了哈利法克斯要塞。北方当然想成为最后的胜利者，可是谁会是最后的赢家，没有人能够预测出来。假如对那片真空地带置之不理，那如同就是听其自然。

由于战争的关系，安顿移民的事情被耽搁了。只要是可以把铁锹拿起来的人，都迫于无奈，把滑膛枪拿在了手里，一小队骑兵就可以让一望无际的草原不再平静。和平又一次到来了，那么就要赶紧把东部

犹他州的金道钉

和西部团结起来了。

之前通常先来的都是拓荒者,然后才出现铁路商人,因为在铁路商人看来,一个地区必须拥有一定数量的定居者时,修建铁路和贸易往来才是有意义的。现在他们无须再等了,先在荒无人烟的地方把交通设备安装好,然后再让东部的农民和欧洲的移民们居住在车站附近,最后再通过铁路把自己的牲口和农产品运过去。在土地测量人员勤勤恳恳的工作下,不久密西西比流域附近复杂的铁路网就搭建好了。要不了几年时间,把东西部连接起来的第一条铁路就会完工了。

1869年3月10日,当最后一颗金道钉被打进犹他州普罗蒙特里最后一段4英尺长的铁轨里时,就预示着第一部分计划实现了,东西部连接在一起了。

东西最后终于相连

第二部分的难度系数就大多了。很少有人有足够的金钱把西部土地买过来,而且还举家搬迁至密西比河附近。尽管有这样想法的人还是很多,可是却只有惋惜自己付不起第一笔订金。对于这些想要移民的公民,国会非常重视,于是专门通过了宅地法,规定所有可以得到人们尊敬的农民只要拥有一定的事业,都有得到160英亩的西部土地的权利。

从很大程度上来说,这个政策给西部定居的农民提供了很大的帮助,俄国也实现了这一伟大目标。只是在西伯利亚（说的是拓荒者们的西伯利亚，并不是说名气很大可是却没什么实际价值的亚洲北部流放地），当地的政府通过暴力恐吓的方式，把农民都赶到鞑靼大平原上。美国也像一台制动机一样，不停地削减着移民高涨的热情。

整个西部地区被开垦了几年以后，这样一个事实得到了验证：相比有着几百万英亩肥沃土地和牲口的得克萨斯和达科他的皇帝，看上去，南方的棉花大王只是一个无能的君主。之后人们迁移至西部的热情越发高涨，人们都特别想得到自己的那一片土地，不想就这样错过了机会。在这场肆意抢夺新广场和田地的活动中，小部分印第安人也不见了。他们被当作原始动物的标本赶到一个集中营，任由他们自生自灭。

地球上的白人在持续进步的过程中，出现了一些不可避免的残酷现实。欧洲人和美国人从理论上来说，都非常明白一个事实，那就是黑人也好，黄种人也好，红种人也好，都有权利活下去。可是落到现实生活中，他们更倾向于认为这些人"最好摆正自己的位置"，去帮主人擦皮鞋，或者做其他笨重的杂活儿。

当一个介于白色面孔和其他利益之间的人说自己今后再也不会去做什么粗重的活儿时，高加索白人们就惊慌失措了。在做什么都会遭到指责的情况下，他们会不知所措地玩自己的手枪。这时总会发生什么，枪响了。假如子弹正好射向了愚蠢的印第安人，那他们就太倒霉了。用慈爱上帝的话来说，就是这些不幸的人也太不小心了吧？可是他们已经离开了这个人世，我们何不埋了他们，并把这件不高兴的事情给抛到九霄云外呢？

落基山

在历史上，这一章并没有让我们引以为傲的地方，残暴、贪欲，以及那些违背道义的记录充斥其中。这段经历酒味十足，就如同走私到草原酒店中的酒一样。是什么样的伦理原则在和自然法则抗争？通过买卖、争夺和交易等办法，合众国从墨西哥、英国和法国那里得到了广阔的领地，有一些地方还有丰富的资源矿产，像金、银、铜、石油等，吸引着全世界垂涎的目光。一个手里只有弓箭的柔弱民族占领了这片土地，而手里有枪和大炮的强大民族却想得到这片土地。

有一个被自己国家的人用"诚实"评价的德国政治家，气量不大，有点不太圆滑，他曾经说："权力统治着这个世界，而不是什么正义。"

怀俄明、爱达荷、内布拉斯加和蒙大拿都有不少被漆成白色的小学校和小教堂，我们进去唱赞美诗，感谢上帝把我们和那些残酷的外国人分开了。那些人极力鼓吹强者有权主导地球和地球上的所有事物，弱者，包括那些微小的东西就应该被掠夺。我们非常讨厌这样的思想，忍无可忍地对他们说："不是！"也许别的民族犯过这样的罪，可是我们一直坚信这种犯罪行为在我们民族是不可能出现的。

我希望我的后代们这样讲话时，其他人不会觉得他们在说谎。

可是，好好看看我所生活的这个世界吧，不管在哪里，都有人与人之间相互压迫的事情发生，都有相互摧毁的事情发生，还有相互残杀的事情发生。我只能接受我现在的生活，只有在"权力"的号令下行事，这样的权力似乎在无休止地扩大，任何人类的意愿和它相比，都逊色多了。

因此，阴沉的卡莱尔的灵魂偷偷地说："你算不错的了！"

第四十八章
第三次美洲文明的没落

老年人时常会这样埋怨道，这是爵士乐的时代，人们每天都匆匆忙忙的，人们的文明也是这样，人们都处在忙乱的状态中。老人们抱怨不停，有时还会加以比较。我们的后代们会客气地回答道："没错，先生。"只是他们根本没有重视这些对过去充满感情的话。

次日，祖父又发现了其他可以发牢骚的事情，所以新的归纳又会传到我们耳边，"这一代年轻人连尊重是什么都不知道"。或者是"纽约剧院的舞台上正在上演可耻的剧情"。可是（尽管我非常讨厌这么说）情况似乎就是如此：我们的生活因为蒸汽机和电的使用而发生了改变，要是搁在5000年或500年以前，是根本想象不出来西方文明（也可以说是白人文明或基督教文明，随你怎么叫）如今进步（也许是倒退，究竟是哪个方向，这都不好说）的速度的。

我们追忆一下巴比伦人、埃及人、克里特岛人、希腊人和罗马人的时代。当时，有一小部分人拥有一小块比较肥沃的地方，比他们的邻居要灵活一些，也要有生气一些。今后的阶段意味着他们要经历缓慢而漫长的发展。新来的人在这个阶段里就要对文明的生活方式多加了解。在这样的情况下，通常会出现几个伟大的人，人们在他们的带领下走进"辉煌时代"。在这个时候，国家会开始打仗——垄断所有贸易活动；大量诗歌出现，开始探索海洋，对天文知识加以研究，解剖人体；制作了大理石雕塑，还建设了不少金字塔和庙宇；人们把衣服染成了浅紫色，让自己的文化精神遍及世界上的每一个角落。

可是这样的辉煌时代总是短暂的。它对人的能力并不是很看重。热情的大火太激烈了，不久就烧完了。之后，大意又怯懦的一代人就开始对之前积累的财产进行大肆挥霍，这时衰落就出现了，其他的事情都是早晚的事。假如先辈们得到了较多的财产，再极其认真地制作一套社会规则（罗马人就是采取的这样的做法），也许"结束"这个词语要再过1000年或500年才会出现。

即便到了那时，外来者也许会在五六百年的时间里，继续保存某个非常英明的民族所留下来的精神遗产，所以他们会误以为那个病夫一直都活着。

可是对于大洋彼岸的我们来说，这个规则似乎一点意义都没有。我们花五六十年的时间，就可以完成别人用15或50个世纪才能完成的事情。当白人刚到美洲大陆来的时候，非常惊讶于印第安人多样的文明。这些文明中有原始的，也有先进的。这个问题并没有引起那些先到这里来的人的重视。他们用各种武器进行杀戮，竭尽全力把那些印第安人的东西毁灭掉。这些白人们有时会觉得自己的森林知识很匮乏，就会求助于那些印第安人，把他们的东西借过来，让自己得以继续生活在这片荒野上。对于自己的使命，他们非常笃定，所以这点事他们根本不会放在心上。他们杀害印第安人，占有他们的土地。后来就只有在阿尔伯克基的念珠店和好莱坞的西部原始实验室中，才能看到美洲上的土著文明了。

当白人定居在这里以后，美洲文明就进入了第二个周期，即殖民者的文明。这个文明大概开始于17世纪初，结束于18世纪后半期。它在艺术和科学上并没有多大的价值。它在世界文学上有几本粗制滥造的布道书籍，还有一些极其有意思的游记和几本出自于加拿大传教士的东西。即便如此，在自治政府方面，在这片一望无际的荒野上生活的小部分欧洲人也可以做一些创造性非常强的工作。假如时间允许，他们还可以发现更多新思想，当然是和政治有关的。新思想非常有意思，关系到世界上的很多地方。可是革命却毁坏了这个非常有名的实验。

紧接着，美国就进入了第三个周期，即合众国时期。它从1776年开始，到1865年结束，即开始于抗争英国的革命，结束于内战。殖民地的人们在这个过程中自愿不再联系欧洲的朋友或者亲戚，他们把自己的新文化勇敢地发展起来，追求一种可以把他们自由、平等的观念表现出来的新的生活和思维方式。

人们极易嘲笑这种新方式，因为一开始这项伟大的实验并没有取得让人满意的成果。500年以前，在世界上其他地方，那些自负的陈旧的田园诗就被扔掉了。即便如此，这个时期也在前进。在这期间，既有矛盾，也有希望。先知的声音首次在美国上空响起，这里人的观点都很时尚。这些人把自己的新思想奉若神明，即便为此付出生命的代价也在所不惜。在杰斐逊和杰克逊时期，丑陋的家具、让人讨厌的石印画和一脸胡子、头上戴着高礼帽的韦伯斯式的政治家并不是仅有的存在——他们可以对任何问题展开滔滔不绝的讨论，可是他们并不受人欢迎，所以我们不应该轻易把这个时代放弃。

毋庸置疑，在这90年里存在一种让其去追逐某样东西的动力，这个东西是世界上最好的东西。它最小的目标就是把我们的一部分问题解决掉，让普通人的机遇要远远好于以前，走在一条未知的道路上，一定程度上让经济好转。之后这一切都打着美国的旗号做到了。人们一直都记得，世界因为美国得到了自由，美国知道了如何走出沙漠，这个星球也被美国赋予了一些新的而且长久的精神意义重大的制度。

这一次实验在之前的500年里都让人们激动万分。可是最后的结果却如此不光彩，真是太可惜了。为什么会出现这样的结果呢？个中原因我也不知道。

历史科学还需要进一步发展。我们还不具备像研究棉铃虫和使土豆产量下降的传染病那样的能力，来对这样的历史性问题进行研究。

然而正如类似的情况一样，这个最后的最具有代表性的美洲文明之所以会衰落，原因肯定是多方面的。其中一个至关重要的原因就是，年轻人中最优秀的那一部分消失了。内战时期，军事指挥者都是让人恐惧的刽子手。那些可怜的年轻人要么战死沙场，要么死于疾病，要么成了官方不够重视的牺牲品。军火商和他们的政治伙伴们却对公众说，所有的事情在一场巨大的内乱里都是不可避免的。

不论怎样，他们都不见了，离开了这个人世。接下来是什么人坐在他们的位置上呢？是那些躲避服兵役的人，是那些还没到服兵役年龄的人，是那些法律界和商界"不可或缺"的年轻人才。这些富裕的年轻人会用金钱买到替他们去冒险的人，他们则安全地待在家里。特别是在理想和价值观上，受伤最重的一定是那些拥有崇高品质的人，而活下来的一定是那些有势力的年轻人。

因此，1865 年，合众国的北方和南方都意识到，已经没有人适合把他们独树一帜的文明继承下去了。人们正处于这样的一个时期——一个毫无生命的竞争对手正在对人类统治的世界造成威胁。而这个对手就是"铁人"或者"机器"，这是尽人皆知的事实。

因为欧洲在处理这些战争中的事时，是派少数的专业军人去解决的，所以可以离这个灾祸远远的。可是美国却把自己最为宝贵的防备线丢掉了，所以他们只有在竞争者面前投降。因此，我们的国家变得富裕起来。

与此同时，更年轻一代的完全忠诚和真诚这一永远不可能恢复的东西却不见了，年轻人依然非常宽容。假如一个健康的年轻人一直被一个小铁笼所束缚，在里面给别人计算金钱，或者到街上把邻居们完全不需要，也确实不需要的东西推销给他们，说他没有私心，谁都不相信。

第四十九章
普利矛斯礁石和埃利斯岛

合众国一位总统的孙子，另一位总统的重孙，一个名叫亨利·亚当斯的人，在林肯政府陷入两难的境地时，做了驻英大使。可以说，这位拉法耶特广场的老人是最有资格被叫作"美国人"的人。

内战结束以后，他写道："这场巨变所带来的结果，对于一个在20世纪50年代生活过的人来说，就如同蚯蚓往前爬一样，想回头看看自己一开始的地方，却已经不见了自己爬过的踪迹。他失去了方向，就如同海难之后船只留下来的残骸一样。他的世界已经坍塌。一个华沙或者是克拉科夫犹太人在直觉、勇气和精力等方面都比不上这个美国人，他身后有多少支持他的清教徒和爱国者们，只有上帝知道。"

就像亚拉腊山那样久远的东西一样，这是一种充满绝望的呐喊，是一种对无法弥补的事物的懊悔。在底比斯、巴比伦、大马士革和克诺索斯都曾经出现过像亨利·亚当斯这样的人物，在罗马肯定也出现过。在公元4世纪和5世纪的文学作品中，就可以看到这样的忧伤了。

之后有什么事情发生了呢？事实上，发生的事情特别简单。一小部分胆大的人凭借自己良好的经济和社会条件，创建了一个国家，而且尽可能让它变成不符合自己人口比例的一个帝国。他们的时间都用来打仗了，通过这种消耗自己的行为来挣更多的钱。他们付出了文明、得体和自然，收获了物质上的享受，所以他们把生活的艺术抛到了一边。

反正"接近土地"的感觉已经从他们身上消失了，而他们之所以有了用之不尽的力气，就是因为这样的感觉。

现在，这片辽阔的土地就归他们领导。他们掌握着湖泊、山川、矿山、河流、牧场和田地，而且数量远比他们应该得到的多。而森林、河流、矿山和土地的价值要想被发掘出来，其潜在力量要想被找出来，得到它们的成果，就必须有人去探索，否则的话这开发都是毫无意义的。

而这所有的问题要由谁来解决呢？开拓者们异口同声地说："我们的后代。"他们最为出色的后代都已经在葛底斯堡和安提塔姆的战场上死了。而因为一种不可知的原因，那些幸运活下来的人并不想去从事这项可以让他们流芳百世的事业。

你不得不承认这个事实，尽管非常悲哀，也只能接受，即使是老一辈人也不想到农场或工厂去劳动了。他们化身为职业地主阶级活下去，成为新经济时期的封建领导者。

要想把这个任务完成，那些积极工作的人，那些可以吃苦的人，那些身强力壮的人就必不可少。本地人手严重匮乏。可以得到的东西非常多，可是拥有它的人却少之又少。所以，只有那些四体不勤、五谷不分的人才会两手空空。简而言之，这个故事只和被统治者有关，和统治者无关。

美国人在看到这种情况时，采取了和

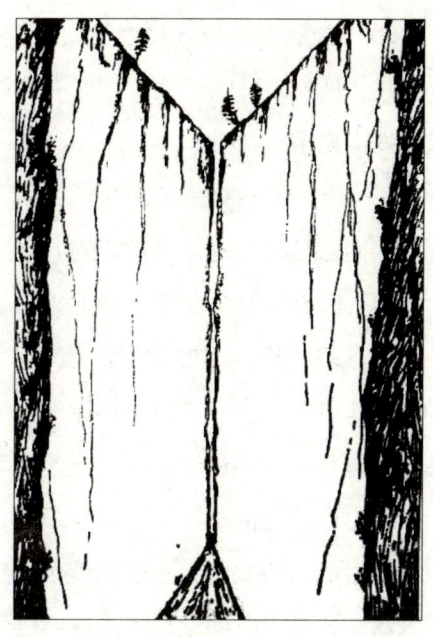

旧时期的峡谷

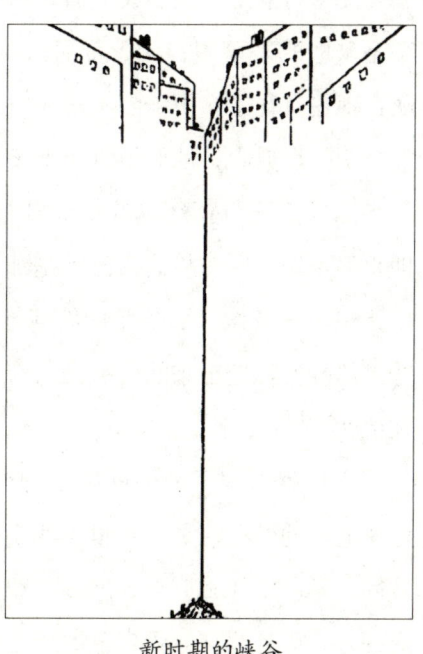

新时期的峡谷

第四十九章　普利矛斯礁石和埃利斯岛　283

3000 年前的巴比伦人和埃及人一样的行动。公元 12 世纪时，罗马人也曾经这样做过：他们对外国开放，把所有障碍物都清理掉，之后对每个想要来这里居住的人发出邀请。

一开始，这样的解决之道是挑不出任何毛病来的。那些"野蛮人"的语言于他们而言是陌生的，身上穿的衣服是粗制滥造的，行为是愚钝的，脑袋里全是已经不合时宜的经济欲望，看上去不是多么厉害的对手。

这些人得到了非常好的接待。他们给他们提供了简单的房屋，还为他们的孩子建设了学校，重点是想让他们对君主制度进行学习。他们有供奉自己的神的自由，只是他们供奉神灵的地方要离本地远远的。如果他们摆正了自己的位置，承认自己的地位是低于统治阶级的，他们就可以获益良多，把自己之前从来没有得到过的东西拿到手上以后就不会再想着背叛，而是忠心地赞美主人、听从主人的命令，并真心地觉得主人非常善良、非常诚信。

当温饱问题解决以后，他们又开始用愚钝的大脑来想问题了，他们开始质疑很多东西。人们再三告诫，知足吧，不要太贪婪了，他们已经获准踏入这个罗马公民（可能是美国公民或者是希腊公民）的乐园；睡的是石头建造的房子，而不是破败的茅草屋；天天都可以吃肉，而不是像以前一样，一个星期才能吃一次；现在有鞋子穿了，而不是像以前只能赤脚走路。总而言之，从这个新的、更加文明的世界中，他们得到了很多好处。

而处于这个新环境的他们却觉得很疑惑，于是他说："没错，阁下。"这时他也尽可能让自己相信自己就是那个被幸运女神眷顾的人。直到这一天，他的小乐园来了一条蛇，那条蛇偷偷问他："你付出后的回报被谁拿走了？你修的路是为谁修的？你挖出来的矿被谁占有了？谁在用你修建的铁路？你修建的房屋是谁在住？"

之后就出现了一桩桩棘手的事。他们中的第一代一直都是忍辱负重、遵纪守法的，他们在这种人生哲学的指引下，只会本本分分地过日子，不会老是发出疑问，不会找什么麻烦。所以，第一代人碰了碰帽檐，感谢自己享受到了如此多的好处，而且愿意接受自己的地位低于本地贵族。

第二代人的观点就和他们的父母不一样了。祖先们告别的地方，这些年轻人见都没有见过，他们只能对自己所在的环境进行评论。而他们对这个地方有太多不满。

人们一直用希洛人称呼祖先是野蛮部落的后裔。他们的父母来到这个帝国，是以"隶农"苦力或者契约奴等身份来的，生活在一片开阔的土地上。他们的种族非常卑微，一直甘心屈居在那些古老的、本地的贵族们之下。可是他们自己眼里的这个身边的世界，却不符合这种说法。

在起初的80年间，遭到社会压迫的第一批定居者因为有后代们的支持，才能坚持自己的观点。19世纪70年代以后，他们逐渐退出了社会，被强迫着对新来的人开放社会等级。更加糟糕的是，相比那些本地人，这些新来的人更有活力，更有智慧，迫于无奈，他们只好让一些新来的人坐上管理者的位置。这对于开拓者们的威信来说，只是一个结束的开端。

你去了解一下发生在北非、西亚、乌拉尔山脉或者地中海一个世纪或者十个世纪以前的事情，你就不会觉得这太悲凉了。

美好的词汇，像五湖四海皆兄弟啊，人人平等的不太明晰的理念挡住了美国要直视的问题。相比在叙利亚、罗马、俄罗斯或者是希腊，在美国要想追上这种时尚的难度系数要高得多。

可是，人类历史发展的规律从来都没有消失过，而且发挥着关键性的作用，无论是在什么时间，什么地点，什么时代。

一些人两个世纪以前在普利茅斯登陆，他们的后代们总是以"先到的"为理由，要求成为新建立帝国的合法主人。他们觉得自己的语言必须是这片土地的官方语言，还一直觉得生活在这片土地上的人应该以他们的上帝为信仰，所有在这片土地上居住的人在做事时都应该以他们的道德观念为依据。

"政府就是伟大的力量"。即使再动听的语言，都不可能让这一点发生改变。政府就是伟大的力量，它也许不是绞刑架、哥萨克或者是秘密牢房这种存在的意义上的某种暴力的结果，它是一种理性上的伟大力量，人们对它的存在是有意识的。它指引着人们信任一位熟稔自己职业的船长，他不会强迫别人按照他的指令行事，而是让人们觉得只有按照他的指令行事，才是最正确的。假如人数日趋下降的少数人没有了那种领导力，安于幕后，用其他闲置的金钱进行投资，把工作交给其他人完成，那么，这个以自己先辈们为依靠存在的小集团的权力，迟早会保不住，会落到之前挖土建设的人手上。

19世纪上半叶，墨西哥人明白了一条古训：自然界是没有真空的。假如一个物产富饶的国家被一个柔弱的民族占领着，那么强大的国家势必想夺过来，之后柔弱的那个民族一定会遭到那个强大民族的入侵，然后把自己的土地拱手让人。

19世纪下半叶，圣安纳的征服者们也明白了这个道理。为了得到更多的利益，他们进行了声势浩大的移民，以使征服的步伐变快一点，最后让他们的移民在那片土地上随处可见。毋庸置疑，这样做肯定是不对的，可是他们依然恪守着历史悠久的古训。

一切都已经晚了，后来的征服者们依然做着无用功，把墙上的裂缝补起来。在前行的道路上，大批"野蛮人"建起了坚固的堡垒。可是古老的埃利斯岛废墟装饰了这个世界。

中国长城就是一个非常典型的例子，它使我们明白，这样的弥补是徒劳的。这是一个与世隔绝的故事，最后的结果是经济垮台，所有的既定政策都被否决。这时好像还有一点小希望：我们的国家会有另一种结果出现。

西奥多·罗斯福总统曾经说过"多种语言膳宿供应地"这个词语，这也许要变成历史了。

多种语言会在将来的某一天统统消失。可是盎格鲁-撒克逊统治的时日已经快要结束了的事实，并不会因此发生改变。对于我们中的一部分人来说，它也许是一场可怕的灾祸。

对于公元500年的罗马人来说，哥特人和勃艮第人的到来就是一场灾祸。罗马人都再清楚不过了，就是因为自己的国家没落了，他们的后代们勇气不足，所以对方才能取得胜利。他们并不会因为找到了这样的理由就接受失败的现状。对于帝国的没落、人类的灰心丧气和世界末日，罗马人都预测到了。

1000年以后，东西方的相互交融会让一种新的文明诞生，相比旧时代帝国的偏狭文化，它各个方面都要强得多。上帝慢慢把自己的磨盘转动起来。也许我们应该让它多转一会儿，这样结果才会更让人满意。

第五十章
万物都有一定的定律

数百万的信徒追随一种信仰,照他们的说法,在亚当和夏娃的那个美好的时代,任何一个家庭都是一个独立自由的个体,不存在所谓的组织,所谓的王子和皇帝更是子虚乌有。不过随着这个世界人口的不断增长,弱势群体若要在人类世界存活下去的难度也随之增加了,因此他们成立了一个小组织,推举德才兼备之人成为首领。

万物都有一定的定律

这个首领经过一段时间以后就成为了真正意义上的统治者,他站在权力的最顶端,如同管理自己的私人财产般管理着部落,不过所有政府的基本原则的性质并未有什么变化。这个基本原则由国王与臣民之间签订的正式"合约"所组成。这份合约规定,除非他的臣民觉得他已经不能胜任这个职位而罢免他,不然他就一直可以担任他们的首领。

这些理论在华盛顿和杰斐逊的时代里,是上流社会中的人们极其推崇的。不过在最近的50年里,我们已经在广泛的社会领域对这个话题进行了认真探究,最终发现我们应该摒弃这些陈旧的思想:没有人民,政府根本无从谈起，统治者是为了维护臣民的利益才出现的。

事实确实如此，放眼历史上的很多美好时期，大部分臣民都可以拥有很多财富，有了钱就能招兵买马、组建军队，很多时候统治者们也只能无可奈何地同意他们所提的任何要求。有时在经过一次十分激烈的争斗之后，统治者们被强迫在一份文件上签字，文件的内容是，国王必须遵守约定上全部的条款，因为他只是人民推选出来的第一公仆。

上面就是卢梭对国家建立的过程所做的表述，他的追随者们将它奉为至高无上的真理。不过这样的情况也有例外，有一个国家的建立和它完全相反。

刚开始的时候人们聚集在一起，形成一个团队或者国家，后来他们说："我们需要推选出一个德才兼备的领导人。"

实际情况是这样的，这个人是一群野心极大的恶人们的头头，他掌控着手下的人，让他们为自己保驾护航，用尽一切手段去占领更多的乡村、城市和国家（只有他有能力、物力及人力来掌管这些地方），一个小国家就在武力的威慑下形成了。

然后他们将所有的乡村长老们都召集起来跟他们说："你们这些卑贱之人，抬头看看你们的新主人是谁吧！若要活得长久一些，就要臣服在我的脚下，那些忠于我的部下们十分暴躁，若是你们想要反抗，只要我一声令下，我那些凶残的部下就会马上杀掉你们。不过我不是一个滥杀无辜的人，我不过是想过得安逸一点。我希望我的牛、羊、马、侍卫以及女人都生活在漂亮宽敞的房子里。要想过上这样的生活没有钱是不行的，所以你们要给我出这笔钱。但是这对你们来说也不亏啊，你们出钱帮我，我派人保护你们，再也没有人敢欺负你们，这不是两全其美的等价交换吗？我首先是因为喜欢你们，其次是因为这样做也让我受益，你们的钱越多，我能得到的财富也会更多啊。我的话讲完了，感谢大家的聆听。"

这项原本粗俗的契约在岁月的长河下，渐渐变得柔和起来。很快，牧师们来营救他们的君主，私下做了一笔交易：掌控人们思想的人和掌控世俗权利的人经过商议，制定了一些规矩，如果以后的问题涉及他们共同的利益，他们就必须互相帮助，这样的帮助无疑是一种巨大的支持。

国王从那时开始就成了由神指派的神圣之人,犹如天之骄子。受人敬仰的神职人员从此高枕无忧:要是他们的组织有了什么难处,他们有强大的皇家(或者是皇家军队)做后盾,还有什么可担心的呢。

对于这中间的有利之处,那些曾经失去过东西的人马上就看到了,他的出现让他们充满安全感,所以他们进入皇宫,心甘情愿地在国王身边点头哈腰地侍奉他,还感到特别荣耀。

但很可惜的是,人性这个东西是很难依照预先设定的想法走下去的。有时国王和商人之间也会发生矛盾,此时的牧师们就成为了摇摆不定的墙头草。不过一般来说,虽然统治阶级之间偶尔会因为一些鸡毛蒜皮的小事发生争执,但有产阶级(商人、牧师和国王)之间的友谊还是很牢固的,他们十分冷静,懂得利用先辈们建立起来的共同体的领导权让友好合作能够长久下去。

这样的理论中就不存在讨好因素了,就如同法国和美国革命带给人们的警示相同。这是一件非常可惜却又无力改变的事实。除非世界上每个人的智慧和能力都相等,否则统治者和被统治者就永远存在于世间。也许为了自身的利益着想,统治阶级会将这个事实隐藏起来。为了长久的胜利,相比于其他形式的政体,民主制度对良好的讨好体制的需要更为迫切。所以通常人们会认为:让普通大众对他拥有一切权利的事实深信不疑,"社会契约"是与生俱来的,"我们人民"所蕴含的东西有很多,不仅仅是政府文件前言里一个抽象性的词语。正如同我们之前所讲的,统治阶级为了巩固自己的利益,会让美丽的童话故事永不结束,然而历史毕竟不是童话故事。因此我们必须说出真相,将我们古老而辉煌的史书上的每一页故事的真相都研究一下;无论在哪个年代,任何一个国家都非常清楚地规定了统治阶级和被统治阶级,掌控着统治阶级和被统治阶级的规律,在当今的波托马克河和雷德岸边仍然有着很大的影响,和4000年之前,它在幼发拉底河流域和印度河流域所产生的影响不分伯仲。

我们还发现在统治阶级和被统治阶级之间有其他的事情。这些发现对于了解我们所生活的环境有非常大的帮助。在社会生物学法典中有一段文字很有用。这段文字讲述的是现代人对于那些毫无生命的占有物特别敬仰,下面是这段文字的内容:"那些掌控权利之人总是试图将自己在世俗中的利益巧妙地偷换成深受权利压迫的人们的精神理想。"那么换个更通俗的说法:"生活在上层社会的人总是想方设法让下层的人深信,一切有利于上层社会的法律确确实实是人间道德法律中不可或缺的一分子,这神圣的法则是上帝的恩赐,所以大家都要遵守上帝的指令。"

这听起来可能有些深奥,我来说几个简单的例子。我们先讲一讲埃及。埃及那些拥有"大房子"的人,以及他的宫廷和他的僧侣们长久的幸福生活,和那几百万皮肤黝黑的民众与一条河流之间的友好合作是密不可分的。要是有一个村庄有所懈怠,那跟着受苦受难的村庄就有几百个。要是河水猛涨,那就必须在一个时间里将水引入水渠,或早或晚都是行不通的。因此就出现了一条规律,这条规律让法老变成船长和恶君,人们需要无条件地尊崇他的意志。于是许多人就有了一种信仰,僧侣们努力地为这种信仰添砖加瓦:神法中确实有绝对服从统治者这个规定,无论再荒诞的想法也要遵从。对统治者——那位船长的个人崇拜,是得到了那个掌控生命水流的上帝认可的。

不过任何品德都是很明显的民事性质,因为埃及是一个十分安全的城市,根本不用担心外来人员的入侵。两河流域非常窄小,不过土地十分肥沃,两边的沙漠漫无边际,堆堆白骨和死去的骆驼遍布这片沙漠,气候炎热,根本没有哪个敌人能够穿越这片令人恐怖的地区。所以在那里,军人的任何美德都失去了意义,最终的结局就是:军人的美德被人们所忽略。

在埃及过着幸福生活的是那些农民,那些士兵却生活在社会的最底层。

此刻我们的目光越过埃及,跨过地中海来到斯巴达。在内陆上,斯巴达是个非常小的国家,它有坚不可摧的军事力量,这是它长久存活的根本之所在,不过他们对于农民的态度是很冷漠的。"上帝最赞成的品质就是健康的身体和遵守纪律",这是他们生下来就开始接受的教育观点。

接下来我们的目光从叙利亚跨过,来到一个犹太小国。它是以一个小镇为核心建立的,这个小镇如今依然存在,因为它的生活是以宗教为根本的,一群人从四面八方聚集到这里,那些尊耶和华为上帝的人对这个地方有着深深的眷恋。

否则如今的耶路撒冷——这个小镇的名字就不复存在了。

统治这里的神职人员清楚地知道自己的国家不够强大，利用武力维护自己的利益是无法实现的，依靠农业和商业的力量获得胜利的机会更是微乎其微，他们要想活下去，唯一可以依靠的就是让臣民将虔诚当成美德。犹太人对将贫瘠的土地开垦出来并没有什么兴趣，他们的士兵们也没有那么高昂的热情。不过对于宗教法他们必须绝对遵从，要是离开这种忠诚，那这个国家就只有走上灭亡的道路。

因此从小所有犹太人就接受的教育是：做任何事都必须绝对以教堂制度为根本，对高级教会的意愿要无条件地服从，这才是一个好孩子该有的品德。有一些品德对斯巴达和埃及来说无关紧要，不过对于耶路撒冷就不同了，那是每一个公民做事的基本原则。

下面我们再将目光放到腓尼基，商业均衡是他们处理所有事情的原则。蒂尔和西顿都是商业城市，对它们来说农民是没有任何用处的。它们需要士兵时就花钱雇一些。宗教不是他们生活的重心，商业才是它们的命脉。所以，对那些统治城市的富有商人来说，相比于犹太人所看重的肉体和灵魂，聪慧的头脑和强大的外交能力才是每个公民应该具备的本领和良好品质。

我想此时你们可以猜到我接下来想说的话了。罗马将整个西方世界变成了殖民帝国。若要从这些殖民地得到更大的利益，那么对深谙管理的罗马公民的需求就很大，他们还必须对司法知识非常熟悉。无论是淡漠的政府官员，还是一个卫兵，在接到命令的时刻，他们都必须迅速做出准确的判断，还必须随时随地为了国家利益而放弃自己和部下的生命。这样的理想和目标才是一个有出息的孩子应该追求的。

随着时间的流逝，罗马不再是世界的政治中心，而变成了精神世界的中心。所以思想也随之改变了，德才兼备的文官才更有资格做新的统治者。他们必须博学多才，有很强的社交能力，有深厚的文化底蕴，这部分人将把在共和国和帝国时期让人非常注重的军人和行政官的美德取而代之。

在美国，独立的合众国建立初期的半个世纪里，肥沃的土地足以养活几百万人口，所以领头人存不存在都无所谓。

从经济领域来看，这样的平等不过是一个小片段，在以前的5000年中，这样的情况在历史上确实出现过几次，可是都很短暂。杰斐逊和老亚当斯的时期在19世纪中期就灭亡了，就如同亚述巴尼拔时代的灭亡一样。事务依然在运转，也就是说人们将会朝两个阶级分化：很少的放贷人和许多的借贷者。一旦这样的状况产生，我们之前所讲的那些陈规旧律对事物的影响就非常之大。统治者们将和从前一样，尽管是出于被动，他们也必须毫不犹豫地定下一个合格好公民的行为标准，以便让他们以及他们的后辈们去遵从。

在此种情形之下，财富就变成了毕生追求的梦想。不过这些东西一点都不稀奇。在美洲还未现世之时，威尼斯、佛罗伦萨、诺夫哥罗德和奥格斯堡都是以商业共和国的形式存在的。累积财富便是公民所接受的教育中所阐述的最高尚的美德。不过这种可以快速获得大片土地和财富的机会在人类历史上似乎从未出现过。

因此这个纯粹的物质世界在某种程度上便被赋予了一种尊严，这种尊严是中世纪教堂精神权利遗留的产物。

当内战结束，马克西米利安被处死，外来者终于不敢再来侵犯合众国。我们的国防安全有一支强悍的海军就足够了。当要进行一些清扫工作之时（比如，1898年西班牙在古巴的丑陋政策，合众国被迫同意这个不幸的岛屿成为一个自治政府），海军和小部分的正规军就负责这样的工作。不过在一般情况下，当国家中的军人美德无足轻重时，人们很快就将它遗忘了。

在将近一个世纪里，发愤图强和自由一直都是西部边远地区的高尚品德，这种品德在生活中占据了主导地位，在当下的社会也是如此。它们在感情领域留下了一些价值，在历史书和爱国主义教材中它们的地位非常之高。不过这些人们都不在意，因为它们体现了经济和精神上的自立，这样的自立对于那些依靠银行家和雇主的良善之心生存的人们来讲，是一种莫大的苦难。

不！独立自主的边远地区的旧美德已经不适应新准则了。地球的新主人必须马上找到一种全新的准则。最终他们从"财产"这个角度去对世界进行了解。

东部边远地区

他们声称任何生命物质都是可以侵犯的。之后一个全新的神被塑造出来，那就是"成功"，共和国应该由这个神来治理。

不过这只是一部分。流传于那些自由豪放的边远地区兄弟们之间"幸福生活"的老话，此刻也被弃之不用。

这些真理被刻在了教科书上：经济、节省、本本分分、时间观念、对主人衷心、遵守规则、少数人服从多数人，这些都是公民们必须具有的美德。

所有事情都做得非常巧妙。因此谁也没有留意到"遵循你的意愿生活，快乐将会属于你"的口号变成了"把你的个性舍弃，财富就会属于你"。

宣传

全新的生活所产生的影响在国家的政治发展中渐渐显露了出来。

19 世纪上半期合众国的总统都是非常有特点的。他们学识不够渊博，才华也不够卓越，但是他们却拥有独树一帜的个性。他们之中有些人能力也很普通，比如皮尔克、皮尔斯以及菲尔莫尔等，可是就是如此平凡的先知们也是其中一种明确的思想代表。他们并不是俗人，而是凭借不懈的努力登上了人生的顶峰。他们要么在人群中并不是很受欢迎，要么极其讨人厌。就连那些极其痛恨他们的敌人也认为他们还有一定的用处。

因此当一个不谙世事的孩童在成长过程中有各种疑问时，他们就会听到这样的言论："你们只需要在学习上刻苦用功，在工作上发愤图强，那这个伟大国家中的任何职位——包括合众国总统这个最伟大的职位，都有可能属于你们。"但是到了 19 世纪下半叶所有的东西都不一样了。

白宫不再是人们鼓励孩子努力上进的坐标。人们对他们说：只要追随世俗的洪流向前走，财富就唾手可得。没有生命的东西在他们满是憧憬的眼前来回穿

煤矿

梭。人们告诉他们,天长日久,这些毫无生命的东西就会变成满满的财富。

现在,成为国会一员的人不再代表着某种思想。以前这些人分别代表着不同的思想,无论好的、坏的或是中立的思想,总而言之都是思想。现在情况有变,他们变成"木材业"或"煤炭业"等某个特殊利益团体的代表来到华盛顿发表演讲。他们受命于股东董事会,从工厂的角度来思考整个国家,而物质成功就是这个国家对他们的评价和回馈。

当年那些拓荒者们向西前进,定居在威斯康星、堪萨斯、怀俄明和达科他的农场上,他们想把老边远地区人的独立自主的美好品质保留下来,有些时候还会试图把那些没有生命事物的障碍清除掉,常常会利用组建新政党的方式将自己的愤怒表达出来。不过他们的这些想法永远只能停留在思想层面。他们被搁置一旁,要是他们一直坚持,即便遭到讽刺也不撒手,那么他们就会被视为对新制度充满敌意的人,所有权利都会被剥夺。

上帝的磨盘一直不停地运转着,慢慢开发出了不少毫无生命的物质,例如钢铁、煤炭、石油、金银、铅、水利等,国库因为它们的出现而日渐充盈。这些威力强大的前进机制挤掉几百万移民,并随手扔在我们的海滩上以后,为了得到无上的上帝荣光——"成功",就开始工作了。

最终人们成为了钢铁怪物的奴隶。本来制造这个钢铁怪物的初衷是为了协助自己工作的,此刻却完全违背了本意。

在这个漫长的普遍不道德的发展进程中,人们也质疑过,在这之后,有一个人突然坐上了合众国总统的位置,勇敢地为此做出了不懈的斗争。他只想告诉自己的同胞们,那个可以让人们的钱包鼓起,让人感到精神孤立的政策是愚蠢至

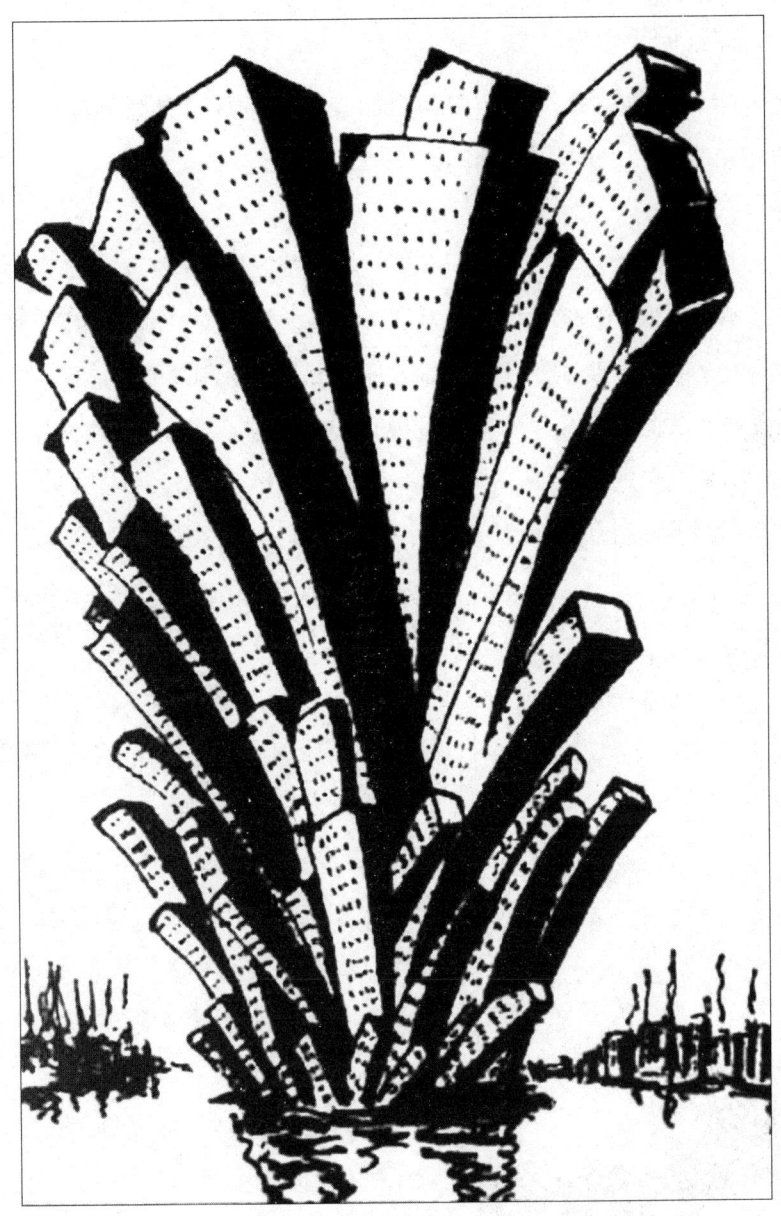

头重脚轻

极的。这个任务对于西奥多·罗斯福来说太艰巨了,因为他的时间有限,所以这个愿望很难实现。在他离开后不久,一切又回到了最初的模样。合众国又成了他深恶痛绝的"多种语言膳宿供应地,多种语言的工厂,多种语言的银行,在这里根本就找不到灵魂"。

对于无生命的物体统治,即便那个拥有极其特别精神特质的天才也会表示接受这些新的民族之神掌的统治,没有丝毫怨念,就更不用说有丝毫的反抗之心。

在此种状况之下,要想拯救这一切,仅有的机会就是文学领域。相比他的对手政治改革者,讽刺作家的力量通常要大得多。枪的力量远远比不上笔杆的力量。现如今文学之路也受到了诸多限制。那些批判社会制度的批评家们也受到蒙蔽,停止反击。一些不愿屈从于新鲜事物的人被加害。还有一些人被吓住了,躲在暗处偷偷唱着赞美的歌谣。

这些事就发生在十几年以前。由于和世界上其他的国家都相隔甚远,再加上有东部和西部浩瀚无边的大洋这道天然屏障,这个国家遭到外来入侵的机会很小。它可以对相邻的南方国家发号施令,也不用害怕会带来什么坏的影响,还时常利用这项优势来愉悦自己。

在它军舰掌控范围以内的国家都不得不臣服在它的脚下。它若想进行一项计划,无论什么时候,它都会马上落实到行动中,哪怕这个计划并没有实际的意义,它依然会这样做。

此时命运之神突然光顾,还产生了很强大的作用,他提出一个非常可笑的问题。这位神(非常诙谐)说:"你们手中已经拥有了数不尽的财富。你们所拥有的工厂数

回顾

量远比其他任何国家都要多，你们国家的平均财富也多于所有国家，银行里的存款足有亿万之多。所有的东西都属于你们，此刻我把一句出自于一位非常睿智的人的话说出来，'接下来你们打算让它们派上什么样的用场？'"

为了寻找这个问题的答案，我们思索了很久很久，始终不得其解。

第五十一章
便宜的原材料还需要很多

在前面的论述中,我已经说过为什么低地国家被流放的清教徒会从他们莱顿和阿姆斯特丹的家园离开的一个原因了。

那些并不以国教为自己信仰的英国人到低地国家以后没多久,荷兰人就和西班牙人签订了休战协议,约定 20 年内井水不犯河水。

这项休战协定到 1621 年就到期限了。那时不仅仅是那些年轻的清教徒要到前线去作战,而且,如果战争的号角真的被西班牙人吹响了,那么和他的荷兰主人一样,他们也会面临危险。所以,在双方互生敌意以前,他们就从这个地方离开了,让他们的欧洲清教徒兄弟们孤军奋战。

这场战争开始于 1621 年,结束于 1648 年,后人把这场战争称为"三十年战争",欧洲动乱也包括它在内。

事实上,"三十年战争"就是马丁·路德活动的直接结果。德国之所以被分裂成两个敌对的集团,就是因为他发动了宗教起义。1517 年以后,德国人就觉得自己不像德国人了。他们要么是清教徒,要么是天主教徒,因为同属于一个国家而有的关联已经没有了。"三十年战争"结束了这种凄惨的情况,它摧毁了帝国,人口大幅减少,整整少了四分之三,因为这件事,德国的发展往后退了两个世纪。本章主要就是对这一点进行说明。

在历史上的关键时期,欧洲大种族集团正在瓜分世界的边远地区。德国已经虚弱不堪了,因此没办法分得一杯羹。

西班牙和葡萄牙、葡萄牙和荷兰、荷兰和法国之间都爆发了战争。英国想把非洲、亚洲和美洲都据为己有，所以就向以上国家宣战了。平静下来的他们尽力去保护自己的土地不受到他人的侵犯，并想要借此对自己的人力和财力进行发展。

19世纪出现了一个名叫奥托·冯·俾斯麦的巨人，他来自于普鲁士边境，是一个真正的粗人，成了霍亨索伦家族首领的他把原本一盘散沙的同胞团结在一起，形成一个强大的帝国。

从欧美人的角度来看待这个问题，这个将人们的眼球吸引过去的成果有一个极大的不足之处。这个不足之处在两个世纪以后表现出来了。很久以前，钢铁、煤炭和石油等极其重要的资源就被瓜分完了，那时白人几乎没有什么竞争者，只有一小部分手无缚鸡之力的印第安人和黑人。现在所有的煤矿、油田和铁矿都属于这些白人国家，他们当然会不遗余力地保护自己的利益不遭到他国的侵扰。

因此说，假如德国想要获得一些利益，就必须发动战争。到最后，那些背负着重重债务的国家都会发动战争。

可是这时，经验丰富的政治家发现，一种潜在的经济力量把他们原有的计划摧毁了。这种力量就那么随意地把自己的力量发挥出来，而丝毫不把总统、皇帝、和平团体和武装团体什么的放在心上。

并不单单只是在美洲大陆才发生敬仰没有生命物的情况。因为这个新神，其他国家都付出了惨痛的代价。机器在地球上随处可见，可是机器太贪婪了，每隔几分钟，就要吃点非常特殊的东西，像钢铁、煤炭、铅和铁等不能被消化的东西，它们必须把这些东西吃到肚子里去，才会开始工作。只要满足它的吃喝，大部分人就可以好好地生活下去，得到财富，但有一个前提，那就是这个国家的政府必须源源不断地给它供应原材料，否则的话，它的臣民们就只有死路一条了。

德国恢复时就是如此。两个世纪以后才又出现这样的情况，之后他就尝试着把失去的那部分时间弥补回来，把一种自豪的力量表现出来，所以，所有的国家都对未来的风险有所察觉，因此他们要对自己和祖先们得到的殖民地加以保护。

英国以300年前发生的一切作为参考,把伦敦当作中心展开了和德国进行抗争的方案,让对手不停地臣服在自己脚下,想要征服全世界。荷兰、西班牙、葡萄牙、法国逼不得已,只好把自己在国外所得到的一部分东西交给英国。

为什么德国在得知了英国和其发生的所有事情以后,依然觉得在这场单独战争中自己可以获胜,这个我讲不清楚。在政治上,他们一直都不算特别优秀,他们对书很了解,可是对人就不太了解了。此外,我们可以轻而易举地知道在殖民地战争和事业上,为什么英国可以一路高歌猛进。

过去也好,现在也罢,英国的外交事务管理都只是一小部分心思缜密的人的私事,这样的形式有一个非常大的益处。在国际政治领域里,英国是仅有的一个明确自己的目标,并且向那个方向努力的人。这样的品质在其他大部分国家身上都找不到。

1914年,这一点被德国发现了,它觉得这是莫大的屈辱。因为两个国家的外交官都含糊其词,所以这个问题也没有搞清楚。对于这场战争一开始为什么爆发,人们的说法也是千奇百怪。实际上,这场战争并不是奥地利大公死于非命,也不是某个严肃的条约被撕毁了,更不是法国、俄国和英国等在小国的利益上发生冲突所导致的。奥地利大公之前就死了,可是并没有发生什么事。撕毁条约的情况也很常见,几乎每年都会发生几次,可是从来没有听人说过什么。至于法国、俄国和英国都对小国的利益尤其关注——如此来对这个问题进行说明就太不妥了。

不,战争是一定会爆发的。凡尔赛大厅在1871年让人永生铭记的日子里,首句为刚刚再次建立的德意志帝国的欢呼的语句出现了,今后会发生什么事情,智慧

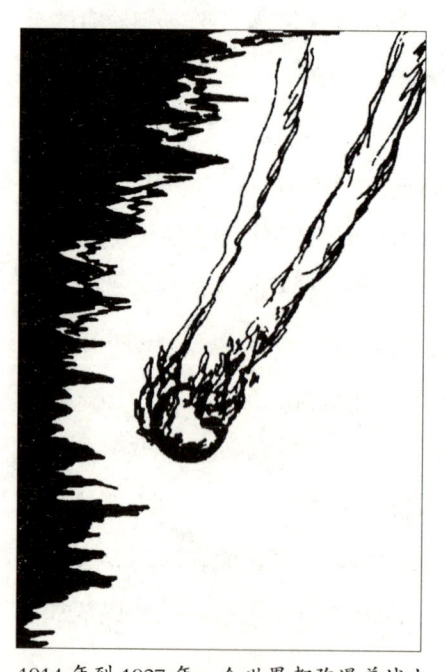

1914年到1927年,全世界都弥漫着战火

超群的历史学家已经提前想到了。

这场战争的直接因素可以是格陵兰的捕鱼权，可以是塞尔维亚的生猪税，也可以是莫兹河流域的三等煤矿等所有的事情。而运气一直不太好的条顿人想要争得世界上的一部分掠夺物，把其他国家还没有找到的物美价廉的原材料找到。可是这一切为时已晚也是战争的根本性原因。

相比其他国家，美国人手中拥有的铁矿、石油和煤炭都要多一些，所以也就注定了这场战争的发生。即便美国让德国濒临瓦解，也依然没有把手里的武器放下来。到那时，每个国家事业的美好与崇高，就会被所有兴奋战争辩护式的优美语言、所有残忍的真相、所有蓝皮书和绿皮书所记录，可是这些并没有吸引多少人们的眼球。

普通人这时也可以从内心深处觉得："这件事情也对我们造成了伤害。假如获胜的是德国，就如同他们把俄国、罗马尼亚、意大利和其他对手打败了一样让英国和法国也臣服在他们脚下以后，那个名单上也会出现我们的名字，我们手里拥有不少可以喂饱机器的原材料，因此我们一定会遭到德国人的追击，我们给钢铁怪物准备的物资也必然会被他们抢走。"普通人已经对他们自己以及后代的命运有所觉察，即德国人假如从欧洲的包围圈冲了出来，那么美国就要加入同盟国的阵营，一起对战德国，之后也就可以确定德国的将来了。

之前的战争都发生在人和人之间，可是如今的战争却发生在没有生命的物质之间，已经完全不同于从前。所有才能卓越的统计学家们都没办法对这场战争的结果进行相应地预测。在过去的60年里，美国只有大批量生产物品这一个目标。如今，欧洲市场上已经出现大批量由它的工厂所生产出来的物品，借此"灭火"。它就像一个经验丰富的消防队长一样，可以支配无限的储存量，准确地进行工作。火灾已经被它的邻居很好地控制住了。所以，它的工作也可以顺利开展起来了，带着必胜的信念开始朝灾区泼水。

1917年4月6日，威尔逊总统把第一批"灭火器"派了出去，他们很快就在欧洲出现了。经过了几个月的准备，他们开始工作了。在这以后，他们这个队伍就越发壮大。大量的灭火物件被他们送到历史悠久的大陆上爆发火灾的地方。

德国和奥地利的防线不久就崩溃了。

房屋在一片震耳欲聋的声响中倒了下去。大火于两年后扑灭了。"灭火器"也回家了。可是威尔逊总统政府并没有在这时表现出一个大城市所拥有的灭火器的功能。大火被扑灭以后,为了看顾房屋,还需要在那里留一个消防队,短则几天,长则几个星期。看上去,这个防护行为似乎是多余的,可是它到底有多么重要,保险商会告诉你。

毋庸置疑,火灾非常恶劣,可是那些看不见的还在燃烧的余烬才是最大的隐患。看上去,这些堆在一起的灰烬已经非常安全,似乎已经没有危险了。可是一些有余热的灰烬这时还在垃圾堆里躲着,而且周边的地窖已经有火星在燃烧。当人们意识到这些时,各处已经烧成一大片,那些一直被人们觉得是安全地带的地区也不例外。

一个无所事事的消防员边掰弄着自己的手指,边浏览着上周的连环画。显而易见,他已经闲了很久了。这样的行为无异于是对金钱和时间的浪费。可能他最终会对这是一种非常划算的投资进行验证。只需要拿一桶水出来,就可以阻止原本会摧毁所有街区的灾难继续扩大。

第五十二章
一个不可知的世界

在哥伦布发现新大陆以前，这个大陆一直不被人所知，而哥伦布原本只是想找到一条通往印度的路。

美国在 425 年之后对欧洲进行访问，就是想把一个非常模糊的一种历史悠久又崇高的文明拯救出来，可是呈现在它眼前的却是一种非常糟糕的社会体制。这个社会体制完全不同于参战的各方战争预言家所说的美好理想。

我提到这一点时，要把一件事搞清楚，那就是历史在普通人心里并不会占据多么重要的地位。尤其是我们这个国家，思想的发展受到了物质分配的桎梏，出于必要对所有人类经验的历史的了解，被视为是对时间的浪费，是一种不信任的行为。在埃利斯岛的守护者眼里，这种存在疑虑的人应该被排除在合众国的大门之外。

假如一个人学识渊博、学富五车，那么他就会从多个角度看问题。反之，这也会使人举棋不定、谦虚过度。所有经验丰富的军训员都会告诉你，这两种性质都不利于军队。美国生活的统治者对外宣称，他们的目标就是训练民众，使其变成商业和贸易大军。所以，扰乱思想纪律的东西是不允许存在的，假如能行的话，那就应该让其不再出现在中学和大学教育里。

这样的政策还是有优势的。年轻人可以把没有意义的精神负担摆脱掉。而在他们忽然去扮演一个角色以前，这并没有让他们做好准备。

我们国家的年轻人怀着为人类奉献的远大志向，激情满满地加入军队。

两个国家之所以爆发战争，其实就是对原料的争夺，后来发展成为天使和魔鬼之战。一边是英国大宪章、圣女贞德、拉斐德和民主，另一边是"可怕"和"尼采"（管他是什么人），以及一个疯狂的暴君专制主义。

看上去，问题其实很简单，也很明白，在人们眼里，根本没必要把一张清单或者是一个解决之道拿出来。假如一个暴徒对一个小男孩发动袭击，还把他踢倒在地，还抢走了小孩的钱，这一幕如果被一个正直的人看到了，他不会耐心去询问事情的前因后果，而会直接上去打倒那个坏人。在美国这个形象受到了诸多人的欢迎，因此，几百万人都朝大洋彼岸蜂拥而去，去做他们眼里的神圣事情。

刚一踏上那个地方，他们就满心失望。在他们看来，欧洲这片土地非常奇怪，上面住的人也非常奇怪。原本它是很完整的世界，并没有被美国思想研究透。

1917年炽烈的激情会立刻被1918年的冰冷幻灭所取代，当战争结束以后，当六个帝国转瞬间消失在了地球上，当饱受饥饿摧残的和失去了继承权的生气的人把美国人比较了解的欧洲文明的外表撕毁时。

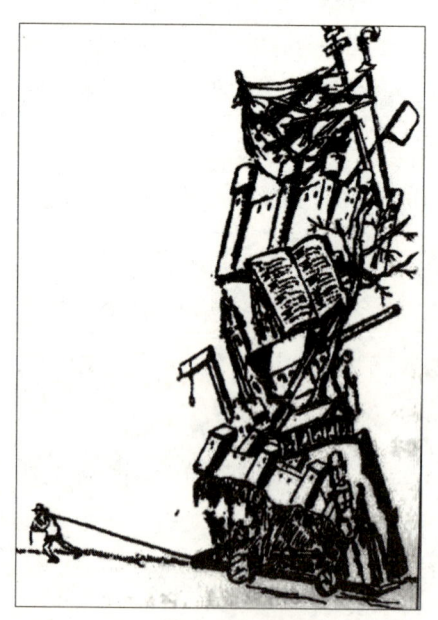

历史传承

詹姆斯·门罗曾经发表过一篇咨文，警告外国人从新世界离开。

伍德罗·威尔逊在位的后半段时间，大多数美国人都对门罗宣言进行了修订，加上了这样的内容：此后，美国不再插手欧洲的任何事务。一次就可以了，不会再出现第二次。主要也是因为美国人已经不再喜欢这个由纷争不断的小国和跋扈的大国所组成的欧洲，这个欧洲已经超出人们的想象。他们已经逐渐懂得了在思考问题时采用大陆的方式。

当从心理上把美国看作是一种精神的象征，并不是某种经济扩展形式的时候，由于突然意识到这个事实，立即引起了人们精神上的震动。最起码这种震动会在某一段时间让我们对自己的信仰进行修订，让我们去对我们民族精神深处的一些东西进行研究。

但凡伟大的人，一生中都难免会面临一些危机四伏的时刻。这时，在一些外部事件的强迫下，他们必须从完全自我展示的残忍角度来直面自己的事业。

我们一直在普通且繁荣的道路上行走，直到1916年，那时的我们对于明天并没有太多的计划。我们很满意"铁人"的工作，它们可以把我们派给它的活儿完成得很好。而农村自由投递的新规定，或者海地（又或者芝加哥）人民持续的相互残害的欲望，则是我们可能要担心的问题。当然，这些事情都微不足道，只要我们稍加关注就可以处理好。

后来出现了可以把欧洲古老文明都摧毁的大混乱，转瞬之间，整个大陆累积的财产就没有了。我们立刻明白了事情的真相。欧洲也曾跪在假祭坛前拜祭。累积毫无生命的物质也曾经是欧洲公民的最高美德。如此一来，就会造成混乱不堪的局面。

因此，首次有美国参与其中的欧战就画上了句号。这次旅程原本被寄予厚望，会成为一次荣耀的十字军东征，可最后却变成了一次充满痛苦的发现之旅。

这个世界有问题，这是显而易见的。因为一次不幸的转运，美国人民又出头拉回了跑偏的世界。我们凭借这次倒霉的转运，又或者是凭借上帝的援手，有了自主选择权。可是所有的一切都极大地关系到我们自己的保证。

第五十三章
美国的新独立宣言

大自然并不太喜欢皆大欢喜的结局。她早在天地出现时就规划好了悲喜剧，之后就消失了，至于她去了哪里，一直是个谜。她叮嘱我们按照自己的思路把自己的想法写出来。我们严格遵照执行了，可是很显然，结果她并不满意。

只是我们要承担这一切的过错。假如我们正确使用圆锯，它就会变成一种便捷的工具。假如我们用它来锯手指，那它就会变成一种可怕的摧毁性的工具。

可是现在这无关于我们所说的事情。圆锯就是用来锯东西的，它存在的意义就是锯东西，它会公正地对待所有的东西，在看待生活时，它是站在砍或劈的角度。

在这个毫无理性的钢铁物的眼里，依然存活于人世间的优秀的外科医生的手，其实类似于已经死去的很久远的椴树木节所突出的树枝。

世界很容易就被一分为二：接受这个事实的人和拒绝接受的人。第二种人总是尝试着离现实的生活远远的。他们创造了他们臆想中的天堂，那里不存在任何残酷的事物。而这些事物正好存在于规则中。因为没有合适的机会，第一种人就会试着改变事物，使其往更好的方向发展，他们会展示出大自然的一些无法抵抗的秘密作用，把地球变成可以安全生存的地方就是他们的愿望。

实际上，这个问题关系到气场。

看到小鸟扑扇着翅膀离开自己的窝，而且叽叽喳喳地叫个不停时，他们会欢呼。他们会说："太神奇了，上帝创造出来的这个小东西正在对上帝表示感谢。"还有一部分人非常明白，这些极其奸诈的小鸟的伙伴（上帝创造的另一种东西）这时正尝试着把毫无抵抗力的鸟窝中的小东西抢占过来。云雀婉转地唱着歌，他们也喜欢这个，可是他们会先看看自己是否完全安全，然后才去听动听的歌曲。

这种情况在历史中表现最为明显。

有一种人会对希腊的废墟充满同情，想到耶路撒冷的命运后就会悲情地大叫道："毫无用处，毫无用处，这一切都是徒劳的！"他们没有精力深入现实，可是他们知道，在一种难过的情绪中，他们可以得到满足。而在另外一种人眼里，这样的失败哲学并没有什么好的。他们驳斥道："太悲惨了，希腊、罗马、耶路撒冷等所有这样的国家都太悲惨了。这都要怪他们自己，他们之所以消失，也要怪他们自己。无论如何，他们都不见了，反正我们还没有死，我们懂的比他们还多。他们那样的命运，我们可不要经历呢。我们能够做到的，我们只需要努力工作就可以了。可是依然有一个问题：我们敢完成这个任务吗？"

我觉得我们是有这样的勇气的。这并不仅仅是因为我是一个积极的人。在这种危险重重的社会毒药中，新闻记者基本上都能写出来。因为他们足够注重实际，所以他们没有沾染上不好的习惯。可是他们也非常明白，这个世界上也有一种比他们强大的力量。假如他们想成为成功者，那么就只有尽力去做。

西方世界白人统治的时期已经变成历史，当所有东西都变成过去式时，年轻人这道希望之光出现在我们眼前。至于年轻人会做什么事情，或者不会做什么事情，我并不清楚，也不敢随便下结论。在我们的身边，出生于战后的奇怪孩子随处可见。他们太笨了，也太吵了，时常会无缘无故地高兴和生气。可是相比过去的那一代，他们身上所具有的强烈的现实主义精神是他们身上的一大优点，所以他们可以用安静的、带着恐吓的眼神，去和那些旧传统的谎言面对面，并扔掉那些不合适的东西。

他们太清楚了，父母早在他们极易受到影响的未成年时期就对他们撒了谎。现在他们长大了，依然会尊重他们的双亲。他们时常挂在嘴边的话是，一切都还不错。只是他们父母的生活方式就是那样的，他们可以表里如一吗？对于任何道听途说的东西，他们都拒绝接受。在他们眼里，他们天生所享有的权利都被那些长久在过去的喧嚣中生活的先辈们有意且巧妙地骗走了。

爸爸说："看，这个小手表好美呀！"并且拿在手里不停地展示给温顺的小宝贝看。小孩说："给我吧，我想看看它准不准。"对于已经过了壮年的人来说，这的确是一种悲凉，这是将来把世界掌控在手里的一个奇迹。

好几百年以前，欧洲农民和市民心中的象征——那些漂亮恢宏的皇宫和教堂，已经消失在海边了。然而，虚无的风从来没有在美国肆虐过。

清教徒们非常不满意这种罪恶的快乐。大自然比那些纯学说和主义要顽强多了。

人们只好去敬仰某些东西。传统的风向标已经变了，已经没有国王坐在金马车上，也没有主教在荣耀的华盖之下出现。他们创造了属于自己独树一帜的表达真诚的办法。可是，这样的变化究竟好不好，我们并不知情。

之后就发生了战争。社会的舞台上已经不存在传统的上帝和"三位一体"的神学了。要想把这样的事情表达出来，是有一定难度的。我们还处在有史以来世界上最高尚的一次革命中。我们整体都处在革命的状态中。因此，对于发生的事情，我们并不知情，也不知道会出现什么样的结果。

当战争的号角吹响时，怯懦的军人是能躲就躲，所以问他们是怎么打仗的毫无意义。震耳欲聋的炮声把他们的耳朵都震聋了，有毒气体充满了他们的肺，脏也好，他们累也好，饿也好，他们一点都不在乎，只要可以安全地逃离险境就好。这时最可笑的就是学术方面的，万万不要开口去问他们这方面的问题，他们会很乐意接受你给他的一支烟。

有几个人此刻正在战壕附近的某个地方，预测战争的结果会是什么样。那么他们预测的依据是什么呢？是图表、战报，以及之前类似的情况下所发生的事情。我这一生基本上都是在文学中度过的，我得用我的声誉去做最后一次预测。

这场战争已经持续了10年之久，在我看来，它最起码要持续50年。这样说来，就意味着这场战争还要持续40年，我是不能在有生之年看到它结束了。今天是1927年2月12日，对于现在发生的混乱局势，这是我以美国的眼光所发表的一点观点。

我们忙着在具有较高物质文明的祭坛前跪拜，胜利的语言迷惑了我们的眼睛，我们没有时间思考自己，身为人的我们有责任让文明国家一直存续下去。

我们在老米达斯宫殿的道路上走着，也许我们会不停歇地走，也许由于战争或革命的缘故，我们会停下来，1600万人殒命，因此我们要停下前行的脚步，看看自己，到处听听、看看、想想。

我们不单单只是停下来四处观望了一阵，在环顾了一圈以后，最睿智的领导人问道，是不是每次我们都要误入歧途？在过去的半个多世纪的时间里，这是美国第一次回头，看了一下之前的两代人都有些什么成果，还说："让我们来看看，我们都做了些什么。"

其实，在我们的有生之年是看不到最后结局的。像这样全国性的发现，仅用一周或是一个月是根本完成不了的。这一项工作将交给年轻人，之后世界又会重新来到交叉路口。

在其他人眼里，我们的民族和国家是负责保护人类前途的，怪异的命运变化的结果就是这样的，我们并没有刻意追求这样的荣耀。我们也是受到我们所处的环境的压迫，而我们是无法掌控环境的。既然我们不得已得到了，那么，我们要如何处理它呢？

站在现代的视角来看，相比谈论我们民族的伟大性，谈论我们国家的伟大性要合适一些。先辈们把令人惊叹的、肥沃的土地和自然资产资源都留给了我们。而我们会因为这些遗产而忘记一件事，我们之所以变成世界上最富裕且实力最强的国家，都是因为运气，而不是因为我们的品质。

我们根本无法预测欧洲的倒台，我们只是从中得到了微不足道的利益。因为我们在一个与世隔绝的地方，因此我们差不多可以从世界上任何发生灾难的地方获益。

那之后呢？我们的年轻一代被战争赋予的责任要如何处理呢？我们的后代有勇气把这个担子挑起来吗？更何况，我们的后代有这个能力吗？对于他们的父辈来说，这个责任就已经够大了。

他们会把这个责任肩负起来吗？假如他们表示拒绝，他们就会过上繁荣、富有、枯燥且体面的生活，我们的历史也就只能如此了。这些只是历史上一段特别有意思的片段，别无其他。